L'entretien

André Guittet

L'entretien

Techniques et pratiques

Huitième édition

Collection U

Illustration de couverture : © Image Zoo/Corbis
Maquette de couverture : L'Agence Libre

Armand Colin est une marque de
Dunod Éditeur, 11 rue Paul Bert, 92240 Malakoff

ISBN 978-2-200-28608-8

Internet : http://www.armand-colin.com

Introduction

Une enquête, une entrevue, une interview, une audience, un tête à tête, une conversation, un entretien, une consultation, un interrogatoire représentent des situations sociales dans lesquelles deux personnes échangent face à face.

Ces termes ne recouvrent cependant pas les mêmes réalités. Le Robert définit le terme entretien comme « une action d'échanger des paroles avec une ou plusieurs personnes ».

Dans le langage courant, **l'interview** se trouve souvent associée à un aspect journalistique : l'information recueillie sera présentée à un public, à des lecteurs.

Le terme **entrevue** comporte un aspect formel traduit par l'expression « ménager une entrevue » entre deux personnes qui ont à parler, à traiter une affaire.

L'enquête suppose une démarche méthodique de recherche d'informations. On parlera d'enquête pour un **sondage d'opinions**, pour des entretiens réalisés dans le cadre d'une étude de motivations, d'image. On soumet la personne à une série de questions précises définies à l'avance et les réponses enregistrées sont analysées à partir d'une méthodologie spécifique.

L'entretien suppose une relation de face à face, un échange, un tête à tête, un dialogue entre deux personnes.

Dans **l'entretien approfondi de recherche ou d'études,** on veut connaître les réactions d'un individu face à un problème particulier : comprendre comment et pourquoi M. Dupont achète une nouvelle voiture. L'enquêteur s'intéresse alors à la façon dont l'individu vit et ressent son environnement ; il analyse ses besoins, aspirations, valeurs, représentations, toutefois l'enquêteur n'aura jamais pour but – sauf exception – d'influencer ou de faire changer d'opinion (par exemple vendre une voiture) la relation reste neutre et ouverte.

À l'opposé une **consultation, un entretien clinique** à visée thérapeutique illustreront une situation de communication dans laquelle une personne, fortement impliquée, espère un changement psychologique à la suite de la rencontre. Le patient parle de ses difficultés, ses sentiments, ses peurs à un thérapeute qui l'écoute avec neutralité et compréhension. Les entretiens peuvent se répéter et conduire à une relation émotionnelle forte, un « transfert » entre patient et thérapeute.

Le sondage, relation fortuite, peu de relation d'influence d'une part et l'entretien clinique à visée thérapeutique, relation affective, maintien d'un lien fort d'autre part, constituent les deux pôles des situations d'entretien.

Cependant, dans la vie quotidienne, au cours des entretiens, deux personnes se rencontrent pour s'informer, décider, négocier. Leur statut, leur fonction les amènent à échanger dans un cadre institutionnel bien défini.

Dans ces rencontres spécifiques, l'entretien ne sera pas considéré comme :

– **une conversation :** à chaque moment les deux interlocuteurs seront capables de rendre compte de la progression de l'échange, de synthétiser l'information en fonction d'un objectif. L'entretien suppose donc une écoute active, un échange argumenté et tactique ;

– **un monologue :** la qualité de l'expression de l'un dépend pour une part de la pertinence des questions et de la qualité de l'écoute de l'autre ; l'échange suppose une interaction complémentaire, réciproque, si l'un pose une question l'autre accepte d'y répondre, si l'un parle l'autre l'écoute ;

– **un interrogatoire, une inquisition :** le but d'un entretien sera explicité, la méthode de questionnement, d'argumentation sera acceptée et adaptée au contexte de l'entretien, des questions non intrusives respectent la personne ;

– **une interview journalistique :** l'information recueillie ne sera pas directement exploitée devant un public, des lecteurs, seuls les deux interlocuteurs sont d'abord concernés par le résultat de l'échange ;

– **un débat d'idées** : il ne s'agit pas d'argumenter d'une façon abstraite mais de rester pragmatique, d'adapter ses interventions compte tenu des objectifs de la rencontre ;

– **une confession :** l'implication affective n'est pas un but en soi. On évite ainsi de dépasser les défenses psychologiques et sociales des individus. Il s'agit de vérifier l'implication personnelle par des reformulations, de conclure en montrant les conséquences de la discussion pour chacun des interlocuteurs. La personne garde ainsi sa propre maîtrise de l'échange.

D'une façon générale, l'entretien se caractérise par différents facteurs d'une importance variable suivant les situations.

La rencontre de deux personnes

Au-delà de deux personnes, on parlera plutôt de réunion, de groupe de travail. Les phénomènes de la relation duelle, de face à face se révèlent différents des réactions de plusieurs personnes réunies. La situation de groupe demande une approche particulière des phénomènes d'influence et de communication. Toutefois, une personne dans un entretien, peut se trouver face à deux enquêteurs qui se relaient pour poser des questions.

Un contexte spécifique

On ne communique pas de la même façon suivant les milieux sociaux du fait des différences de culture, par exemple, une organisation sera à dominante technique ou administrative, directive ou participative. Les contacts y sont ouverts ou bloqués, autoritaires ou coopératifs, spontanés ou formalisés, bureaucratisés.

La communication dépend aussi de l'histoire des relations entre les personnes. Ce qui se passe avant et après l'entretien conditionne la rencontre. De ce fait, chacun perçoit l'événement en fonction d'enjeux particuliers :

- enjeux réels ou imaginaires,
- enjeux humains ou économiques,
- enjeux personnels ou sociaux.

Au cours de ces rencontres, l'individu va ainsi probablement essayer de tirer le meilleur parti de la situation suivant ce qu'il ressent et imagine comme essentiel. Il gagne ou perd en sécurité, en pouvoir, en influence.

Le discours d'une personne s'interprète donc à partir d'un contexte particulier qui lui donne un sens relatif et circonstancié. C'est pourquoi on utilisera avec prudence une information recueillie dans une situation mal définie. Si l'individu ne perçoit pas clairement l'objectif de l'entretien, l'information sera alors probablement brouillée, déformée, biaisée et donc difficilement exploitable.

Un jeu de relations émotives et affectives

La rencontre se noue en fonction des statuts, des rôles, des images réciproques. La relation met en jeu des émotions, des sentiments, des relations de séduction, de pouvoir, de rivalité, d'opposition. La discussion sera donc constamment influencée par les perceptions réciproques. Les phénomènes de projection, d'interprétation, d'identification à l'interlocuteur altèrent et déforment les messages. Les émotions de l'un entrent en résonance avec les émotions de l'autre, l'intersubjectivité est permanente dans l'interaction.

Le besoin de clarifier la situation, de vérifier la compréhension réciproque devient donc indispensable. Cependant, la transparence de la méthode n'amène pas nécessairement une transparence des sentiments et des émotions, l'affectivité ne fonctionne pas sur un mode binaire. Un individu peut éprouver à la fois de l'admiration et de la peur pour une même personne, des sentiments positifs et des sentiments négatifs. Le jeu des relations sera donc marqué par le poids de l'affectivité avec ses contradictions, ses ambiguïtés, ses ambivalences.

Un objectif de communication

Dans le cadre d'une organisation, par exemple, on retrouvera de nombreuses situations d'entretien avec des buts spécifiques : entretiens d'informations, de négociation, d'évaluation, de bilan personnel... Chacune de ces démarches vise des résultats différents, de complexités diverses, aussi requiert-elle des techniques, des capacités et des attitudes adaptées.

Un échange structuré et tactique

L'entretien ne ressemble pas à une conversation. Qui a besoin de l'information, qui détient l'information, quelles seront les conséquences de cet échange ? L'individu, engagé directement dans un système d'influence, envisage consciemment ou inconsciemment la relation à partir de ses buts, ses intérêts, sa sensibilité. La rencontre ne sera pas neutre, ni affectivement, ni socialement. Les personnes coopèrent, s'impliquent ou encore s'opposent, se défendent par le retrait, le silence ou le brouillage de l'information. Dans une relation, « *on ne peut pas ne pas communiquer* ». Nous sommes théoriquement co-responsable (à 50 %) de la façon dont se déroule l'échange. Celui qui se montre capable de saisir l'importance des différents niveaux d'action, oriente généralement la communication. La compréhension de la situation devient aussi importante que les techniques et les méthodes utilisées. C'est pourquoi savoir mener un entretien aide à vivre un entretien, on saisit mieux le comportement de son interlocuteur et on réagit en conséquence.

Une responsabilité humaine

« *Traite autrui comme tu voudrais qu'il te traite* », la rencontre nous amène à retrouver en autrui une sensibilité, une subjectivité d'une humanité commune. Le respect (respect d'autrui, respect de soi), l'accueil, la bienveillance, l'ouverture dans le dialogue représentent des valeurs essentielles dans les rapports humains. Les principes d'une éthique interpersonnelle de réciprocité et d'équité orientent normalement les relations. Cependant toute interaction est aussi imprégnée d'affectivité, de désirs de reconnaissance, de forces antagonistes (oppositions d'intérêts, de pouvoir, de valeurs), les conflits intrapsychiques et interindividuels peuvent alors générer tensions et incompréhensions entre les personnes.

Comme chacun sait, on peut tout dire mais pas avec n'importe qui, n'importe où, n'importe quand et comment. Certains mots ne se prononcent pas à la légère. Le discours n'est pas action mais parler c'est prendre conscience de son influence dans l'échange pour en anticiper les effets et les conséquences. On peut réconforter, stimuler une personne mais aussi la blesser, l'humilier et créer les éléments d'une relation conflictuelle.

L'entretien ne souffre guère l'improvisation et l'incompétence car il débouche rapidement sur l'incompréhension, le malentendu.

De ce fait, il suppose un double apprentissage :

- au niveau des méthodes, des techniques : questionner, écouter, reformuler, synthétiser l'information, adopter une tactique, une stratégie ;
- au niveau des comportements : mieux observer, maîtriser ses émotions, ses réactions, se situer dans ses valeurs et projets, varier ses attitudes, se rendre plus adaptable.

Cet ouvrage se propose ici de décrire les situations d'entretien les plus spécifiques et d'exposer à la lumière des connaissances psychologiques actuelles, les différentes techniques et méthodes à utiliser pour gagner en compréhension et en efficacité. L'analyse des étapes fondamentales de l'entretien conduit à traiter des processus suivants : interagir, enquêter, réguler, écouter, influencer, décider, évaluer, négocier, recruter, conseiller, auditer.

Nous insisterons aussi sur le fait que deux personnes en interrelations communiquent constamment. Il n'existe pas d'un côté un récepteur passif et de l'autre un émetteur actif mais deux personnes engagées dans une relation interactive où le comportement de l'une modifie le comportement de l'autre. Ces personnes échangent à plusieurs niveaux.

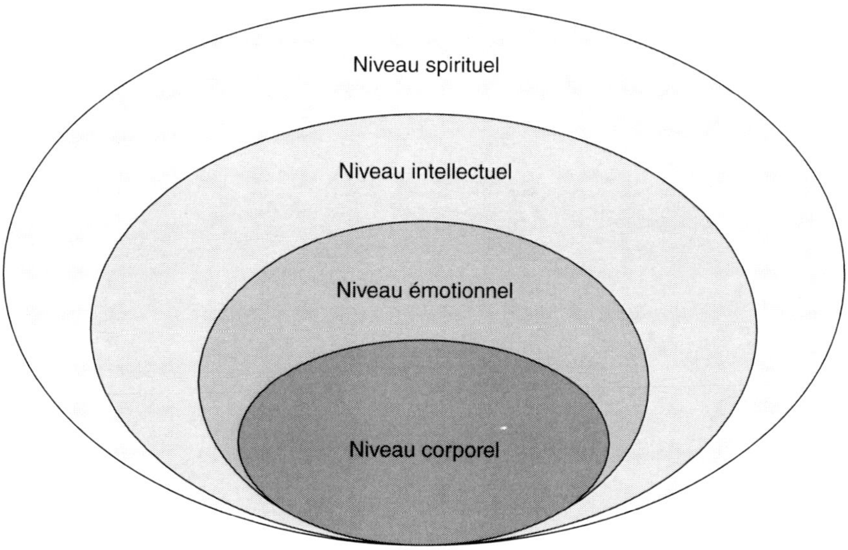

Les différents niveaux de communication

Le niveau corporel correspond au comportement non verbal, le niveau émotionnel intègre les émotions, les sentiments, le niveau intellectuel repose sur le discours, les raisonnements, l'argumentation. Le niveau spirituel représente les valeurs et les croyances de l'individu : ce sont les convictions fortes (conscientes ou non) d'une personne qui orientent sa réflexion sur les finalités et donnent un sens à ses actions, sa conduite sociale, son expérience humaine. « Qui sommes-nous ? Comment agissons-nous ? Que recherchons-nous ? » La façon dont nous allons tenter de répondre ou de fuir ces questions va orienter nos relations, nos façons d'agir.

Ces différents niveaux demeurent naturellement mis en jeu dans la communication même si parfois nous n'en avons pas conscience.

L'entretien représente un outil indispensable de recherche et de traitement de l'information dans nombre de situations sociales. Dans cet ouvrage, nous avons pris l'option de partir de la réalité du quotidien et de décrire les outils et concepts qui rendent compte des pratiques. Au-delà des méthodes, pour chaque entretien, la compréhension des contextes et des enjeux spécifiques conditionne la réussite de la rencontre.

Ces échanges interpersonnels s'inscrivent dans une tentative pour ajuster des règles relationnelles et donner un sens à la rencontre. À chaque instant dans l'interaction, ce qui est mis en jeu avec plus ou moins de force ce sont les images, les émotions, les statuts, le pouvoir, la sécurité de chacun des deux protagonistes. Tout entretien nous amène alors à réfléchir à nos relations avec les autres et avec nous-même. Saisir les enjeux de l'échange, observer les comportements, ressentir les émotions, les intentions de nos interlocuteurs nous aident ainsi à progresser sur ce terrain. Le but de cet ouvrage vise donc en final à développer des capacités d'observation, d'écoute, d'intervention pour amener à s'adapter aux différentes situations d'entretien et atteindre ses buts.

Chapitre 1

Réussir un entretien

UN ENTRETIEN se prépare physiquement (se relaxer, se détendre) émotionnellement (adopter des attitudes d'accueil, d'ouverture), intellectuellement (repérer les thèmes, les questions à aborder).

La conduite d'un entretien suppose aussi la maîtrise des différents points méthodologiques suivants.

Définir le but général de l'entretien

L'objectif principal de la rencontre détermine la nature de l'entretien. On distingue alors :

- *l'entretien d'information* :
  - on donne de l'information, explique, commente, on transmet, ordonne,
  - on recherche de l'information, enquête, questionne, on explore ;
- *l'entretien de diagnostic, d'évaluation* : après une exploration de la situation, des problèmes, on essaie d'évaluer, de comparer, d'estimer, de faire le point, de prévoir ;
- *l'entretien de sélection, de recrutement* ;
- *l'entretien de négociation* : on tente de rapprocher des points de vue, des intérêts divergents, on recherche des points d'accords, harmonise des positions, on concilie, influence, décide.
- *l'entretien d'aide, de conseil* : on essaie d'aider une personne à résoudre ses difficultés, on l'oriente, la conseille.

Ces types d'entretien sont ici classés par ordre de complexité croissante. Il est ainsi nécessaire de savoir enquêter pour mener un entretien de recrutement. Chacun de ces entretiens se caractérise par une démarche particulière. Il met en jeu des techniques, des attitudes, des tactiques. La relation entre les deux interlocuteurs s'inscrit dans une relation d'égal à égal, une relation de confiance, de collaboration ou au contraire une relation de dépendance, de concurrence, d'opposition, de dominance et d'emprise.

Il convient d'abord de bien discerner l'intention principale de l'entretien et de cibler son action. Il s'avère donc peu conseillé de vouloir poursuivre des buts trop différents dans un même entretien. En outre, la durée de l'entretien sera limitée : on s'attachera à ne poursuivre qu'un objectif général en évitant de survoler une multitude de problèmes et de questions. Plus un entretien sera ciblé, plus on gagne en efficacité. On habitue ainsi ses interlocuteurs au dialogue et à la concertation.

Clarifier, concrétiser l'objectif, le résultat à atteindre

Quel sera concrètement le résultat à atteindre à l'issue de l'entretien ? Comment saura-t-on que cet objectif a été atteint ? Quels sont les indices, les éléments d'observation (les discours, les informations, les décisions, les comportements) qui permettront de reconnaître si l'objectif a été atteint.

Le résultat attendu représente-t-il un résultat final ou constitue-t-il un objectif intermédiaire, une étape dans une action à long terme ?

Aménager l'espace

Le guichet de la gare, le comptoir de la banque, la barre du tribunal, un bureau de PDG, un confessionnal, un boudoir, un divan de psychanalyste, etc. sont autant de lieux d'échanges entre individus.

L'espace se trouve ainsi aménagé en fonction du type de communication et de relation que l'on veut privilégier. Le cadre dans lequel se déroule un entretien envoie un message implicite : on veut impressionner, séduire, réconforter, fuir, observer, s'affronter, discuter.

L'environnement impose des contraintes spécifiques. Il faut pouvoir se voir, s'entendre, prendre des notes ; la distance spatiale, le bureau, les sièges sont autant d'éléments qui vont éloigner ou rapprocher les interlocuteurs. Ceux-ci se retrouveront « face à face », « côte à côte » ou « au coude à coude ». Un bureau sera alors utilisé comme une barrière pour se défendre, marquer son territoire, son pouvoir ou sera un simple support sur lequel on pose ses papiers pour mieux écouter et échanger.

Aménager le temps

La nécessité de l'entretien dépend :

- de l'urgence du problème à traiter ;
- de la charge de travail, de la disponibilité ;
- du mode d'organisation personnelle.

Cependant, le moment de la rencontre, le temps disponible pour l'échange, l'organisation de la discussion seront intuitivement interprétés au cours de l'entretien : on a réservé le temps nécessaire pour discuter et examiner avec calme et méthode la situation ou bien l'on se rencontre entre deux portes, deux coups de téléphone, deux réunions. Les personnes se repèrent par rapport aux contraintes de temps imposées. On se jettera immédiatement à l'eau, l'on repoussera jusqu'aux dernières minutes de la rencontre les sujets délicats ou bien encore, jugera inopportun de traiter telle question compte tenu du temps disponible.

La durée d'un entretien sera aussi fonction de l'objectif poursuivi, pour traiter un problème rationnel, logique dont l'information ne suppose pas d'implication personnelle majeure, cette durée peut être courte (1/4 d'heure). Quand l'entretien suppose une exploration de données subjectives (un recrutement, un entretien de bilan professionnel), la rencontre nécessite de savoir prendre du temps, souvent une heure d'échange sera nécessaire pour faire le point. Gérer le temps n'exclut pas la disponibilité car une attitude trop stricte ne permettra pas d'apartés qui se révèlent parfois une source d'informations nouvelles et utiles.

L'organisation de son temps, la disponibilité et la présence à l'ici et maintenant représentent des signes d'efficacité et de respect d'autrui : les interruptions, les dérangements au cours d'un entretien correspondent à un manque d'organisation personnelle ou encore dans certains cas à une manipulation volontaire pour irriter et déstabiliser son interlocuteur.

Enfin, la manière de prendre rendez-vous se montre aussi indicative du rapport que l'on souhaite entretenir avec autrui. On lui impose une date à une heure précise ou l'on négocie un arrangement acceptable.

Clarifier les rôles

Qui sommes-nous dans l'entretien ? Quel rôle jouons-nous ? Il sera essentiel de se situer dans la relation : « en tant que responsable, je suis chargé de faire le point sur votre activité. »

Quelle est la zone de responsabilité, de décision de l'interlocuteur ? Les clarifications qui porteront sur le « qui est qui » le « qui fait quoi » seront bénéfiques à la progression de l'échange. Si quelque chose demeure ambigu, mal défini, il sera préférable de questionner son interlocuteur pour éclairer le cadre de l'échange.

Par ailleurs, faciliter la communication nécessite de repérer ce qui différencie les deux personnes en présence. Ainsi, un individu se caractérise par des critères aussi variés que son sexe, son âge, son image corporelle, son statut, sa fonction, sa personnalité, sa culture, sa formation, ses attitudes, ses valeurs, ses croyances etc. Il convient de gérer au mieux cette altérité.

Ces données conditionnent la façon de s'exprimer de ressentir, de voir et d'appréhender la réalité. Elles déterminent en grande partie le langage, les préoccupations, les valeurs, l'ouverture à autrui.

Si les différences demeurent source d'enrichissement, elles se révèlent aussi souvent cause d'incompréhension, de malentendu, de méfiance, de défense. On s'identifie plus ou moins à son interlocuteur, on retrouve en lui ses propres qualités et défauts. Il nous rappelle des personnes connues et appréciées ou, au contraire, ravive des souvenirs, des images négatives, des échecs, des ressentiments. La rencontre se joue donc sur la base d'une relation émotive et affective d'attrait ou de rejet.

Cependant, l'objet d'un entretien ne sera pas de confronter des émotions mais d'explorer concrètement et rigoureusement une situation dans laquelle deux personnes seront affectivement et socialement impliquées.

Constamment, la relation duelle, le face-à-face entraîne des projections, des interprétations qui vont influer sur le cours de l'entretien. Pour éviter ces écueils, il sera donc nécessaire de relancer l'échange, de faire le point en fonction des buts de la rencontre et de vérifier la compréhension réciproque.

L'entretien reste une communication orientée vers un but. Les distorsions, les incompréhensions seront probablement réduites si l'on a pris soin d'identifier les écarts de rôles, d'attitudes, de valeurs, de culture. Saisir les implications de chacun et ainsi tenter d'anticiper les modes de réactions de son interlocuteur seront les plus sûrs moyens d'atteindre son objectif.

Clarifier le but et la méthode

Expliquer le motif de la rencontre, définir clairement le but, les objectifs à atteindre, proposer (ou négocier) une méthode de discussion et vérifier l'adhésion à la démarche seront des actions de nature à faciliter le bon déroulement de l'entretien : « je vous reçois pour un premier contact, je vais vous présenter notre organisation puis vous me parlerez de votre expérience »

Plus une personne se trouve informée du pourquoi et du comment d'une démarche, du chemin à parcourir, plus elle a de chances de coopérer. À la base de tout dialogue, il existe implicitement une attente de réciprocité. Clarifier le « contrat » de communication permet de mieux gérer la rencontre. Nombre d'entretiens échouent faute de préciser le but et la méthode de discussion.

Que peut-on attendre de cet entretien ? Quelles informations recherche-t-on, comment va-t-on organiser la discussion ? Ces questions lorsqu'elles sont éclaircies diminuent les réticences, les défenses et amorcent la collaboration.

Un entretien sera libre, spontané, ouvert, non structuré, non directif ou encore semi-directif, guidé, directif. Ces termes expriment d'une façon très générale les différentes formes d'interactions (ouvertes ou fermées) et le niveau d'échange recherché. On sera, par exemple, directif dans la forme des questions, dans l'attitude, le comportement, le ton de la voix. Aucune théorie ne peut cependant rendre compte de la réalité des pratiques quotidiennes. Chaque type d'entretien demande la compréhension d'un contexte, d'un processus d'interaction, il nécessite la maîtrise de méthodes mais aussi des capacités d'adaptation.

Les relations seront inévitablement travaillées (consciemment ou inconsciemment) par des rapports d'influence (manifestes ou implicites) inhérents aux positions sociales, aux identités des personnes. L'affirmation de la neutralité peut parfois masquer un positionnement mal explicité. Certaines situations d'entretien se veulent plus spécifiques, ainsi la démarche clinique s'observe dans des rencontres asymétriques sujet/clinicien où l'attention est portée au vécu de l'individu. Le clinicien s'installe dans un rôle de retrait (non directif) pour laisser parler son « client » (Chiland C., 1989). Dans l'entretien compréhensif de recherche, chacun des deux partenaires garde aussi un rôle différent. L'enquêteur est « maître du jeu », il définit les règles et pose les questions. C'est l'écoute et la pertinence des relances qui facilitent l'échange et assurent la qualité de l'information (Kaufmann J.-C., 2001).

Dans les rencontres de la vie quotidienne, on observera des interactions diverses avec des positions asymétriques, symétriques ou complémentaires. Deux personnes, avec des statuts et des rôles différents, discutent à partir de leurs réalités, leurs pratiques sociales. Elles peuvent coopérer, débattre, s'affronter, s'opposer mais elles attendent un résultat de cette discussion. Les approches, les méthodes seront donc différentes suivant les finalités, les buts poursuivis.

Cette distinction posée, il reste que dans beaucoup de situations, le dialogue demande une compréhension fine des sentiments et pensées de son interlocuteur, de ses modes de réaction. Ainsi, un enseignant réserve du temps pour prendre du recul et écouter un élève exprimer ses difficultés personnelles. Un responsable désire faire le point avec une personne de son équipe. Dans toute situation sociale, mener un entretien suppose donc de saisir le contexte et les enjeux de la rencontre, de se positionner dans son rôle et de comprendre les différents facteurs verbaux ou non verbaux qui facilitent ou bloquent l'échange.

Créer un climat favorable à l'échange

La poignée de main dès l'entrée, le geste qui invite à s'asseoir, le ton de la voix, la mimique d'accueil représentent autant d'informations à observer, à analyser pour trouver la bonne distance (proximité ou retrait) et s'adapter à son interlocuteur. La personne sera ouverte, détendue, chaleureuse ou elle reste fermée, tendue, stressée et agressive.

Plus un entretien sera complexe, plus il nécessite un temps d'accueil, de prise de contact pour établir le dialogue, amorcer une communication. Il se révèle souvent préférable de ne pas se précipiter pour obtenir immédiatement des informations mais plutôt de communiquer sur un plan émotionnel, d'une manière consensuelle, conviviale (se montrer chaleureux sans pour autant chercher à séduire). Trouver des centres d'intérêts communs, profiter de l'actualité, rappeler un moment positif d'une dernière rencontre, favorisent cette entrée en matière et permettent de nouer la relation. Ce niveau d'accordage représente un moment essentiel de la rencontre et conditionne la réussite des échanges.

Enquêter, explorer

Les entretiens passent nécessairement par une phase plus ou moins longue d'exploration, d'enquête. Comment l'interlocuteur perçoit-il une situation, comment se représente-t-il les questions à débattre, quelles sont ses motivations, ses intentions ? L'adaptation suppose une recherche constante d'indices pour comprendre son interlocuteur et ajuster ses réactions. Plus une personne amasse de l'information pertinente sur son interlocuteur (ses motivations, ses représentations, ses raisonnements, ses valeurs), plus elle gagne en adaptation et en efficacité.

Adapter sa stratégie, sa tactique

La préparation de l'entretien nous aide à discerner les différentes façons de discuter. L'analyse des divers scénarios d'action nous amène à choisir les comportements les plus efficaces en fonction de ce que l'on perçoit et ressent de la situation. Lors d'une enquête, si une personne prépare un jeu de questions pertinentes, stimulantes, elle n'en sera que plus disponible, donc plus adaptable.

Si l'observation, l'écoute active représentent des qualités essentielles pour recueillir une information pertinente, il sera aussi indispensable à d'autres moments d'informer, de faire passer son point de vue, d'influencer son interlocuteur. Au cours de l'entretien, partager, argumenter, négocier, décider demandent d'être prêt à changer de mode de communication. D'une façon générale, plus une personne se trouve capable de maîtriser une variété de comportements ou d'attitudes, plus elle sera adaptable et aura de chance d'atteindre son objectif.

Synthétiser, conclure l'entretien

La synthèse rassemble les éléments d'informations traitées pendant l'entretien. La conclusion rappelle le pourquoi et le comment de la rencontre : elle propose à l'interlocuteur les résultats essentiels de l'échange. On vérifie que l'on reste bien en phase, que chacun tire les mêmes conséquences de l'entretien.

La conclusion marque une phase primordiale. On reformule ce qui a été acquis, ce qui engage les deux interlocuteurs. Elle permet de clore la discussion sur un plan informatif et émotionnel, de resituer la démarche dans le contexte de l'action et de réduire ainsi les interprétations erronées.

Chapitre 2

Interagir

« Avoir les pieds sur terre », « être équilibré », « se sentir mal dans sa peau », « sauver la face », « en avoir plein le dos », « garder la tête haute », « ne pas manquer d'air », « s'écraser », « ne pas sentir quelqu'un », etc., ces expressions du langage courant traduisent le rapport direct qui existe entre le corporel et le mental.

On voit avant d'écouter. Nous n'avons pas encore prononcé une parole et pourtant nous avons donné des informations essentielles sur nous-même. Le regard va spontanément scruter son interlocuteur pour détecter les signes non verbaux qui nous permettent de situer la personne et d'apprécier ses intentions bienveillantes ou malveillantes.

Nous émettons bien plus que ce que nous sommes conscient d'émettre et nous percevons beaucoup plus que ce que nous sommes capable de verbaliser. Nous ne connaissons pas vraiment notre voix, notre gestuelle que nos interlocuteurs observent. Nous donnons des informations sur nous-même que nous ne maîtrisons pas vraiment, aussi pouvons-nous redouter le regard d'autrui qui observe et juge.

Nos gestes, nos attitudes expriment notre état émotif et nos pensées. Ce que les mots ne disent pas, le corps l'exprime souvent dans sa réalité immédiate. Nos sensations, nos émotions sont à la base de notre discours. Essayer de comprendre quelqu'un, c'est donc observer un comportement dans ses manifestations les plus concrètes et les plus essentielles : la respiration, la mimique, le regard, les gestes, les déplacements, les inflexions de la voix.

Dans un entretien, le rapport enquêteur-enquêté repose sur une interaction sensible, active qui met en jeu le corps, les émotions, les idées. L'enquêteur devra donc associer ce qui est dit et ce qui est vécu, manifestement exprimé par le comportement. Il cherche aussi à comprendre comment les corps interréagissent, se synchronisent pour mieux réguler la relation. Par exemple, il pourra :

- induire la détente par l'attitude physique ;
- moduler, atténuer une intervention par la voix ;
- relancer l'expression par des hochements de tête, des acquiescements ;
- souligner une écoute active par des Hum ! Hum ! bienveillants ;

- signifier la fin de l'entretien par un relâchement corporel ;
- pousser gentiment vers la porte un bavard impénitent.

Le territoire

Un bureau représente un espace privé, personnalisé qui porte une charge émotionnelle et symbolique ; il sera chaleureux, agréable, impersonnel, froid, triste, morbide. La porte demeure ostensiblement ouverte ou fermée. Pour entrer, on prend rendez-vous parfois plusieurs jours à l'avance, se soumet à un rituel de prise de contact.

Il existe un espace visuel, sonore, kinesthésique, olfactif, représentations construites à partir de nos sens. Certaines personnes ont ainsi besoin d'un espace « visuel » ordonné, rangé, d'autres préfèrent un espace fonctionnel, « kinésique » confortable, où l'on se sent à l'aise. Nous investissons notre espace à partir de nos propres repères visuels ou sonores et nous tentons de faire respecter ces règles implicites à nos interlocuteurs. Mettre à l'aise, consiste à vérifier que nos propres codes sont acceptés par autrui.

Par ailleurs, on fait venir quelqu'un sur son territoire ou bien l'on se déplace chez lui. Les deux démarches peuvent s'interpréter différemment. L'espace induit des significations particulières : il porte les marques du pouvoir, du statut des individus. Il révèle les goûts d'une personne, les habitudes d'une organisation. Un bureau sera ainsi aménagé en fonction de buts implicites ou explicites, d'intentions particulières : on veut impressionner, séduire, partager, faciliter le contact ou au contraire fuir, se protéger.

Les déplacements

Comme tout territoire, un bureau possède une frontière et juxtapose espaces privés et espaces publics. La personne se lève pour venir vous accueillir et vous installer dans son espace privé. Elle peut simplement vous faire signe d'avancer. Le plus souvent, les déplacements sont réglés par un rituel de salutations, de préséances. La place de chacun est définie à l'avance pour éviter toute ambiguïté, malentendu, imprévu ou interprétation (Goffmann E., 1974).

La façon dont un individu se déplace dans un lieu particulier dépend de son sentiment de sécurité, du type de rapport qu'il entretient avec les autres. La liberté de mouvement et l'absence de frontières rigides constituent un bon indice de la confiance existant entre deux personnes. Par exemple, si au cours d'un entretien l'un des interlocuteurs reste assis tandis que l'autre se déplace, cette situation traduit probablement des rapports de dominance : l'un est bloqué, immobilisé, l'autre se dilate et occupe l'espace.

Généralement, l'individu utilise pour délimiter son territoire une stratégie de marquage. Des objets personnels (livres, dossiers, vêtements) vont montrer qu'il est chez lui. Il se protège ainsi d'un empiétement sur son espace intime, privé. Dans un entretien, une personne ouverte et disponible choisira pour recevoir ses interlocuteurs une disposition spatiale neutre : une table ronde pourra faciliter les échanges, les sièges seront identiques, les places non définies à l'avance. Les lieux de la rencontre n'induisent pas de règles ou de comportements particuliers.

L'espace intime

La distance qui sépare deux individus dépend certes de la nature de la communication mais aussi du degré de confiance et d'intimité. Généralement, nous maintenons autour de nous un espace intime qui nous laisse libres de tous nos mouvements (Hall E.T., 1966).

Au-delà, commence la distance sociale – de 1 m à 1,50 m – qui s'arrête là où la conversation cesse d'être facilement audible (plus de 3 m).

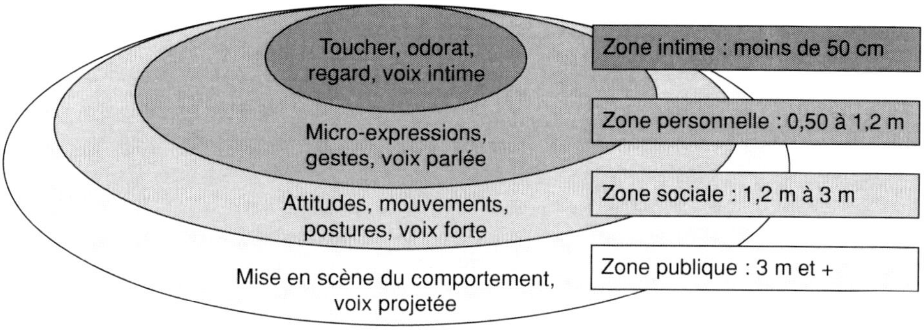

Espaces et stimulations sensorielles

Plus la distance augmente plus le *feed-back*, l'information en retour sur l'observation du comportement, sera faible. Cette distance se règle en fonction de la proximité affective et sociale, de la relation de confiance entre deux personnes, « *on prend ses distances* » ou « *on lui parle au creux de l'oreille* ». Si quelqu'un pénètre dans votre espace intime en posant ses dossiers sur le bureau et en étalant ses documents pour argumenter, son comportement sera probablement ressenti comme une intrusion : « *on n'a pas envie de se laisser marcher sur les pieds* ».

L'exemple d'une foule serrée dans un ascenseur ou dans le métro illustre l'importance de ces données. On se fuit du regard, on se fige pour éviter les contacts. On se retire dans sa coquille, se fermant à l'interaction. Cet espace intime sera plus ou moins vital suivant les individus et les normes sociales. Les timides, les sujets psychologiquement fragiles, préfèrent souvent se tenir loin de leur interlocuteur. Ils ressentent plus rapidement que d'autres l'intrusion dans leur espace privé.

Trouver la bonne distance physique revient ainsi à trouver la bonne distance émotionnelle dans la relation. Plus on se rapproche de l'autre, plus il devient présent dans sa réalité charnelle : on repère les manifestations corporelles les plus fines : la respiration, la couleur de sa peau ; on renifle les parfums, les « miasmes », discerne les bruits du corps : gargouillements, borborygmes, flatulences. On retrouve l'animalité qui se cache sous les parures et les maquillages !

La position spatiale

Quand deux personnes vont s'opposer, elles se rencontrent généralement de face. Le face-à-face indique alors une relation d'attaque/défense. Une situation d'angle où l'individu peut regarder de face aussi bien que détourner le regard sera probablement plus favorable à l'échange. Spontanément, lorsque deux personnes discutent dans la rue, elles tendent à adopter cette position, se plaçant sur des axes de 90° environ.

Au cours de la rencontre, les corps vont se rapprocher et s'éloigner suivant la dynamique de l'échange. Par exemple, un vendeur devra régler sa distance avec son client. S'il entre trop rapidement dans son espace intime avec des gestes brusques, il provoquera une réaction de fuite. Un médecin, un avocat utiliseront aussi l'espace pour réguler la communication avec leur patient ou client. Ils s'avanceront ou se placeront derrière le bureau. La distance reflétera le jeu formel de la relation. Elle ne permettra aucune ambiguïté sur les révélations intimes du discours. À l'opposé, pour un interrogatoire « musclé » un policier va s'asseoir devant le prévenu et progressivement s'en rapprocher jusqu'à ce que leurs genoux se croisent.

Pour notre sentiment de sécurité, nous préférons aussi ne pas sentir quelqu'un arriver derrière notre dos, comme nous n'aimons pas nous retrouver dans une salle « aveugle ».

Le contact corporel

La façon dont les corps se rencontrent, se touchent, s'éloignent ou s'évitent sera spécifique des états émotifs et des habitudes socioculturelles. Serrer la main d'un individu représente une expérience tactile riche en informations. La main se révèle molle, humide ou bien chaude, sèche, énergique. L'un sera anxieux, inquiet, l'autre détendu, chaleureux, ouvert.

Dans le cours d'un échange, un rapide contact tactile avec la peau – poser la main sur le bras de son interlocuteur – crée une impression de proximité émotionnelle et influe sur la communication. On accepte le contact corporel, ce geste de réassurance réconforte, stimule et traduit la reconnaissance de l'autre. Cependant, le toucher se trouve stimulant ou vécu comme menaçant suivant la relation et la façon dont la personne habite son corps. On touche aussi émotionnellement et corporellement.

La peau, système sensoriel directement en relation avec notre cerveau, marque la frontière entre notre monde intérieur et le monde extérieur, elle représente l'enveloppe de notre corps et nous alerte des tensions et agressions (douleurs, chaleurs, picotements...) (Montagu A., 1979).

Les irritations physiques ou psychologiques vont avoir un retentissement sur la peau : « *il me donne des boutons* ». Dès que la personne se trouve en difficulté, elle va se caresser une partie du corps ou se gratter, par exemple se frotter le nez pour gommer un mensonge.

Des expressions populaires comme « *faire la peau à quelqu'un* », « *lui crever la peau* », « *avoir sa peau* » traduisent l'agressivité dans ses formes les plus destructrices. À l'inverse, l'abrazo des Sud-Américains – même s'il était peut-être une façon habile de vérifier que son interlocuteur n'avait pas d'arme dissimulée – reste l'exemple d'une rencontre chaleureuse.

La posture

Le corps, les émotions, le mental ne peuvent être dissociés. L'attitude corporelle prépare l'action, le corps se mobilise dans l'expression et le mouvement. Les postures prennent place à partir des sensations et pensées de la personne. Le corps précède, reflète, accompagne, accentue, l'expression verbale. Ce sont autant d'indices lisibles (un indice n'est pas une preuve), d'informations intentionnelles ou non intentionnelles que nous enregistrons spontanément et qui vont orienter nos réactions.

Dès le premier contact, on ressent l'accueil, l'ouverture ou au contraire une attitude de retrait, de rejet ou de soumission. Chez l'homme, on connaît le comportement de domination : la tête haute, le corps en extension, la poitrine en avant, stable sur les pieds. On est « *fier comme un paon* » ou l'on s'avance « *la queue entre les jambes* ». L'attitude de méfiance sera marquée par une contraction : le corps se ramasse, la tête rentre dans les épaules, on semble se rouler en boule comme pour se faire le plus petit possible afin d'offrir moins de prise à l'adversaire. L'approche et l'ouverture constituent des comportements intermédiaires entre la domination et la peur : la tête est légèrement inclinée sur le côté, le tronc penché en avant, la posture ouverte, souple, détendue (Corraze J., 1980).

La façon dont un individu prend appui sur le sol et équilibre le poids de son corps permet de saisir comment il ressent la situation : il a le derrière bien calé sur son siège ou reste assis sur une fesse prêt à prendre la fuite.

En général, la position des pieds sur le sol représente un indice du type de relation recherchée, le pied se tourne vers la personne ou au contraire se détourne dans le retrait, la défense.

L'axe du cou et de la tête sera aussi indicatif, la tête, droite dans l'attente, s'incline sur le côté dans l'écoute et la proximité affective ou recule en cas de désaccord.

Une station droite, équilibrée, stable, ouverte, détendue donne un signe de confiance et permet de mieux gérer la peur, de réduire les tensions de la rencontre.

Les expansions et rétractions de notre corps traduisent ainsi nos attitudes émotionnelles. En grande partie inconscientes, ces postures représentent donc des indications privilégiées. Elles se modifient ou se renforcent en fonction de la qualité de l'échange, des rapports d'autorité et de pouvoir. Quand elles sont permanentes, elles traduisent nos attitudes fondamentales : le dépressif garde le corps replié ; le narcissique ouvre son corps au regard d'autrui.

Repérer ainsi les modifications de la posture aide à suivre et anticiper les réactions à partir d'éléments relativement fiables du comportement.

Les gestes

Chacun de nous n'utilise qu'un répertoire limité de gestes, de mouvements, nous avons des manières personnelles d'être assis, de bouger, de nous tenir droit. La façon d'habiter notre corps dépend à la fois de notre état physique et affectif mais aussi de nos habitudes sociales, de nos capacités d'adaptation.

Un individu ouvert, spontané, présente des gestes harmonieux et souples. Il fait preuve d'une bonne aisance corporelle, ne se trouve pas embarrassé de ses membres, de ses mains.

L'ouverture ou la fermeture gestuelle expriment notre confiance, notre sécurité, notre disponibilité ou notre méfiance, notre retrait. Les bras croisés, les jambes serrées l'une contre l'autre indiquent probablement une attitude d'autoprotection.

L'énergie mobilisée dans l'action accompagne l'extension tandis que le corps s'affaisse dans la fatigue et l'abattement : « *les bras m'en tombent* ». La personne qui s'affirme se redresse, celle qui se soumet se replie, se ramasse.

La main est tournée vers soi dans un geste égocentré ou vers son interlocuteur dans l'accueil et l'ouverture.

Les gestes accompagnent, renforcent l'expression, ils reflètent nos manières de penser, de ressentir les choses. Un bon communicateur possède un registre de gestes et d'attitudes symboles qu'il utilise pour illustrer son discours. Il pointe avec l'index, désigne avec la main, accompagne, ponctue avec le bras pour illustrer et rythmer sa prise de parole. Ces façons d'agir contrôlés et préparés disparaîtront progressivement en cas de stress et de conflit. L'individu reviendra à une expression spontanée, moins élaborée.

Les gestes, les attitudes d'autrui enregistrés par notre cerveau nous préparent à l'action. Ces mouvements sont parfois si rapides que seule une vision au ralenti (en vidéo) permet de retrouver les stimulations envoyées et les réactions de l'un et l'autre dans une interaction continue. Les gestes jouent donc un rôle essentiel dans la coordination, l'ajustement spontané de la relation. Les mouvements de l'un déclenchent des mouvements de l'autre. Nous pouvons même réagir à une stimulation non verbale sans

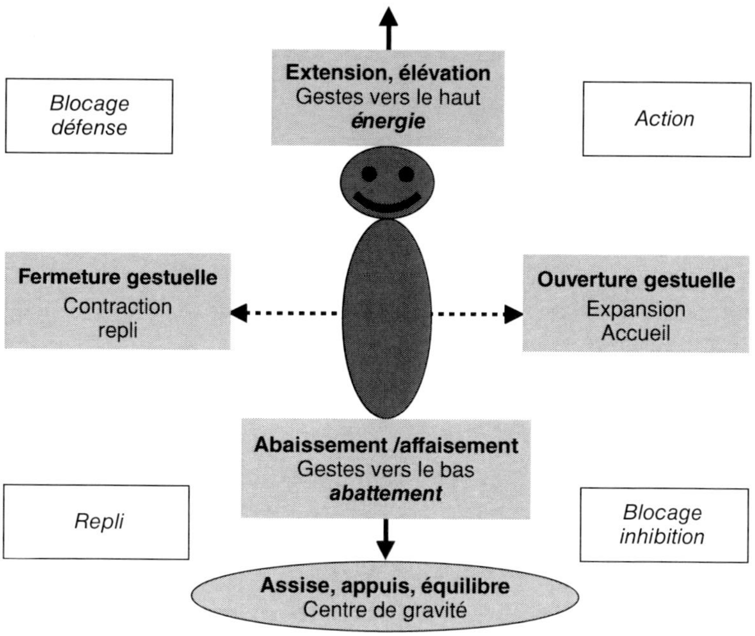

La dynamique gestuelle

même nous en rendre compte. Les corps se répondent à un niveau non conscient. (Jeannerod M.[1], 2002).

La dynamique du langage gestuel

Gestes d'ouverture, d'accueil	*Ex.* : mains tendues vers son interlocuteur, sourire Expriment le désir de contact, de relation
Gestes de fermeture, de contraction	*Ex.* : Bras croisés, jambes croisées Peuvent traduire le retrait, l'évitement, le rejet, le refus
Gestes d'extension ou de relâchement	*Ex.* : tendre les bras, se redresser, baisser les bras, relâcher son tonus Peuvent traduire l'énergie, la force de la conviction ou la fatigue, le retrait, la tristesse
Gestes symboliques d'illustration	*Ex.* : pointer avec l'index, désigner avec la main Renforcent l'expressivité, attirent l'attention
Gestes d'auto-contact	*Ex.* : se gratter la main, le nez, se caresser la lèvre Peuvent traduire le stress, l'inquiétude, les tensions

La détente et l'ouverture produisent de la confiance. La tension, la rigidité génèrent de la tension et de l'agressivité. Dans un échange, la personne

1. Les références citées dans le texte invitent à aller plus loin, ainsi pour faciliter la compréhension des mécanismes neuropsychologiques le livre *Le cerveau intime* de Marc Jeannerod constitue un ouvrage de référence très accessible.

la plus expressive et la plus adaptative va probablement donner la tonalité de la rencontre.

Un individu ouvert, spontané présente des gestes souples, harmonieux. Une personne tendue, stressée va montrer des mouvements désordonnés, saccadés, agités. Dès le premier regard, nous enregistrons l'état de détente ou de tension.

Le tonus indique l'énergie mobilisée. Les muscles sont hypertoniques dans les situations de concentration, de conflit. Ils sont hypotoniques dans la détente, la dépression. L'hypotonie peut aussi révéler un manque d'attention, d'intérêt dans l'échange. Le corps avachi, sans réaction dans le fauteuil, se désintéresse de l'autre. Parfois, l'individu ne croit pas vraiment à ce qu'il dit, accentue alors son message non verbal. Des gestes parasites, non synchrones, discordants vont probablement souligner la difficulté de l'échange.

La dynamique gestuelle précède, accompagne donc les intentions, les émotions et nous révèle. Les gestes, les postures fondamentales modèlent aussi notre corps et en retour, finissent plus ou moins par jouer sur nos émotions, notre état d'esprit. Une rigidité du corps traduit probablement une rigidité psychologique : on est « *raide du col* » ou « *souple d'échine* ». William Reich parlait d'une « *cuirasse corporelle* » que se fabriquaient les individus pour se protéger, se préserver des stimulations de l'environnement : les muscles se raidissent, se rétrécissent, les attitudes se figent pour échapper aux « vibrations » des émotions (Lowen A., 1977).

L'extraverti montre une gestuelle plus spontanée que l'introverti qui souvent redoute le mouvement, le déplacement sous le regard d'autrui. L'hystérique et le narcissique aiment se mettre en scène pour capter l'attention d'autrui. Par ailleurs, le langage gestuel reste très codifié suivant les milieux sociaux et les cultures. On est « méridional » ou « nordique », on aime parler avec son corps ou on reste minimaliste dans son expression gestuelle. Ces différences individuelles ou culturelles nous invitent à rester attentif lorsqu'on change de contexte et à observer les réactions avant d'agir.

Dans un entretien, les comportements interréagissent et finissent par trouver des points d'équilibre. Par exemple, une personne agressive va provoquer une tension chez son interlocuteur, mais inversement, la détente de l'enquêteur va amener celle de l'enquêté. Une régulation fine mais complexe se met en place. Dans une relation harmonieuse, les mouvements, les attitudes, les expressions se répondent, se synchronisent et se copient dans une sorte de mimétisme spontané. Par contre, un individu mal à l'aise, qui ne croit pas à ce qu'il raconte, gesticule, accomplit des gestes parasites, des actions désordonnées : les mains se triturent, les jambes s'agitent. À sa façon, le corps souligne les difficultés de l'échange.

Plus rapide et plus efficace que le discours, la régulation non verbale agit à des niveaux plus spontanés et plus directs. Celui qui sait lire le non verbal garde une longueur d'avance dans l'adaptation car il peut vérifier au niveau des comportements l'état de la relation. Il prendra alors du temps pour adapter son discours en fonction de ce qu'il voit et ressent.

L'image du corps

Dans un premier contact, la taille, le sexe, le poids, la beauté, l'attraction physique jouent un rôle non négligeable. L'autre nous renvoie une image du corps identique ou très différente de la nôtre. L'attrait ou le rejet passeront par le premier regard. « *On est à la hauteur* » ou « *on ne fait pas le poids* ».

Cette image du corps sera probablement plus ou moins acceptée en fonction de nos propres investissements narcissiques, de notre estime de soi. S'accepter soi-même aide à accepter les autres. Il existe ainsi dans la relation une composante narcissique et sexuelle qui se trouve déterminée par les identifications de chacun. Ce jeu de présentation et de séduction sera souligné par les vêtements, les coiffures, les parures. Par exemple, une personne cherchera à renforcer les signes qui fonctionnent comme des déclencheurs : un rouge à lèvres, un décolleté, des talons hauts, un déhanchement vont stimuler et capter les désirs. Quant à lui, l'homme va cambrer le buste, élargir sa carrure et essayer de gagner en prestance. Ainsi se règle le ballet des relations où chacun, plus ou moins consciemment, essaie d'influencer l'autre pour arriver à ses fins. Dans la vie sociale, soigner son profil, travailler son image devient parfois une nécessité impérative pour « sauver la face », « garder sa place ».

Les signes sociaux dans la mise ou le vêtement agissent comme des clés, ils répondent à des normes sociales et culturelles. Certaines personnes utilisent les couleurs pour présenter une image harmonieuse et stimulante, d'autres vont s'effacer dans le gris et le noir. La qualité d'un tweed, la forme d'un col de chemise, deviennent des signaux codés de reconnaissance. Ils marqueront le statut, le pouvoir, l'intention. Dans le jeu des apparences, un seul indice vestimentaire peut produire un impact majeur et réveiller des conditionnements, des stéréotypes chez son interlocuteur.

La stratégie de présentation cherche alors à repérer les différences acceptables pour se conformer aux usages établis ou affirmer sa singularité, sa distinction. Sous-tendues par les besoins « d'individuation » et « d'intégration sociale » les dynamiques effacement/affirmation, ressemblance/différence, attirance/rejet sont permanentes dans les relations. Elles tendent à marquer les différenciations sexuelles et sociales.

Un individu amené à être en contact avec d'autres personnes – en travaillant par exemple dans un lieu public – devra ainsi se situer et connaître assez précisément le type de réaction que sa silhouette déclenche pour s'adapter plus rapidement. Il jouera alors sur ces variables pour faciliter la relation, réduire les projections-interprétations et éviter les incompréhensions. Sachant qu'on ne fait pas deux fois une première impression (surtout si elle est mauvaise), ces ajustements seront d'autant plus nécessaires quand les personnes viennent de milieux sociaux ou culturels très différents.

Prendre du temps, observer et suspendre son jugement, permet d'établir une relation ouverte et confiante, on évite ainsi de se laisser emporter, bloquer par ses émotions, préjugés, ou projections. Cependant, plus on connaît un individu, moins on se fie à son allure extérieure. L'habitude, les idées toutes faites, le poids des souvenirs finissent parfois par conditionner nos réactions, il faut alors une attention nouvelle pour observer et ressentir la personne dans sa réalité présente et réagir en conséquence.

Image de soi (grille d'observation)

NIVEAUX D'OBSERVATION				
Fermée	←	**Gestuelle**	→	Ouverte
Tendu	←	**Détente**	→	Détendu
Contrôlée	←	**Expression**	→	Spontanée
Conformiste	←	**Apparence**	→	Originale
Lent	←	**Rythme**	→	Rapide
Faible	←	**Tonus**	→	Fort
Réservé	←	**Émotions**	→	Expressif

Le visage et la mimique

Le visage (du latin *visus*, vue) reflète notre vie intérieure. Dès 4-5 ans, l'enfant apprend à inhiber les réponses émotionnelles, à devenir moins naturel, moins spontané.

Un visage apparaît nerveux, crispé, flegmatique, sensuel, volontaire, sanguin, etc. Les traits sont dilatés dans l'ouverture, le plaisir, la sensualité ou rétractés dans la fermeture, l'inquiétude, le stress et le contrôle de soi.

La caractérologie essaie de définir, de classer : le haut du visage indiquerait l'importance de l'intellect ; le bas, la mâchoire, la force des instincts ; la partie médiane refléterait la vie émotive. Aucune classification ne sera assez satisfaisante pour rendre compte de la grande diversité des visages. Notre caractère, nos émotions, nos habitudes sociales finissent par modeler notre « masque », les événements de notre vie y impriment ainsi leurs marques. La sérénité illuminera un visage ; la tristesse et l'angoisse le figeront.

Le mode d'expression des émotions se trouve aussi réglé suivant les cultures et les habitudes sociales, ainsi on acceptera plus facilement des larmes chez une femme et une crise de colère chez un homme. Pour certains le contrôle émotionnel sera primordial, pour d'autres l'expression des émotions leur facilite le contact.

Les émotions vont surtout être repérables à partir des tensions, des contractions des 44 muscles de la face : dans la tristesse le front se ride, les commissures des lèvres tombent ; dans la joie, les muscles autour des yeux se relâchent, le grand zygomatique s'active, la bouche se détend ; dans la colère, le regard devient « noir », les lèvres se serrent, les mâchoires se contractent. Dès notre enfance, nous lisons spontanément et réagissons aux expressions des émotions. Cependant, cette lecture est aussi sujette à erreur, l'observateur risque d'être victime de ses propres projections. Un visage statique s'apprécie parfois de façon très différente suivant le cadre de l'échange. Seule la dynamique de l'expression permet de saisir la réalité d'une émotion dans son contexte (Ekman P., 1972).

Les micro-expressions apparaissant au cours de la conversation constituent les meilleures clés pour l'analyse, particulièrement le pourtour des yeux, les commissures des lèvres : une légère tension dans le regard, un froncement de sourcils, un mouvement de la bouche. Pour un observateur attentif, elles peuvent devenir des indices précieux. Par exemple, le visage anticipe spontanément les réponses positives ou négatives. Ainsi, généralement, les yeux se relèvent, s'agrandissent, la bouche se détend pour dire oui ; pour le non, les yeux se baissent, les lèvres se contractent légèrement. Ces micro-expressions, le plus souvent inconscientes, sont spécifiques à chaque individu.

Un enquêteur averti essaie alors de tester, calibrer à partir de quelques questions dont il connaît déjà la réponse, le type de réaction spécifique qui accompagne un acquiescement ou une négation. Ainsi, dans la suite de son enquête, il pourra se repérer en fonction de ces signes non verbaux et gérer la progression de la discussion. Ainsi, une personne peut dire oui au niveau verbal et dire non au niveau corporel, l'observation du non verbal nous informe alors que cette réponse n'est pas aussi claire et qu'il faut prendre du temps pour expliquer la situation et vérifier la réalité de l'accord ou du désaccord (Grinder J., 1981).

Le regard

Le bébé se trouve manifestement attiré par le regard. Établir le contact visuel représente la première forme d'interaction. Entrer en relation avec une personne, c'est d'abord échanger un regard. Accepter autrui, c'est accepter son regard. Voir et être vu sont à la base de tout échange et interaction.

Dans un entretien, la fréquence du regard sera fonction de la qualité de la relation : on se regarde « *les yeux dans les yeux* » ou on « *se surveille du coin de l'œil* ». Plus le contact visuel sera fréquent et intense plus la personne cherche à établir une relation. Nous regardons plus quelqu'un qui nous intéresse, nous recherchons plus d'indices pour lire ses émotions, ses réactions. Les muscles qui entourent les yeux échappent en grande partie à la volonté de l'individu et comme le regard est constamment en mouvement, les émotions et attentions vont donc s'y lire. La fréquence et la durée de ce contact marquent la reconnaissance de l'autre. La gêne et l'antipathie se traduiront par un regard fuyant. La tension d'un regard révèle l'énergie disponible, elle indique l'assurance, la conviction d'une personne. Insistant, direct, le regard sera interprété comme un signal de dominance. « *Avoir à l'œil* », « *obéir au doigt et à l'œil* » ces expressions soulignent la force d'un regard. Détourner les yeux aboutit à diminuer l'attention du partenaire ; la fuite réduit l'agressivité et fonctionne comme un rituel d'apaisement. Ce détournement du regard se rencontre particulièrement chez les personnes introverties, anxieuses et timides.

Quand deux personnes ne se connaissent pas, il existe une phase d'observation, d'adaptation, d'ajustement. Le regard sera utilisé pour la régulation des comportements. L'approche ou l'évitement vont alors être fonction du degré de confiance. L'intensité d'un contact visuel évolue aussi suivant l'attitude positive ou négative : par exemple, le regard joue un grand rôle dans la séduction, la quête sexuelle. Les pupilles se dilatent dans la surprise, le désir, l'intérêt. Cette réaction pupillaire non contrôlable représente un bon indice à repérer : « *les yeux pétillent* », « *l'œil est allumé* », « *la passion fait briller les yeux* ». On se trouve spontanément plus attiré par des personnes aux pupilles dilatées signe de désir, de vie. Le vendeur guette ces modifications comme l'indice d'une impulsion d'achat. En revanche, le déplaisir, le désintérêt amèneront un réflexe de contraction (Morris D., 1978).

Le regard dépend aussi des autres facteurs qui régulent la communication : la distance spatiale, la mimique, la posture, le contenu verbal, le contexte. Ainsi, une personne s'impliquant dans l'échange et parlant de problèmes intenses et personnels diminuera probablement la fréquence de ses regards. D'une façon générale, lorsque le sujet parle, il regarde moins son interlocuteur que lorsqu'il écoute. Un individu dont les yeux ne se fixent pas sera perçu comme quelqu'un de distrait, non intéressé, peu attentif.

Suivant les caractéristiques de la personnalité, on observera le regard du déprimé peu mobile, tourné vers ses chaussures, celui du paranoïaque tendu, appuyé, celui de l'hystérique vif, brillant.

Enfin, la façon dont les personnes se regardent varie suivant les différents codes sociaux et culturels. Pour un Arabe, détourner les yeux représente généralement un signe d'impolitesse ; pour un Asiatique, l'insistance du contact devient très vite une marque d'agressivité qui entraîne la gêne. Pour les Anglo-Saxons, l'échange visuel semble plus fonctionnel : on l'utilise si l'on a vraiment besoin de communiquer sinon on s'ignore poliment. Dans les pays méditerranéens et latins, on aime le plus souvent voir et être vu (Hall E.T., 1966).

Mouvements oculaires et information

On recherche des images visuelles dans sa mémoire en élevant les yeux vers le haut, on note ainsi dans un échange si la personne visualise précisément un fait ou reste dans le vague, les généralités. Au cours du discours, la personne ralentit son débit pour retrouver une image, un souvenir précis. Quand la personne écoute un son, une voix, elle fixe son regard à l'horizontale (position que nous adoptons pour téléphoner par exemple). Quand le regard s'abaisse vers le bas, elle se cale sur ses sensations corporelles, kinesthésiques ou poursuit un dialogue intérieur. Ces observations permettent de vérifier le mode d'information utilisé et de rester en phase avec son interlocuteur (Grinder J., Bandler D., 1981).

Si les mouvements oculaires indiquent le type d'informations traitées, un enquêteur peut utiliser ces observations pour guider et enrichir la réflexion, faciliter la communication. Nombre d'incompréhensions viennent en effet de ce que nous ne nous situons pas sur le même registre d'informations, de sensations que notre interlocuteur. Celui-ci veut parler de son vécu et nous l'obligeons à décrire une situation ou vice versa. Dans une enquête, si quelqu'un regarde par exemple en haut, on peut lui demander : « décrivez-moi comment cela s'est passé ? qu'avez-vous observé ? ». Si le regard se porte au contraire vers le bas, on peut alors lui faire préciser ce qu'il ressent. Cette démarche permet d'être plus en phase, d'employer le même vocabulaire, de se référer au même registre sensoriel et à la même expérience de la réalité. Elle augmente donc l'empathie.

Notons encore que la personne verbalise ces modes de fonctionnement en utilisant des expressions telles que « je vois bien », « j'entends bien », « c'est clair », « je ne le sens pas », etc. Elle nous indique explicitement son mode de référence sensorielle.

La voix

La voix représente un outil essentiel de la communication. La manière de dire les choses sera au moins aussi importante que ce qui est dit. Nous ne pouvons nous soustraire à l'expression sonore de la personne qui parle.

Phénomène d'émission vibratoire, la voix stimule directement le corps et le cerveau et mobilise l'énergie et les émotions. Elle agit comme un « massage » énergétique et émotionnel. Les sons graves résonnent dans le bassin, les sons aigus dans la tête. Les aigus font dresser l'oreille et orientent le regard, ils stimulent mais fatiguent très rapidement (Abitbol J., 2005).

Nous avons perdu l'habitude d'utiliser une voix forte, tonique car le plus souvent nous parlons dans des espaces restreints, intimistes, de ce fait la voix manque d'énergie, d'intonation, de conviction. Cependant une voix trop forte devient vite non supportable, elle crée du stress, entraîne le repli ou de l'agressivité. Inversement, une voix calme, douce, modulée va apaiser, créer de la complicité.

Le rythme

Le rythme reflète la qualité de la respiration de l'émetteur. Il exerce une influence immédiate sur l'auditeur : on respire avec la personne à son rythme ou bien elle nous « *pompe l'air* », « *nous asphyxie* » « *nous saoule* ». Le rythme produit de la détente ou de l'excitation. Nous devons souvent ralentir notre rythme, penser à faire des pauses plus fréquentes pour rendre plus audible notre discours. Nous laissons passer une respiration pour marquer l'importance d'une déclaration. Respirer lentement, se concentrer, nous aide à retrouver nos idées, notre « inspiration ».

Une émission de sons régulière, prévisible devient vite monotone, stéréotypée, ennuyeuse. Le rythme repose sur l'organisation du mouvement : de l'ordre et du désordre, du prévisible et de l'imprévisible. Ces différentes variations soutiennent l'attention. Certains rythmes lents intériorisent, font se replier sur soi, sur ses idées, d'autres plus rapides font s'extérioriser, invitent au mouvement, à l'action. Un rythme de voix stéréotypé, monotone (on parle au rythme de la respiration de son interlocuteur) sera utilisé dans l'hypnose. À l'opposé, la désynchronisation des rythmes crée une tension et révèle un désaccord. Dans une conversation, l'écoute des rythmes permet de comprendre rapidement si deux personnes sont en phase.

L'intonation

L'intonation traduit la sensibilité, l'émotion, l'intention. Elle donne sa mélodie au discours : dramatique, méprisant, enjoué ou grave. La modulation varie du grave à l'aigu.

L'accent tonique porte sur les mots-clés et sur les fins de phrase, il donne du sens et marque la conviction, l'insistance. La voix descend pour une affirmation et ponctue vers le haut une interrogation. Une personne qui doute aura la voix qui monte en fin de phrase et sera perçue comme indécise (Pfauwadel M.-C, 1981).

En français, les syllabes sont prononcées longues ou courtes (Mâdââmme ou M'dame), on accentue certaines consonnes : on roule les R ; ces accentuations et modulations constituent des habitudes spécifiques à certaines régions, métiers ou groupes sociaux. Les accents, les façons de parler constituent des « empreintes sociales » qui marquent l'appartenance et facilitent la relation. On utilise alors ces modes d'expression spécifiques comme des signes de reconnaissance : on appartient au même monde ou on est différent. Le mimétisme dans la façon de s'exprimer représente un bon indice pour repérer les influences, les dominantes, les appartenances sociales. Certaines accentuations et modulations fonctionnent comme des signaux qui marquent l'appartenance ou l'identification à un groupe social.

De nombreuses personnes ne reconnaissent pas leur voix (qu'elles entendent surtout par les vibrations osseuses). Elles refoulent souvent leurs propres émotions : les « basses » de la sexualité, les aigus de la colère. Le conditionnement social, la discrimination sexuelle renforcent les façons spécifiques d'utiliser la voix pour un homme et une femme. Une personne peut « emprunter » une voix qui ne correspond pas à sa tessiture, ses sentiments ; à chaque intervention, elle va hésiter sur la façon de placer sa voix et perdre confiance en elle.

On résonne avant de raisonner : le souffle, la voix, les gestes et la parole sont indissociables. Agir sur l'un, c'est agir sur l'autre. Notre voix ne nous est pas donnée, il faut la chercher, la travailler. Bien posée, elle repose et stimule ; mal placée, elle va semer le doute et l'interrogation sur les émotions et les intentions de la personne. La détente, la respiration, la lecture à haute voix, le chant sont des moyens simples et efficaces pour en améliorer la qualité (Rodière J.M., 2011).

Écouter les émotions

La voix exprime la relation entre corps, émotions et mental. Elle porte les empreintes de notre vie inconsciente, de notre histoire affective. Aucune voix ne se ressemble car elle marque notre identité, notre singularité.

Notre voix varie suivant les moments de la journée, plus basse le matin quand on est détendu, elle monte dans l'aigu le soir ou dans les moments de stress, de colère. Les variations d'émotions entraînent des tensions repérables dans l'émission des sons. La hauteur du son, l'intensité nous donnent ainsi à l'écoute, des informations sur l'énergie, les équilibres émotionnels de la personne.

La voix sera plus tonique, plus harmonieuse dans la joie, dans la tristesse le son tombe en fin de phrase. Un sourire s'entend dans la voix même au téléphone. Le trac, expression de l'émotion, du stress se traduit par des accidents : bafouillages, bégaiements ou chutes, variations du son.

Une voix dans les médiums, sans aigu et sans grave, devient monotone car sans nuance. Une voix fluide joue sur les niveaux de vibration. L'énergie circule dans le corps, cette souplesse indique l'ouverture, l'équilibre, la disponibilité de la personne (Auriol B., 1991).

L'angoisse coupe le souffle, augmente la tension, la gorge devient sèche, la respiration courte, ce qui accélère le débit et modifie la résonance du son. La voix monte alors dans l'aigu ou descend dans le grave sans raison particulière. Le discours s'accompagne de bruits, d'accidents paraverbaux qui expriment le plus souvent l'embarras, l'inquiétude. L'individu bégaie, bafouille ou se répète.

Une voix haute, mal posée devient vite oppressante. L'agressivité sera marquée par une tension physique qui amène des attaques dures sur les consonnes, l'accentuation des dernières syllabes. Le rythme plus rapide, plus saccadé, induit immédiatement une tension. Dans la dépression et la tristesse, le rythme sera lent, le débit monotone, les silences appuyés, on remarquera des chutes dans la voix et très peu de modulations dans l'expression. En revanche, l'hystérie se marque généralement par des accentuations continues et maniérées du discours. Dans un échange, lorsque deux rythmes s'opposent fondamentalement, la communication sera le plus souvent difficile.

Quand une personne se trouve peu sûre de son message, elle va, par exemple, faire des pauses avant un mot et exagérer son articulation pour mieux se faire entendre. Il existe alors un déplacement des accentuations, on appuie certaines syllabes pour affirmer son discours. Très souvent l'absence de synchronicité des gestes et de la voix va alerter l'auditeur. Il existe un décalage entre l'intention et l'expression réelle, un doute s'installe.

L'écoute de la voix nous apporte ainsi beaucoup d'informations sur l'état émotif, l'énergie, la confiance, la conviction, les intentions, l'attitude psychologique d'une personne.

D'une façon générale, la voix sera sensiblement plus forte, plus harmonieuse avec une gamme d'inflexions plus large, plus souple, quand la personne est calme et détendue. Une personne persuasive s'exprime plus rapidement, plus fort, avec plus d'énergie et plus d'intonations qu'une personne hésitante qui ne croit pas à ce qu'elle dit. À l'opposé, une voix sectaire, dogmatique sera sans variété de rythme, de tonalité. C'est une voix doctrinaire, rigide, sans inflexion, sans émotion. Enfin, plus une personne intellectualise, plus sa voix devient haute et monocorde. Elle n'utilise pas la respiration diaphragmatique et ne se trouve plus en contact avec ses émotions. La voix représente donc un bon moyen de comprendre comment un sujet respire, vit et ressent les événements.

Utiliser sa voix

Dans un entretien, l'enquêteur sera sensible à la musique de la voix : soit pour moduler ses propres interventions, soit pour mieux ressentir son interlocuteur. Il note les modifications de ton, de débit, les accentuations sur un mot, sur une phrase et tente de les rapporter au contenu du message, à la relation, au contexte de l'échange. Si, par exemple, un individu cherche sa respiration, sa voix traduira son émotion. Or, une personne qui ne contrôle plus son souffle va se sentir vulnérable, elle deviendra fermée et défensive. La voix représente donc un outil de connaissance mais aussi un élément de régulation de la relation par le rythme, la tonalité, l'énergie. Ainsi, dans une discussion, une voix posée, une articulation claire, un rythme contrôlé seront des indices de confiance, de maîtrise de soi.

Cependant, la sensibilité à la voix reste très inégale. Elle se révèle par exemple plus faible chez les individus à dominante visuelle qui préfèrent regarder et observer les visages. En revanche, nous sommes souvent plus sensibles aux variations sonores dans les communications téléphoniques. La perte des repères visuels amène à se concentrer sur les caractéristiques de l'expression et à devenir plus vigilant, attentif aux différentes modulations et inflexions. De plus, hésitations et manque d'assurance se trouvent accentués au téléphone car l'on ne peut y effectuer une diversion, par exemple un brouillage gestuel, pour masquer son inquiétude. L'absence de repères visuels accentue probablement la sensibilité auditive. Au cours d'un entretien, il est alors conseillé de prendre du recul, de porter son attention sur la voix et l'expression de son interlocuteur. Ceci peut permettre d'en ressentir intuitivement les émotions les plus essentielles.

Le contrôle

Dans une situation d'interaction se produisent certaines modifications physiologiques qui portent :

- sur la respiration, son rythme (rapide, lent, régulier, irrégulier), son amplitude (profonde ou faible), son niveau (respiration sous-claviculaire, costale ou abdominale),
- sur le système circulatoire : pâleur, rougeur,
- sur le tonus : tension, relâchement, tremblement,
- sur la peau et les régulations thermiques : transpiration, frissons, sueurs,
- sur le réflexe de déglutition : mouvement de la gorge pour retrouver sa salive.

Ces manifestations traduisent les influences des systèmes sympathique et parasympathique qui inhibe ou active le corps. L'individu pâlit, ses muscles se contractent. Le sang se retire de son visage pour irriguer ses muscles. Il entre dans une phase d'excitation, prêt à réagir.

Dans les situations d'interaction, il existe des signaux spontanés que l'individu ne peut pratiquement pas contrôler : il est en effet impossible de pâlir ou de transpirer sur commande. Par exemple, la coloration de la peau (pâleur, moiteur, rosissement), la modification des lèvres (fermeté, couleur, gonflement) sont des signes incontrôlables et très significatifs de l'état émotif de la personne. De nombreux indices vont ainsi signaler les réactions d'une personne et accompagner son expression. Si elle paraît peu émotive et semble parfaitement maîtresse d'elle-même, il se peut néanmoins que dans une situation conflictuelle, ses pieds emmagasinent de la tension même si son visage reste calme et détendu. Les jambes s'entortillent, les pieds grattent le tapis, très vite, ce message contredit l'expression verbale. Le visage, les attitudes posturales contrôlées en début d'entretien reprennent leur mouvement en accord avec les émotions du moment. La maîtrise du corps apparaît plus difficile que celle du discours.

L'observation du comportement amène à être sensible aux éléments les moins contrôlables. Ainsi, si un individu cherche à simuler un sourire, probablement, seul le côté gauche du visage « jouera le jeu » : le sourire glissera en coin. Il reste en effet très difficile de contracter les muscles autour des yeux (la patte-d'oie) et de relever totalement les commissures des lèvres si le sentiment de plaisir ou de gaieté n'est pas réel. Ces muscles ne se commandent pas, le sourire sera de « façade ».

D'une manière générale, les yeux et la bouche « sourient » en même temps, la dissymétrie dans l'expression d'une émotion indique la probabilité d'une simulation. Quand, dans une communication, les signaux non verbaux et verbaux ne s'accordent pas, nous éprouvons très vite un sentiment diffus de malaise (Damasio A.R., 1996).

Le comportement brouille le discours. Pour clarifier la situation et comprendre les réactions de son interlocuteur, l'individu devra alors chercher les comportements les plus spontanés. Par exemple, si celui-ci est en train de mentir, ses gestes vont probablement être discordants. Il essaiera de maîtriser les mouvements de son corps, se méfiera de ses mains, mais son pied glissera nerveusement sur le plancher. Il changera de position et d'appuis pour tenter de trouver un nouvel équilibre.

La tension physique

Dans les états de tension, l'individu cherche à se protéger, à se rassurer. Il utilise alors des gestes d'auto-contact : se caresse le bras, se presse les mains, se frotte les lèvres, le nez, le menton.

Ces signes fonctionnent comme des actes de réconfort et de protection. Leur fréquence augmente dans les situations de désaccord, de tension, de conflit. Le contact avec une autre partie du corps procure une sensation de sécurité qui aide à surmonter les difficultés. Ces gestes d'auto-contact diminuent lorsque l'individu se trouve plus à l'aise. Quand il n'utilise pas ces attitudes, on voit apparaître d'autres gestes qui fonctionnent comme un rituel de détournement de l'inquiétude : on suce la branche de ses lunettes, on classe fébrilement des feuilles de papier sur son bureau. L'énergie agressive, la charge anxiogène sont alors déplacées : on tripote, on gratte, on frotte, on tapote pour donner le change.

La synchronisation, les postures en écho

Le bébé réagit en écho aux paroles et aux gestes de sa mère. L'enfant, par mimétisme, assimile les comportements, les gestes, les habitudes de son groupe, de sa culture. Les réactions en écho, les résonances motrices sont à la base de nombreux comportements, ainsi le sourire, le rire, le bâillement déclenchent des comportements identiques. Quand ces réactions n'existent pas – en présence d'un autiste par exemple – on éprouve un sentiment de malaise, d'étrangeté, d'incompréhension. L'individu ne semble plus réagir face à autrui, il se ferme à l'interaction spontanée.

Nous avons vu que deux personnes qui se trouvent en accord finissent par avoir des postures, des appuis identiques sur leurs sièges. Leurs mouvements s'harmonisent, se synchronisent. Elles hochent la tête en même temps, leurs rythmes gestuels et même respiratoires tendent ainsi à se réguler spontanément. En revanche, un désaccord se traduira par des postures, des attitudes, des mimiques différentes. Les gestes s'opposent, les attitudes se bloquent. Le langage traduit cet échec de la relation par l'expression « *le courant ne passe pas* ». La dynamique gestuelle d'un entretien sera donc importante à saisir pour tenter de réguler la communication. Par exemple, si un individu semble mal à l'aise, physiquement tendu, les questions de l'enquêteur risquent d'aggraver les difficultés. Celui-ci cherchera alors à agir sur la posture : il ralentira ses gestes, son rythme respiratoire, donnera des impulsions d'ouverture gestuelle de manière à ramener progressivement la détente. S'il envoie ainsi un message non verbal en « écho » de recherche d'accord, l'interlocuteur réagira progressivement à ces impulsions corporelles.

Inversement, face à une personne agressive en colère, l'enquêteur utilise en miroir des gestes toniques, adopte un rythme régulier, un ton ferme pour montrer sa détermination sans rentrer dans le jeu d'escalade d'attaque-défense et progressivement assouplit son attitude.

Dans ces techniques de mimétisme, de synchronisation, l'action réside autant dans la voix, que dans la posture. On ajuste sa gestuelle à celle de l'autre. On utilise ainsi le non-verbal pour ressentir et faciliter la relation.

Par exemple, dans un échange, on imprime de légers mouvements de tête, remue le buste pour induire un rythme, souligne avec la main. Les enquêteurs savent qu'il est possible de ralentir ou d'accélérer le débit d'une personne par de simples Hum ! hum ! d'acquiescement. En revanche si l'enquêteur se montre agité, excité, s'il ne donne aucun rythme, aucune modulation à l'entretien, très vite les blocages et l'incompréhension vont s'installer. Il s'agit donc, par ces synchronisations du comportement, de vérifier la résonance d'une attitude, de s'accorder dans l'interaction par des réactions en retour. Ces signaux corporels sont alors des indices d'une communication fluide.

Dans un entretien, face à une personne, il sera intéressant de vérifier la qualité de la relation et la réactivité de son interlocuteur. On observera si l'individu réagit à certains mouvements (sourire, ouverture), aux rythmes et qu'il se trouve en phase pour commencer à discuter.

D'une façon générale, l'expression du non-verbal passe par les circuits courts du cerveau émotionnel, alors que le discours s'élabore plus lentement au niveau cortical. Il sera donc essentiel de repérer les manifestations du corps pour anticiper les réactions de son interlocuteur, il s'agira d'envoyer alors des messages non verbaux pour préparer son intervention verbale. On valide un accord sur le plan non verbal avant d'argumenter, de faire une proposition.

Aujourd'hui, nous avons besoin de moments d'intériorité, d'espaces neutres sans stimulations parasites, pour nous soustraire à l'agitation, au stress de notre environnement. Être conscient de ses sensations et émotions aide à ralentir le rythme, à harmoniser, resynchroniser le corps et l'esprit. Prendre le temps, se concentrer, être à l'écoute de soi-même, nous rend plus disponible, plus ouvert à autrui. La détente corporelle et mentale permet de s'accorder dans la relation. Le corps trouve alors naturellement la bonne réponse dans la spontanéité du geste et du mouvement. Notre cerveau traite intuitivement un certain nombre d'informations qui deviennent complexes si nous voulons les expliquer rationnellement (Guittet A., 2011).

Le langage non verbal

FACTEURS	NIVEAUX d'observation	EFFETS dans l'échange
Distance spatiale	Position, déplacement	Rapprochement, retrait
Orientation corporelle	Se tourner vers, se détourner	Se rapprocher, s'éviter
Ouverture/fermeture	Les gestes, la mimique, la posture	Accueillir, détendre, se fermer, se défendre, clore
Tension/détente	Le regard, le visage, l'attitude corporelle, la respiration	Se relaxer, se concentrer, se défendre, s'opposer, s'ouvrir
Rythme	Les mouvements, le regard, la voix, la respiration	Ralentir, moduler, stimuler, renforcer, détendre
Énergie	Le regard, les gestes, la voix	Ralentir, accélérer, stimuler, imposer, moduler, se retirer
Synchronisation	Le regard, les gestes, la respiration, la voix	Accompagner, ressentir, imiter, stimuler, brouiller, ralentir
Gestes d'accueil, de réassurance	Les bras, les mains, le regard	Accueillir, stimuler, partager, ressentir
Gestes de retrait, de déconnexion	Les bras, les mains, le regard	Clore, se désintéresser, se détourner

Chapitre 3

Enquêter

Dans chaque entretien, il existe une phase d'enquête. Pour s'informer, faire le point, négocier, décider, on va questionner son interlocuteur et recueillir de l'information. Nous étudierons ici les problèmes généraux aux phases de recherche d'information dans les entretiens. Pour la commodité de la rédaction nous parlerons d'enquêteur (celui qui recherche l'information) et d'enquêté (celui qui donne l'information) même si dans un entretien les rôles peuvent naturellement s'inverser, l'enquêté devenant à son tour enquêteur et posant des questions.

Le démarrage d'une enquête

Le style, la tonalité de l'entretien seront en grande partie définis par la nature et la portée des premières questions. Le rythme des interrogations et des prises de parole, le temps laissé pour les réponses, le type de questions posées induisent immédiatement un rapport enquêteur/enquêté. L'enquêté réglera son attitude, modulera ses réactions en fonction de ce qu'il perçoit des interventions de son interlocuteur : il deviendra actif ou passif, ouvert ou défensif.

Pour réussir une enquête, il sera nécessaire de bien cadrer et définir l'objectif de l'entretien : qui est l'enquêteur ? quels sont ses buts ? dans quel contexte se déroule cette rencontre ? Très souvent des malentendus s'installent. L'enquêté n'a pas bien saisi le sens de la rencontre, il ignore le statut de la personne devant lui, l'utilisation future de l'information recueillie. Tout éclaircissement à ce sujet sera un facteur facilitant. Il conviendrait d'ailleurs de commencer l'entretien par une vérification de la compréhension du but recherché auprès de l'enquêté. Des questions comme « Est-ce que nous sommes d'accord sur le but de notre rencontre ? » « Avez-vous des questions à me poser avant de commencer ? » permettent de clarifier la situation.

L'enquêteur accepte les hésitations de départ, encourage l'expression et sait attendre la formulation progressive des idées. Les premières productions situent le positionnement de la personne dans la relation, elles révèlent l'implication, les hésitations, les fuites, les réticences. Il sera préférable de ne pas trop attendre d'informations de ces premières minutes mais plutôt d'instaurer un climat de confiance favorable à l'échange, de travailler l'accueil, la qualité de la relation.

Chez l'enquêteur, la disponibilité, la curiosité, le désir de comprendre, le discernement, le respect de l'autre dans son originalité propre représentent des qualités premières. Il sait aussi faire preuve de souplesse, d'adaptabilité dans son contact, se montre capable de saisir les différents styles d'expression, de tenir compte des émotions, des valeurs sociales et culturelles de chacune des personnes.

Il sera souvent souhaitable de démarrer l'entretien sur l'expérience, le vécu de l'intéressé, sur sa représentation spontanée de l'information à traiter : « À votre avis, comment voyez-vous la situation ? Racontez-moi ce qui se passe ? »

Ces questions très larges faciliteront la prise de parole, elles indiqueront aussi le « territoire » à explorer du point de vue de l'enquêté. Il se révèle utile de prévoir plusieurs questions d'entrée, de trouver des formulations simples qui auront un effet d'entraînement, de mise en confiance : « Pouvez-vous me décrire votre travail actuel ? » L'individu peut répondre à cette question, produire de l'information sur son quotidien sans se bloquer intellectuellement ou affectivement. L'enquêteur ne pose qu'une question à la fois tout en étant redondant : il reformule la question de façon différente jusqu'à son entière compréhension. Une enquête ne sera pas un piège, une énigme, une épreuve. L'enquêteur fera un effort de clarification, de simplification et d'ouverture, car c'est lui le demandeur d'informations.

Les types de questions

Les questions ouvertes

- Racontez-moi comment se déroulent vos activités ?
- Comment se passe votre stage ?
- Comment voyez-vous votre avenir professionnel ?

Ces questions exploratoires visent à faciliter la prise de parole. Elles invitent au développement, donnent les premières indications sur la façon dont l'enquêté se représente la situation.

Les questions fermées

- Avez-vous vu ce film ?
- Combien faudra-t-il de temps pour faire ce travail ?

Elles appellent une réponse précise et cherchent à obtenir une information ponctuelle, une vérification.

Les questions alternatives

- Pensez-vous vous orienter vers une fonction administrative ou technique ?
- Prendrez-vous vos vacances en juillet ou en août ?

Elles font saisir la tendance principale, orientent vers un choix restreint, facilitent la prise de décision. Une question ouverte « quand pouvons-nous nous rencontrer ? » sera moins efficace qu'une suite de questions alternatives « pouvons-nous nous voir en début ou en fin de semaine ? Le lundi ou le mardi ?... » qui guideront l'interlocuteur dans une suite de mini-choix.

Les questions à choix multiples

- D'après vous, quelles sont les causes les plus probables de ces difficultés : une absence de formation, un manque de personnel, une mauvaise organisation ?

Elles fixent la réflexion sur un terrain déterminé à l'avance mais elles favorisent l'expression, permettent de vérifier et de tester une ou plusieurs hypothèses.

Ce classement repose sur la forme des questions, il est également intéressant de différencier celles-ci selon la façon dont on va impliquer l'individu.

Les questions directes

- Aimez-vous la lecture ?
- Combien gagnez-vous ?
- Que pensez-vous de votre entreprise ?

On demande à l'intéressé une réponse immédiate, sans possibilité de fuite. Elles amènent l'individu à prendre position, à s'impliquer, de ce fait elles risquent de bloquer, d'apporter des réponses biaisées.

Les questions indirectes

- Si vous avez un moment de libre chez vous, que faites-vous ?
- Comment se situent les salaires dans l'entreprise ?
- Conseillerez-vous à un jeune de rentrer dans l'entreprise ?

Ces questions explorent les mêmes thèmes mais posent sur un plan plus général le problème. L'enquêteur laisse la personne organiser sa réponse et trier, classer, évaluer l'information comme elle l'entend.

Le but de la question n'est pas directement affiché. L'individu ressent moins l'obligation d'une réponse personnelle. Il donne un avis sans avoir l'impression d'une implication trop grande. Les questions indirectes peuvent ainsi reporter les interrogations sur une autre personne pour aider l'individu à définir ses propres idées, ses propres sentiments. Par exemple : « Vos collègues autour de vous sont-ils satisfaits de l'ambiance de travail ? » Par hypothèse, on considère ici que la façon dont une personne évoque son environnement reflétera ses idées, ses sentiments.

Cette approche indirecte sera intéressante pour explorer les situations affectives ou conflictuelles qui risquent de bloquer l'individu.

Les questions projectives

Elles invitent l'individu à quitter sa réalité immédiate pour se projeter dans une situation fictive, imaginaire : « Vous avez une année de congé sabbatique, que faites-vous ? » Elles amènent à se mettre dans la peau d'un personnage, d'un animal, etc. : « Si une petite souris se promenait dans les bureaux de cet immeuble, qu'entendrait-elle ? »

Ces questions cherchent à explorer des impressions, des sentiments. Schématiquement, les questions directes s'adressent au rationnel, au conscient, les questions indirectes travaillent sur le préconscient et les questions projectives explorent le niveau des désirs ou des motivations. L'enquêté ne se croit plus obligé d'expliquer, de rationaliser, il se sent moins directement impliqué par les productions de son imaginaire. Ce niveau d'information donne une autre représentation de la réalité qui peut relancer la discussion.

Les qualités d'une question

Dans une enquête, le vocabulaire utilisé sera simple et concret. Une question posant un problème de compréhension sera une mauvaise question. On cherchera à respecter les règles suivantes (Berthier N., 2000) :

– utiliser un vocabulaire familier, spécifique à la personne interrogée, parler son langage quotidien sans tomber dans la familiarité ou le jargon ;

– formuler des questions courtes, les questions trop longues sont rarement mémorisées de façon correcte. L'individu réagit à une partie de la question et oublie le reste. Au-delà d'une vingtaine de mots, il n'y a plus de perception globale de la phrase ;

– traiter un seul problème par question, ne pas y introduire deux idées, deux interrogations telles que : « êtes-vous pour le blocage des prix et la diminution du chômage ? » ;

– utiliser de préférence des verbes actifs, concrets (expliquez-moi, racontez-moi...) qui amèneront une production d'informations plus riche et éviter les mots abstraits et généraux comme : être, faire, connaître, comprendre… facilement interprétables ;

– choisir un style direct et éviter les formulations négatives : « Ne croyez-vous pas, qu'il ne faudrait pas ne pas réagir dans cette situation ? » ;

– utiliser une formulation neutre qui ne suggère pas une réponse particulière et n'influence pas l'enquêté vers un type de réponse : « L'euthanasie vous paraît-elle constituer un crime contre l'humanité ? » ;

– éviter les questions trop restrictives ou orientées, formulées dans un contexte trop spécifique, éloigné du cadre de référence de l'enquêté : « Pour lutter contre la délinquance, le gouvernement doit-il se montrer plus sévère ? » ;

– rendre clair et compréhensible le sens d'une question en la centrant sur une réalité concrète et observable. Si on demande « Lisez-vous beaucoup ? » ou « êtes-vous bien informé ? », les termes « beaucoup » et « bien informé » comportent une échelle de valeur non explicitée, ils sont relatifs et s'interprètent différemment selon le sens que chacun veut bien leur accorder. Il sera donc souhaitable d'utiliser d'autres formulations plus neutres telles que « Que lisez-vous ? » ou « Comment êtes-vous informé ? » qui susciteront des réponses plus directement appréciables ;

– éviter les formules chargées d'affectivité, de jugements moraux, de valeurs, de connotations diverses qui bloquent ou orientent la réponse.

En résumé, une bonne question sera :

- pertinente par rapport au thème exploré ;
- concrète, directement compréhensible ;
- ciblée sur un seul objectif ;
- non interprétable, neutre, non inductive ;
- courte, directement mémorisable ;
- stimulante, facilitant l'expression ;
- énoncée au présent et sous une forme active ;
- opportune, posée au bon moment ;
- recevable dans le système de valeurs de la personne.

Pour préparer un entretien, un enquêteur imagine un certain nombre de questions possibles afin de réserver au cours de l'échange son attention à l'observation et à l'analyse des réactions immédiates de son interlocuteur. Les thèmes abordés, les questions incontournables seront parfois, si nécessaire, rédigées à l'avance dans un plan d'entretien. La meilleure façon de vérifier la qualité d'une question consiste à l'expérimenter, à la tester au cours de quelques entretiens préalables pour connaître le type et la qualité des réponses obtenues.

Cependant, dans un entretien, les bonnes questions sont aussi celles que l'on trouve spontanément dans le cours de la discussion. Elles prolongent la production immédiate de l'enquêté, apparaissent naturellement dans le cheminement de son discours et se révèlent plus pertinentes et productives.

Les niveaux d'information et la stratégie d'enquête

L'enquête essaie de retrouver et de recouper quatre niveaux d'informations nécessaires et complémentaires :

- les faits : j'ai vu, j'ai entendu, j'ai perçu, j'ai observé ;
- l'émotion, le vécu : j'ai ressenti, j'ai le sentiment ;
- l'opinion, le jugement, l'intuition : je pense, je sais, j'ai l'impression ;
- les valeurs, les croyances : je crois, j'ai la conviction, j'adhère.

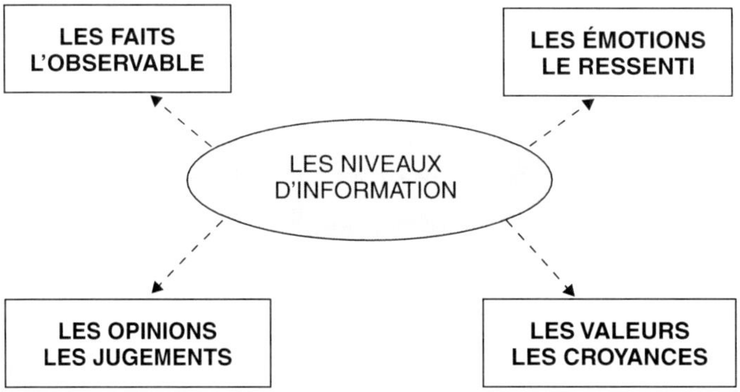

Pour apprécier le cheminement d'une expression, il sera nécessaire de saisir la relation entre ces niveaux d'information, comprendre la dynamique, l'interaction entre ce qui a été vécu, ressenti et ce qui a été pensé.

L'enquête cherche à situer le contexte, caractériser les lieux, les événements, les actes. Elle vise à répondre aux questions clés : quoi ? qui ? où ? quand ? comment ? combien ? C'est dans la mesure où le discours ne restera pas au niveau des idées générales et de l'abstraction que l'enquête progressera.

L'enquêteur essaiera ainsi d'obtenir une image suffisamment claire et précise de l'environnement humain et matériel d'une personne. Par exemple, dans une situation d'aide psychologique, on reconstituera le contexte de vie d'un individu le plus concrètement possible : son lieu de travail, sa tâche, sa maison, ceux qui vivent avec lui, etc. On l'amènera à dérouler le « film » de son histoire et pour les événements importants, on s'arrêtera, on focalisera sur les images pour visualiser concrètement la réalité vécue. Dans une situation précise, on fera réactiver et verbaliser les sensations, les émotions, les images mentales, les idées, les raisonnements, les actions, les jugements, les valeurs. La formulation précise de ces niveaux d'informations aidera à appréhender la réalité évoquée.

Pour apprécier une information, l'enquêteur recherche des éléments de différenciation qui lui permettront de mieux saisir le discours de l'enquêté. Une information est relative : il travaillera sur les écarts de perception, de sentiments, de raisonnements, d'opinions. Il fera préciser les différences et les similitudes à partir des rapports de comparaison entre :

- vous/les autres,
- ici/ailleurs,
- avant/maintenant.

Les rapprochements de situations dans le temps et l'espace, la relativisation permettent à l'enquêté de préciser, de clarifier sa pensée. Cette production d'informations nouvelles amène à enrichir et à nuancer son point de vue.

Par exemple, l'enquêteur demandera : « Comment les choses se passaient-elles avant votre changement d'activités ? Comment se passent-elles maintenant ? Avez-vous d'autres exemples semblables ? En quoi cette situation est-elle différente de la précédente ? »

Dans un entretien, l'enquêteur montre par son attitude qu'il n'attend pas une seule réponse toute faite. Il encourage les reformulations, les rectifications et tolère les incertitudes. L'enquête n'est pas un examen avec de bonnes ou de mauvaises réponses mais un échange progressif par lequel on cherche à percevoir et comprendre le cheminement d'une expression. L'observation du processus de réponse sera parfois aussi importante que le contenu de la réponse.

La stratégie d'enquête

Une stratégie d'enquête demande à la fois organisation et souplesse : organisation pour traiter les différents thèmes à aborder et gérer le temps, souplesse pour rester au plus près des réactions de son interlocuteur et exploiter les informations nouvelles au fil de l'expression spontanée.

Pour explorer une situation, l'enquête peut suivre une chronologie, un déroulement dans le temps : « Racontez-moi ce qui s'est passé depuis votre arrivée. » Elle utilise un plan logique, une déduction : « Reprenons point par point le procédé de fabrication. » Elle va des faits vers le subjectif, les impressions et les sentiments ou au contraire elle facilite l'expression de la subjectivité pour saisir la tonalité, la trame affective du discours : « Quelles sont vos premières impressions ? Quel est votre sentiment ? » À partir de ces données, elle cherchera ensuite à reconstituer la réalité : faits, situation, contexte.

L'enquête part du moins impliquant – ce qui est du domaine public, connu et admis de tout le monde – vers ce qui ressort du domaine privé et personnel. Par une suite de questions dites « en entonnoir » on essaie alors de recueillir l'information en levant progressivement les défenses. Par exemple : « Les personnes sont-elles satisfaites de leurs salaires ? Existe-t-il de grandes différences entre les salaires ? Comment se situe votre salaire ? »

Pour prolonger l'exploration d'une idée, on proposera des contre-exemples qui vont à l'opposé de l'opinion émise et sont en contradiction avec une solution défendue. On analyse alors l'argumentation de la personne, on écoute comment elle intègre cette nouvelle information. On cherche ainsi à éprouver un raisonnement, une analyse : « Comment réagissez-vous à telle opinion, à telle position ?... Sur quoi vous fondez-vous ? » Soutenu par une attitude ouverte et coopérative, le contre-exemple poussera l'enquêté dans sa logique, ses propres contradictions et l'invite à aller plus loin.

L'enquêteur amène un individu qui présente une compétence donnée à réagir aux idées, à la position d'un expert sur le même sujet. Il lui fait part des réactions recueillies dans d'autres entretiens : « Les techniciens réagissent de telle et telle façon, comment ressentez-vous leurs positions ? »

Il établit ainsi un dialogue simulé, une amorce de discussion, il aide les interlocuteurs à définir leurs positions respectives. Il demande à une personne de changer de rôle : « À sa place, que feriez-vous, comment réagiriez-vous ? » Ainsi, en faisant varier les niveaux d'information, de compétence, d'expertise, en jouant sur les écarts, les contradictions vraies ou simulées, l'enquêteur relance l'exploration et approfondit la réflexion.

La stratégie d'enquête dépendra donc du caractère particulier du sujet à enquêter : information complexe, difficile à analyser, information logique et rationnelle, information subjective, personnelle, impliquante. Elle sera aussi fonction de la relation enquêteur-enquêté, des motivations de chacun, de la prise de contact, du cadre, du contexte de l'entretien. Plus les rapports seront complexes et difficiles à cerner, plus on prendra du temps pour lancer réellement la phase d'exploration.

L'enquêteur tient compte de l'engagement plus ou moins important de son interlocuteur dans les problèmes à traiter, il repère les enjeux de la rencontre. Quels sont les gains et les risques de cet échange. Quelles sont les défenses, les fuites possibles : le silence, le brouillage de l'information, l'intellectualisation, la banalisation...

La stratégie de l'enquête consiste à travailler sur différents niveaux d'information et faire en sorte qu'à chaque moment enquêteur et enquêté se trouvent en phase pour se comprendre et progresser dans l'échange.

L'évolution d'un entretien découle de la stratégie de départ. D'une façon générale, s'il est facile de « resserrer » l'échange par des questions plus précises, plus impliquantes, il sera plus difficile de l'ouvrir après une suite de questions fermées et directes qui ont amené l'individu à être passif, à attendre les questions.

Le recueil de l'information dépend aussi du temps et de la disponibilité de l'enquêté. Une personne parlera-t-elle de sa vie affective et privée au bout de dix minutes d'entretien ? Il faut du temps, parfois plusieurs entretiens de suite, pour que la confiance s'installe. Mais, parfois un enquêteur totalement étranger peut spontanément obtenir des informations nouvelles, plus confidentielles, du fait même qu'il est extérieur à la situation explorée.

Lorsque deux personnes croient se connaître et ont l'habitude de se rencontrer, elles finissent par établir un niveau d'échange stable en qualité et en quantité d'informations. Elles se sont équilibrées sur des modes de défense qui ne leur permettent guère d'aller plus loin. Parfois, l'intervention d'un tiers ou un événement particulier aidera à débloquer et relancer la dynamique de l'échange.

La reformulation

Si la formulation des questions est importante pour centrer l'enquêté sur le terrain à explorer, généralement, l'enquêteur questionne le moins possible. Il suit plutôt le discours et relance par des techniques de reformulation. On appelle « reformulation » une intervention qui paraphrase, redit d'une manière plus concise ou plus explicite ce qui vient d'être exprimé. La reformulation permet de rester au plus près du discours d'autrui, elle facilite l'interaction et une écoute compréhensive.

Ces techniques utilisées en particulier dans les entretiens « non directifs », centrés sur la personne, visent à explorer le vécu, les représentations spontanées sans influer sur les réponses (Rogers C., 1966).

On distingue différents types de reformulation.

La reformulation écho

Elle reprend le mot-clé de l'intervention, souligne immédiatement un mot accentué au niveau du ton ou du sens : « Je ne ferai jamais rien de bien. » L'enquêté a appuyé sur le mot jamais, l'enquêteur renvoie sous forme d'interrogation : « jamais ? » Il cherche ainsi à cerner la signification donnée à cette expression. Si ce mot résonne avec la problématique de l'enquêté, ce dernier redonnera de l'information en retour.

La reformulation reflet

Elle suit une phase importante du discours. Elle répète en des termes identiques ou équivalents les idées qui viennent d'être émises, de telle façon que le sujet puisse reconnaître sa propre pensée dans la formulation de l'enquêteur. Par le retour, la vérification de l'information, on établit que l'on s'est bien compris : « Ainsi... selon vous... vous voulez dire que... en d'autres termes... »

La reformulation inversée

Elle renverse le rapport « figure-fond » d'une situation. Elle relève l'implicite d'une proposition : « Je suis le seul dans l'équipe qui ne réussit jamais rien de bien ! » (enquêté). « À votre avis, les autres réussissent mieux que vous ? » (enquêteur).

Cette façon de procéder amène l'individu à percevoir son problème sous un autre angle, donc à préciser ou à rectifier ses idées.

La reformulation clarification

Elle rassemble des éléments épars du discours et les reformule dans une même proposition. Elle consiste à mettre en lumière le sens de ce qui est confus, inorganisé et propose l'essentiel du message pour en vérifier la bonne compréhension. Une reformulation sera centrée sur le contenu manifeste du discours ou sur le contenu latent. Par exemple, elle met en évidence la constante du discours : si implicitement un individu formule des critiques, des jugements assez négatifs sur ses activités, la reformulation tentera de traduire ce désaccord qui ne parvient pas à s'exprimer. L'enquêteur dira : « Si je vous comprends bien, finalement, ce que vous me racontez revient à dire que vous n'êtes plus d'accord avec cette façon de travailler ? »

Une bonne reformulation ne se remarque pas, elle s'insère dans le cours du discours. Elle est proposée à l'enquêté, renforce l'attention, témoigne de l'écoute active de l'enquêteur et permet de rectifier immédiatement les incompréhensions.

Une reformulation assure un effet de relance, elle invite à explorer plus à fond, à redonner de l'information. Elle prolonge la discussion sur le terrain de l'enquêté. En revanche, une reformulation mécanique, « perroquet » sans écoute réelle, sans effort de compréhension authentique, bloque la discussion et renforce les défenses de l'enquêté.

La reformulation déductive ou inductive

Pour vérifier le bien-fondé d'une hypothèse et aider l'interlocuteur à expliquer sa position, on poursuivra ce qu'il nous dit tout en restant fidèle à sa logique et à son comportement : « Ces différentes expériences vécues ne vous ont pas convaincu dans votre orientation ? » Si l'individu n'est pas d'accord avec vos conclusions, il réagira et l'hypothèse avancée s'en trouvera confirmée ou infirmée.

La reformulation appui

Au cours de l'entretien, une personne fournit une information qui modifie sensiblement la situation. La reformulation appui consiste à souligner cette information pour bien montrer qu'il s'agit d'une idée acquise, on ne pourra la remettre en cause dans la suite de l'entretien. Cette reformulation tactique, sorte de verrouillage de l'information, se révèle particulièrement utile dans les phases d'exploration qui précèdent une négociation. On prendra appui sur cette information produite par l'interlocuteur pour avancer un argument.

La reformulation interrogative

Elle consiste à retourner une question qui vous est posée et à laquelle il n'est pas nécessaire de répondre maintenant : « En somme, si je comprends bien, la question posée est maintenant de savoir si... » Cette reformulation repousse la balle dans le camp opposé, soit parce que la personne peut trouver elle-même la réponse, soit que l'on cherche à gagner du temps pour réfléchir et adapter sa réponse.

La reformulation partielle, orientée

Elle reprend une partie de l'information et laisse l'autre partie dans l'ombre. L'enquêteur utilise bien les mêmes termes mais sélectionne, valorise un ou plusieurs éléments de la réponse.

Il a effectué un choix implicite pour des raisons pratiques ou d'opportunité. Par exemple, l'enquêté évoque ses difficultés de travail et pour la énième fois parle de ses problèmes familiaux. L'enquêteur reformulera le niveau professionnel pour ne pas revenir sur la vie privée et ne pas aller au-delà du cadre de son entretien.

Il peut aussi, par exemple, choisir de reformuler les éléments d'informations centrés sur l'action plutôt que sur l'analyse, sur le futur et non sur le passé, reformuler le positif d'un discours au lieu du négatif.

La reformulation du ressenti

Dans une phase d'enquête, l'enquêteur cherche à ne pas s'impliquer dans les problèmes débattus pour ne pas influencer son interlocuteur, cependant, il reconnaît la force des émotions dans la dynamique de l'entretien.

La reformulation du ressenti demande une attitude de contrôle et de lucidité. Elle tente d'exprimer un implicite, un « non-dit » qui bloque, modifie, dénature la discussion. Elle travaille sur le vécu, le ressenti immédiat. Par exemple, un sujet exprime un fort ressentiment contre sa hiérarchie et, dans son hostilité, englobe l'enquêteur qu'il gratifie de propos acerbes. Celui-ci pourrait jouer la carte de la neutralité dite bienveillante et laisser passer l'orage, mais une autre façon de répondre sera de traduire son sentiment intérieur pour désamorcer l'escalade. Par exemple : « Vos propos me touchent profondément, je ressens mal ce qui vient d'être dit, mais je le comprends ! ». Ainsi, devant un comportement agressif, si on ne montre pas les conséquences émotionnelles des déclarations, on risque d'encourager son interlocuteur à renforcer son attitude pour tester les limites à ne pas dépasser. Il est alors préférable de réagir à l'agressivité, de refléter calmement son ressenti et ainsi responsabiliser son interlocuteur.

La reformulation du ressenti apporte un retour d'information sur le niveau des sentiments, des émotions. Si l'enquêteur se montre réellement congruent – son discours et son attitude vont dans le même sens – la situation va probablement cesser de se détériorer car les comportements ne se polariseront plus sur des réactions figées. La reformulation peut être centrée sur l'enquêteur mais aussi sur l'enquêté. Elle tente alors d'éclaircir un sentiment que l'enquêté n'arrive pas ou n'ose pas formuler : « J'ai l'impression que vous n'êtes pas très heureux de la façon dont se déroule notre entretien. Quelque chose n'est pas clair ? »

La reformulation du ressenti vise donc à transmettre, à clarifier une impression, une sensation, un sentiment pour gérer l'émotionnel de la rencontre. Cette approche reste souple et ponctuelle, elle suit la dynamique de la relation qui progressera et évoluera dans la mesure où chacun acceptera et reconnaîtra ses propres émotions.

Le comportement en écho

Si la verbalisation des émotions se révèle utile, il existe un autre moyen pour réagir dans l'entretien. Si par exemple, quelqu'un déclare au cours de la discussion : « Tout va bien, tout va bien ! » alors que visiblement ses attitudes et sa mimique traduisent le contraire, l'enquêteur reformulera le discours de l'intéressé mais, dans son comportement, il reprendra en écho ce qu'il perçoit de l'attitude. Il répétera « Tout va bien ! » avec un froncement de sourcils, un air dubitatif ou un soupir de circonspection. L'enquêté comprendra que l'on n'est pas dupe. Il redonnera probablement une information plus précise, plus complète.

Reposant davantage sur une régulation non verbale, le comportement en écho reflète, souligne ou accentue quelque chose d'essentiel pour le déroulement de l'entretien. Parfois, il vise à atténuer une information apparemment dramatique en l'exprimant avec détachement. L'information sera immédiatement relativisée : on a lu entre les mots sans avoir besoin de forcer les défenses de la personne.

Les marques d'écoute

Au cours de l'entretien, l'enquêteur pour faciliter l'expression de son interlocuteur utilise des comportements en retour qui soulignent son attitude d'écoute. Il hoche la tête, grommelle des « hum ! hum » d'accompagnement, encourage du regard. Il utilise aussi des expressions verbales comme « oui ! oui », « je vois », « je comprends ». Ces expressions ont un effet d'entraînement, cependant l'enquêteur reste attentif à la neutralité de son expression, c'est pourquoi dans les moments de forte implication affective ou conflictuelle, il adoptera le comportement le plus sobre possible. Un simple « oui ! oui ! » risque d'être interprété comme un acquiescement, une prise de position. Les comportements de relances les plus neutres seront les plus utiles et les moins perturbants.

Les silences

Le silence représente un moment agréable dans la rencontre, il permet d'écouter le chant des oiseaux dans la cour, de respirer, de se regarder simplement dans les yeux et de s'accepter. Un silence se caractérise par son « intensité » et sa durée. Il prend bien des formes :

– un silence hostile si, après avoir plusieurs fois reformulé sa question, l'enquêteur bute sur un visage fermé et hermétique ;

– un silence de réflexion : la personne se tait pour ordonner ses idées, retrouver le fil de son discours ;

– un silence de retour sur soi : l'individu brusquement plonge dans son monde intérieur, dans ses émotions.

La façon de réagir de l'enquêteur dépendra de sa compréhension de la situation. Le silence laisse un sentiment se débloquer, se verbaliser ; il amène une idée à s'enrichir, à se formuler plus précisément. L'enquêteur sera donc patient et ne cherchera pas à relancer trop vite l'entretien. Avant de réagir, il observe le non verbal, tant que la personne ne change pas ses appuis, ses gestes, son regard, sa respiration, elle n'a probablement pas fini sa prise de parole.

Par ailleurs, l'enquêteur dans son expression utilise les pauses pour donner du temps à la réflexion, à la recherche d'idées. La gestion du rythme, de parole et des silences représente un facteur de facilitation essentiel dans l'entretien.

La durée d'un silence dépend donc d'une appréciation psychologique ; cependant dans la conduite d'un entretien, des silences pesants, longs et tendus n'apporteront rien à la discussion. Ils provoqueront un climat insupportable. L'enquêteur est là pour faciliter l'expression, il agit sur le niveau du vécu, du comportement en renvoyant des stimulations positives, des signes de réassurance. Il stimule aussi les processus de production d'idées en reformulant les questions, en permettant à l'enquêté de classer ses informations. Mettre un individu dans une situation d'échec, de trouble ou de malaise n'aidera certainement pas à faire progresser l'échange.

Progression et mémorisation de l'information

Le recentrage

Il arrive que l'enquêté perde de vue la question originelle. Il poursuit une digression qui n'apporte plus rien. Il devient alors nécessaire de recentrer la discussion soit en résumant les idées déjà émises, soit en rappelant la question de départ. Le recentrage est explicite : « Si nous revenions à notre question. »

Le point, la synthèse partielle

L'enquêteur ne se laisse pas submerger passivement par une information qu'il n'arrive plus à classer et à mémoriser. Après avoir exploré un champ de données et avant de passer à une autre question, il essaie de faire le point sur les idées recueillies. Cette démarche l'aidera à vérifier la qualité de l'information obtenue, elle favorise la mémorisation et l'enquêteur s'assure ainsi qu'il n'a rien oublié d'important.

La synthèse

À la fin d'un entretien, il est souhaitable de faire la synthèse des informations recueillies avec l'aide de l'enquêté, en vérifiant ainsi son accord sur les idées essentielles.

Un enquêteur évite de prendre trop de notes pendant l'entretien. Plongé dans ses papiers, il perd le contact visuel avec son interlocuteur et néglige le comportement non verbal. Il écrit un nom, un chiffre, une adresse, une idée clé, pour soulager sa mémoire, mais il garde son attention à la dynamique de l'échange.

Les notes prises au cours d'un entretien seront lisibles par l'enquêté. L'attitude de l'enquêteur reste ainsi claire, transparente et ne prête à aucune ambiguïté. De plus, l'accès visuel aux notes, schémas, dessins aide à valider immédiatement en commun l'information obtenue.

Un enquêteur peut demander d'enregistrer un entretien quand le contenu doit être analysé d'une manière plus systématique. Cette pratique sera utile si la personne est d'accord et si on lui en a explicitement demandé la permission. Elle se justifie d'autant plus si l'individu se trouve interrogé comme élément représentatif d'un échantillon.

Ce ne sont plus ses opinions personnelles qui sont recueillies mais celles d'un sujet ayant telle ou telle caractéristique. Néanmoins cette initiative supporte un minimum de déontologie : à la fin de l'enquête, seules seront restituées les analyses anonymes des entretiens et jamais – sauf accord de la personne – le contenu intégral de l'entretien. L'analyse ne permettra pas non plus de mettre en cause un enquêté à partir de ses déclarations. L'enregistrement modifie très sensiblement le contenu des informations probablement en fonction de la relation à l'autorité et au pouvoir. Par exemple, les personnes à statut élevé se montreront assez souvent plus prudentes, plus défensives, les personnes à statut moins important seront, elles, plus attentives à la formulation et à la logique de leurs interventions.

Cette pratique permet de réécouter, de mieux saisir l'enchaînement des propos, d'être sensible à des informations non repérées à la première écoute, cette aide sera précieuse pour l'analyse du contenu d'un entretien. La démarche demande cependant beaucoup de temps, il faudra donc faire le plus souvent confiance à sa mémoire et à sa prise de notes.

La peur d'oublier, de ne pas retenir toutes les informations, révèle fréquemment une enquête insuffisante. Les éléments concrets, sensibles, pratiques, n'ont pas été suffisamment explorés et l'entretien reste au niveau des généralités. Une bonne enquête débouche sur une visualisation assez précise de la situation décrite. Elle éclaire les éléments du « film » : le contexte matériel, les acteurs, les relations, les événements. C'est par cette précision et cette concrétisation que les informations prennent forme et vie.

Les conclusions

Les conclusions rappellent les objectifs de la rencontre, elles redonnent les points clés de l'échange et précisent si nécessaire les suites de cette rencontre.

Cette précaution importante au niveau psychologique clôt l'entretien. Avec cette dernière clarification, devrait se lever toute ambiguïté qui aurait pu subsister sur la nature et le but de la rencontre.

Avant de terminer un entretien et d'accompagner son interlocuteur vers la sortie, il sera parfois utile de se lever et de laisser un peu de temps d'aparté car les personnes continuent de s'exprimer et redonnent parfois de l'information nouvelle ou commentent la façon dont s'est déroulé l'entretien. Elles apportent ainsi dans le couloir des impressions, des jugements qui complètent l'échange.

L'entretien terminé, l'enquêteur classera ses notes et ses idées. Il pratique alors une sorte de résumé mental en visualisant le « film » de la rencontre :

- quel a été l'enchaînement des séquences de comportement ?
- quelles ont été les attitudes, les émotions, les sensations ?
- quels sont les thèmes qui ont été abordés, qu'est-ce qui a été dit ?
- quels sont les mots clés, les chiffres, les idées fortes de cette rencontre ?

Lorsqu'il pense avoir fait le tour de ces données, il travaille aussi sur les éléments les plus subjectifs. En fonction du but fixé, il cherche à clarifier :

- quelles sont mes impressions dominantes ?
- quels sont les éléments qui confirment ces impressions ?

Les intuitions qui orienteront inévitablement les analyses seront soumises à l'épreuve des faits, sinon elles risquent d'influer fortement sur les conclusions. Ce travail essentiel se déroule immédiatement après la fin de l'entretien, avant que les impressions ne s'évanouissent dans l'oubli.

Un compte rendu personnel mentionne les faits et ce qui a été explicitement dit, mais il reprend aussi les impressions et intuitions nées de la discussion.

Qu'est-ce que l'information ?

On considère généralement que l'information est directement donnée par le discours, le récit des faits, l'expression des sentiments et des opinions. L'enquêteur mémorise le contenu du message et souvent oublie le comportement, le contexte ou les conditions dans lesquelles ce discours a été produit. Paradoxalement, Mac Luhan affirmait : « Le message c'est le médium », soulignant par là que l'information ne pouvait s'abstraire des formes à partir desquelles elle avait été produite. Écouter le même discours à la radio et le voir à la télévision donneront ainsi des impressions différentes.

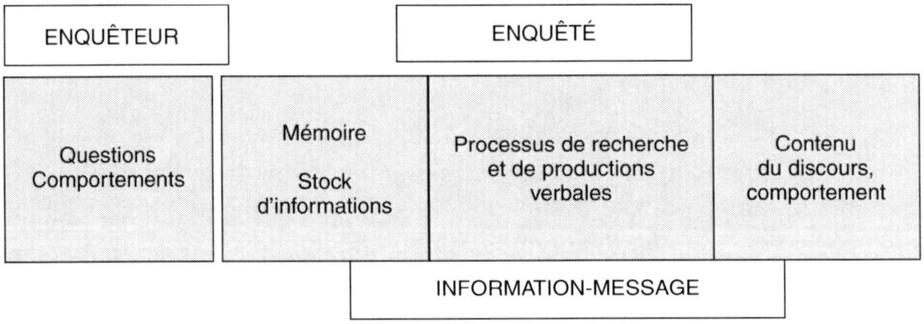

La production d'informations

Dans un entretien, on devrait donc rapporter les discours aux comportements, au contexte, aux conditions de la production de l'information.

Ainsi, seront sources d'information :

– la façon dont un enquêté va utiliser le temps de parole pour répondre ou éluder les problèmes, le temps de réponse à une question, la prolixité ou la sécheresse du discours ;

– la tonalité du discours à partir duquel les faits sont exposés et interprétés : le discours du dépressif « Je n'ai jamais de chance ! » ; le discours du revendicatif « Ils sont contre moi ! » ;

– les séquences de comportements et leurs enchaînements dans la dynamique de l'entretien : l'individu coopère, se défend, valorise les interventions de l'enquêteur. Les comportements s'articulent dans un couplage : attaque/fuite, dominant/dominé, dans des rapports de séduction, de rivalité, etc.

– la construction du discours et son déroulement : longueur et articulation des phrases, richesse syntaxique, maîtrise et spécificité du vocabulaire ;

– les accidents du discours : les hésitations ; les déformations ; les oublis ; les trous de mémoire ; les lapsus ; les répétitions ; les accentuations ; les dénégations ; les silences.

LA SITUATION D'ENTRETIEN

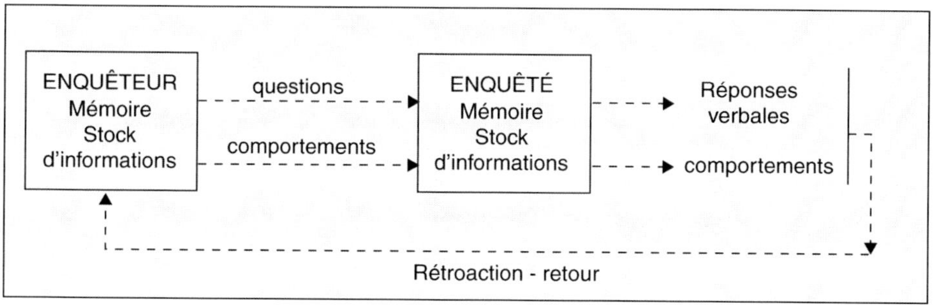

LE CONTEXTE

Le moment, le lieu
Le but de l'entretien
La durée
Le statut, les images réciproques
Les références sociales, culturelles
L'implication, les motivations
Les enjeux, les gains, les risques

L'ENQUÊTE

La présentation, l'accueil
La stratégie d'enquête
L'écoute, la disponibilité
La synchronisation
L'expérience du problème
Les niveaux d'information
La capacité de verbalisation
Les questions, les relances
Les synthèses

LA RELATION

Les comportements, les attitudes
Les émotions, les sentiments
Les inductions, les suggestions
Les biais, les interprétations
Les projections
Les blocages, les conflits

La situation d'entretien

Par ailleurs, un entretien s'écoute au niveau :
- de l'explicite et de l'implicite ;
- du problème posé et du problème latent ;
- du dit et du non-dit.

Nous reviendrons, dans un chapitre suivant, sur l'écoute et l'analyse du contenu d'un discours.

Comme nous l'avons vu, le discours est renforcé, souligné, infirmé par le comportement : les attitudes physiques, la mimique, le regard, la voix, le ton, le débit. Un message humain n'est donc pas univoque. Il s'apprécie à différents niveaux, supporte plusieurs lectures possibles. L'information obtenue dépend donc du contexte de la rencontre et des conditions du dialogue entre les deux personnes.

La qualité de l'information

Une information spontanée paraît plus riche, plus vraie, plus crédible qu'une information demandée, obtenue à l'arraché. Une enquête introduit en effet des biais, des déformations, des interprétations du fait même que l'observation modifie immédiatement les réactions, les comportements, les réponses du sujet observé. À l'inverse, une information recueillie par inadvertance dans le feu d'une conversation prendra souvent une importance plus grande pour le récepteur (d'où les rumeurs et les techniques de désinformation, de manipulation : une personne recueillant une information qui ne lui est pas destinée tendra à la valoriser et à la retransmettre). Une information dont on ne peut plus authentifier la source ne devrait plus, de ce fait, être crédible et doit être traitée comme une rumeur.

Dans un entretien, de nombreux facteurs influent sur la qualité du recueil de l'information : le rapport enquêté-enquêteur, la stratégie d'enquête, la nature du problème à traiter, etc. Tout d'abord, il peut exister entre les deux interlocuteurs des distances sociales, culturelles, des écarts de vécu, de préoccupations. Ainsi un jeune pourra difficilement questionner une personne âgée sur les problèmes de la maladie ou de la vieillesse. Il reste des écarts irréductibles qui modifient sensiblement les réponses apportées. Malgré ses qualités d'empathie, l'un se trouve trop éloigné du champ d'expérience de l'autre, il saisira mal la réalité du problème traité. D'autre part, la relation enquêté-enquêteur dépendra des identifications ou des contre-identifications de chacun : l'enquêté ou l'enquêteur se reconnaît dans son interlocuteur ou le rejette inconsciemment. Une dame âgée pourra avoir une attitude protectrice, maternelle avec la jeune enquêtrice. Le rapport se construit ainsi sur le jeu de projections.

Par ailleurs, les conflits de statut, de pouvoir entraînent inévitablement l'élaboration d'une tactique défensive. L'information sera donnée, filtrée, repensée dans un but plus ou moins implicite. L'enquêteur pourra dire : « Soyons francs, jouons cartes sur table. Maintenant dites-moi sans arrière-pensées, ce que vous avez vraiment derrière la tête... »

L'appel à la confiance, à l'authenticité risque de bloquer encore plus l'interlocuteur. Les rapports d'autorité et de pouvoir demeurent une réalité permanente, les personnes ne doivent ni les nier, ni les surestimer.

L'enquête pourra aussi présenter des difficultés du fait même de la nature du problème à traiter. L'information sera complexe ou très technique et exigera de la part de l'enquêteur un degré de spécialisation qu'il ne possède pas. Il lui faudra donc demander une plus grande coopération à l'enquêté qui finira parfois par se lasser. Cette position basse permet de ne pas se trouver d'emblée disqualifié, ce sont alors les qualités d'écoute et de compréhension qui seront primordiales.

De par sa nature, une information se révélera impliquante, elle plonge dans les problèmes affectifs ou conflictuels et entraîne la mise en jeu de mécanismes de défense : rationalisations, fuites, projections, etc. Au niveau affectif, l'enquêteur tient compte des modes de fonctionnement de l'individu. Si l'on demande : « Pourquoi avez-vous de nouveau divorcé ? » la réponse obtenue reflétera probablement les rationalisations et les justifications. Une question directe sur des problèmes affectifs suppose que la personne ait une vision lucide de son histoire. La démarche directe, rationnelle de recueil d'informations sera parfois impropre et peu réaliste car les ressorts de notre vie affective nous échappent en partie. L'enquête procédera alors d'une manière indirecte et ouverte : « Quels sont vos souvenirs marquants de cette époque... Racontez-moi comment les choses se passaient... » À partir de l'exploration des souvenirs évoqués, l'on tentera de saisir la réalité passée mais il subsistera un doute sur la qualité de l'information ainsi obtenue.

D'une façon générale, les questions directes qui demandent à un individu de se situer, de se dévoiler, entraînent inévitablement des réactions de façade, de prestige, de préservation de son image. Ces réactions augmentent probablement d'autant plus qu'il existe une différence de statut ou de culture entre les deux personnes. À la question « Aimez-vous la musique classique ? » peu de personnes avoueront une aversion profonde. Elles préféreront fournir une réponse conventionnelle du type : « Oui, mais je n'ai pas beaucoup de temps pour en écouter vraiment ! »

Le fait d'inciter un individu à se poser des questions sur un problème nouveau risque de l'amener à développer un discours de façade. Il tendra probablement à produire des justifications, des clichés, des stéréotypes pour ne pas se trouver pris au dépourvu devant l'enquêteur.

Les questions directes du type « que pensez-vous de... » « pourquoi avez-vous... ? » centrent d'emblée l'enquêté sur le jugement. L'enquêteur attend un résultat ou une opinion, alors que probablement le processus de réponse serait le plus intéressant à comprendre. Comment la personne recherche-t-elle, trie, classe, sélectionne ses informations dans son stock d'expériences ? Seule l'observation de cette démarche de traitement de l'information permet d'apprécier la qualité de la réponse fournie. Par exemple, si l'on pose une question directe et fermée du type : « Êtes-vous d'accord sur cette proposition ? » La personne peut répondre oui ou non et ne pas argumenter. Il sera préférable pour obtenir plus d'informations de formuler une question plus ouverte : « sur quels points êtes-vous d'accord avec cette proposition et sur quels points êtes-vous en désaccord ». La question amène une production plus riche qui permettra de saisir les nuances, les divers arguments. Le temps de réponse, le comportement, donneront des informations supplémentaires sur la qualité de cette réponse.

Dans une enquête, il s'agit de se demander : en quoi la question posée concerne-t-elle l'enquêté ? De quelles informations et de quelles expériences vécues, personnelles dispose-t-il pour y répondre ? Si l'individu se trouve peu concerné, il devient alors très difficile d'évaluer les données recueillies. L'enquêté veut faire plaisir à l'enquêteur. Il a peur de se trouver dans une situation d'échec : il donne donc une pseudo-réponse qui constitue un brouillage de l'information, il parle pour meubler le silence. À l'opposé, une personne très impliquée n'aura pas le recul nécessaire pour parler de son expérience : elle se défend, attaque, réagit passionnément sans laisser la possibilité de saisir la réalité de son vécu.

Pour évaluer la qualité de l'information obtenue, il sera nécessaire de s'appuyer sur quelques critères d'analyse.

Évaluation de l'information recueillie

Factuelle	Subjective
Banale	Originale
Générale	Spécifiée
Concrète	Abstraite
Quantitative	Qualitative
Vérifiable	Non vérifiable
Exhaustive	Partielle
Impliquante	Non impliquante
Positive	Négative
Recevable	Conflictuelle

Concrétiser, expliciter

Le langage abstrait, les généralisations, les opinions toutes faites nous font souvent perdre la réalité sensible, vécue d'une expérience. Si « *la carte est une représentation de la réalité, elle n'est pas la réalité* ». Nous utilisons bien les mêmes mots, le même langage mais avec des vécus différents.

La difficulté d'une enquête sera donc de retrouver la qualité d'une information qui décrirait non pas la « carte » mais la situation réelle, l'événement évoqué. Pour faciliter l'échange et l'évocation de ce réel, l'enquêteur sera souvent amené à faire préciser, concrétiser, à focaliser sur un point particulier. Il effectuera un « arrêt sur image » pour saisir les sensations vécues dans un contexte précis.

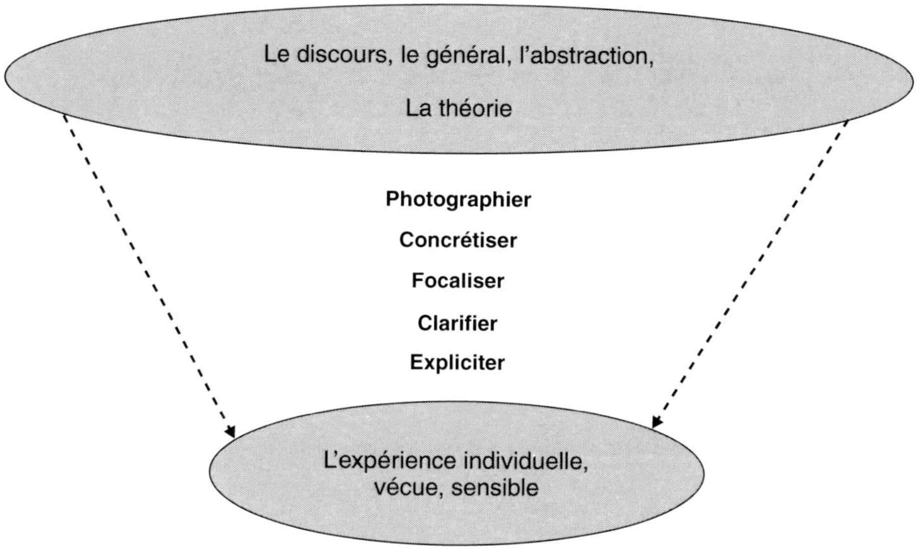

Enquêter, concrétiser

Ce travail de clarification vise à réactiver, à faciliter la verbalisation des sensations, émotions, raisonnements au plus près de l'expérience vécue et à saisir le cheminement d'une information : qu'avez-vous perçu, ressenti, comment avez-vous raisonné ? La recherche consiste à faire décrire la chronologie d'une action dans ses détails les plus fins, à retrouver la logique des intentions, des pensées et des actes.

L'enquêteur n'hésite pas, si nécessaire, à demander de faire un dessin, un schéma pour illustrer la représentation, la visualisation de la réalité évoquée et ainsi valider l'information recueillie.

Il notera l'utilisation du « je » comme un signe d'implication. Il utilise des verbes d'action spécifiés, en évitant les verbes comme : faire, avoir, penser, comprendre qui sont des verbes génériques, des « mots valises » que chacun interprète dans un sens différent. Il préfère des verbes précis, actifs, descriptifs comme : « expliquez-moi, racontez-moi, décrivez-moi... ». Il relance son interlocuteur avec ces propositions pour faire visualiser, décrire et préciser l'action dans sa réalisation.

Il emploiera de préférence le présent ou le passé composé qui sont les temps du récit de l'action pour faciliter l'expression de son interlocuteur.

Dans l'échange, l'enquêteur cherche à dépasser les distorsions habituelles du langage, de l'expression :

– retrouver le cas particulier à l'origine des généralisations, « Ici, on ne peut pas faire confiance à personne », qui fait confiance à qui, dans quel contexte, comment se traduit cette confiance ?

– passer de l'abstrait au concret, passer des lois, des règles, des principes généraux au cas vécu, « le respect des principes de la qualité ». Quels principes, dans quelles conditions ?

– retrouver le cadre de référence, « on est tous d'accord pour cette solution ». Qui est d'accord avec qui ? qui est d'accord sur quoi, comment se manifeste cet accord ?

– clarifier les échelles de comparaison, « c'est le point le plus difficile » nécessite de questionner par rapport à quoi ? par rapport à qui ?

Si l'individu refuse d'aller plus loin dans l'explication : « je ne sais pas, je ne vois pas » pour contourner ces dénégations et poursuivre la recherche, il est possible de poser des questions ouvertes sans contenu spécifique : « Que faites-vous quand vous faites ce que vous faites ? » « Que pensez-vous quand vous pensez ce que vous pensez ? ». Ces questions vides de contenu réactivent la réflexion et laissent la personne libre de commencer par où il lui semble bon (Erickson M., 1986).

Les inductions

Nous avons vu combien les réponses étaient déterminées par la qualité des questions et par la stratégie d'enquête. Les questions posées peuvent être inductrices : elles traduisent le système de référence et les préoccupations de l'enquêteur, elles suggèrent la réponse attendue : « La compétence technique vous paraît-elle une qualité essentielle pour un responsable d'équipe ? »

Dans un entretien, il existe aussi une attraction naturelle pour les réponses positives. Ainsi « est-ce que vous êtes content de votre travail ? » entraîne plus facilement une réponse positive qui élude l'explication qu'un « non ! » demandant un développement. Souvent, la personne ne tient pas à se singulariser et cherche la conformité au groupe social. Sauf cas particulier, elle refuse de se mettre en évidence, se réfugie derrière les stéréotypes, les images sociales ou culturelles. Une mère, par exemple, avouera rarement son éventuelle hostilité à l'égard de ses enfants agités. Elle préférera dire que les petits diables sont un peu « difficiles ».

Enfin, dans un entretien, la succession des questions va induire une attente, donner une idée de ce que l'enquêteur recherche. L'enquêté anticipe alors les questions et répond dans la logique de l'enquêteur.

Un entretien figé avec des questions toutes faites entraînera ainsi des réactions formelles. L'enquête va donc varier les thèmes, les angles d'attaque d'un problème, pour que la personne ne reste pas au même niveau d'information.

Dans le déroulement d'un entretien, une réponse va avoir un effet de halo, de contamination, du fait de la persistance de certains sentiments, de certaines émotions : si l'enquêteur recentre la discussion par une intervention du type « Bon ! maintenant, oublions votre licenciement et revenons à notre sujet ». La personne envahie par l'émotion n'est plus disponible pour répondre. Si quelqu'un évoque un élément tragique de sa vie, les réponses qui suivent vont probablement prendre une coloration très affective. En fait, ce qui est vécu avant – l'individu vient d'entrer en conflit juste avant le début de l'entretien – ce qui est vécu pendant ou va être vécu après risque de contaminer l'information obtenue.

Il existe aussi un phénomène d'autoconditionnement qui modifie le climat de la rencontre : si à la question « Êtes-vous contente de votre situation ? » une personne fournit une réponse négative dans une réaction impulsive, au cours de l'échange, elle va sans doute en renforcer les aspects négatifs pour rester cohérente avec elle-même. L'individu ne change pas sur commande son registre d'émotions ou de modes de raisonnement. Les comportements subissent ainsi une sorte de rémanence. L'enquêteur qui, normalement, n'est pas impliqué dans le problème observe le jeu des émotions et des défenses pour déterminer comment il peut poursuivre son enquête ou alors reporter l'entretien.

La façon de poser les premières questions va parfois déterminer les types de réponses. Ainsi, par exemple, un vendeur (manipulateur) va demander : « Voulez-vous participer à une enquête ? » « Savez-vous, qu'il est demandé aux enfants de faire des recherches personnelles ? » « Pensez-vous qu'il est important que les enfants aient à leur disposition une encyclopédie pour leurs études ? » pour terminer par « Connaissez-vous l'encyclopédie X ? » Ce genre d'amorçage, de « pied dans la porte » consiste à poser des jalons et à fermer les issues ; la personne pour rester en cohérence avec elle-même pourra parfois être amenée à accepter un achat non prévu (Beauvois J.L., 1987).

La dynamique de l'enquête cherche à prendre en compte la part des défenses inconscientes nécessaires aux équilibres des individus et les façades qui correspondent aux défenses sociales. Ainsi, certains sujets peuvent être tabous : le racisme, la sexualité, le fisc, l'alcoolisme, la drogue, etc. Pour lever ces « non-dits », l'enquêteur induit un climat permissif qui facilitera l'expression des opinions. Il juge alors normale une attitude, statistiquement reconnue comme marginale et demande ouvertement : « Depuis quand êtes-vous devenu sensible à l'alcool ? » De la même façon, pour enquêter sur l'adaptation difficile d'une personne à son nouveau poste, il amorce la discussion par une question du type : « Généralement, quand on passe d'un poste technique à une responsabilité d'animation, il existe quelques difficultés d'adaptation. Comment avez-vous réagi ? » Cette entrée par un euphémisme permet de contourner les défenses. L'enquêté ne se sent plus obligé de se défendre. La réponse confortée par une majorité d'opinions semble aller dans le même sens. Le problème devient « normal », il est donc possible d'en débattre ouvertement. Ce genre de questions biaisées demande à être utilisé prudemment comme un moyen de rentrer plus rapidement dans le vif du sujet.

L'information obtenue sera vérifiée, recoupée au niveau des faits et du comportement. Plusieurs questions de formes et de niveaux différents essaieront d'obtenir de nouvelles données pour tenter de saisir la dynamique des réactions. Une réponse non recoupée par plusieurs questions risque d'être peu fiable.

Dans une enquête, parfois l'individu fabule, se fait plaisir, rêve tout haut, égare l'enquêteur, brouille les pistes. Pour illustrer ces remarques il suffit d'étudier les réponses à certains questionnaires et de les rapporter aux comportements réels pour saisir la distance entre les opinions énoncées, les intentions et les actes des sujets.

Au cours d'un sondage effectué auprès d'un échantillon d'hommes représentatif de la population française, un institut de sondages a posé les questions suivantes :

> « Des médecins et des laboratoires pharmaceutiques disent avoir mis au point une pilule contraceptive pour hommes du même genre que la pilule contraceptive pour femmes. »
>
> 1. « Dites si vous êtes d'accord ou pas d'accord avec l'opinion suivante : "C'est une bonne chose que l'on ait mis au point une pilule contraceptive masculine. Il n'y a pas de raison que les femmes soient les seules concernées par la contraception". »
>
> *Réponses :*
> - hommes d'accord : 66 %
> - hommes pas d'accord : 18 %
> - ne se prononcent pas : 16 %
>
> 2. « Au bout de quelques années, la pilule pour homme sera aussi souvent employée que la pilule pour femme. Dites si vous êtes d'accord ou pas d'accord avec cette opinion. »

Réponses :
- hommes d'accord : 33 %
- hommes pas d'accord : 42 %
- ne se prononcent pas : 25 %

3. « Est-ce que vous seriez intéressé par l'utilisation d'une pilule contraceptive masculine ? »

Réponses :
- très intéressé : 5 %
- assez intéressé : 19 %
- peu intéressé : 12 %
- pas du tout intéressé : 51 %
- ne se prononcent pas : 12 %

Seulement 24 % des hommes se trouvent en fait intéressés par l'utilisation d'une pilule.

Le décalage entre l'opinion, l'intention et le comportement probable est ici flagrant et pose tout le problème des formes et de la qualité du recueil de l'information. Il y a parfois loin du déclaratif à l'action réelle.

En conclusion, enquêter, savoir poser des questions pertinentes adaptées représente une capacité essentielle pour obtenir une information fiable et assurer la réussite de ses entretiens. La détente, la qualité de la relation, l'écoute, l'empathie, l'adaptation, l'anticipation, nous aideront à assimiler ces méthodes et à les utiliser avec souplesse dans le respect des personnes.

Chapitre 4

Réguler

DANS UNE RELATION, les comportements des individus se répondent, s'harmonisent, se régulent suivant différents modes d'équilibre. Généralement, si l'un devient agressif, l'autre lui répond dans une position symétrique d'attaque/attaque ou au contraire réduit la tension par des propos conciliants. Sauf cas particulier de deux interlocuteurs fermés sur eux-mêmes, les comportements, les attitudes, les expressions interréagissent, l'action de l'un entraîne une réaction de l'autre. Pour saisir la dynamique d'un échange, il devient alors utile de comprendre comment différents niveaux de comportements vont entrer en résonance et trouver un mode d'équilibre. L'observation et la maîtrise de ces actions d'ajustement seront essentielles pour traiter les difficultés rencontrées dans un entretien et en assurer la réussite.

La tension

Le corps se contracte dans l'inspiration, se relâche dans l'expiration. Le rythme respiratoire traduit notre sécurité ou nos peurs, nos blocages. Dans les situations de stress, nous cherchons parfois un illusoire réconfort en nous repliant sur nous-même, en croisant les bras sur notre plexus. Nous bloquons notre respiration, notre capacité de réaction. Souffler, se détendre nous permet d'établir un contact simple, spontané.

La première impression reste souvent liée à l'état de tension ou de relaxation du corps. La fermeture gestuelle, les crispations, la rigidité corporelle marquent une attitude de retrait. L'énergie sera mobilisée pour la défense, les tensions débouchent alors sur le repli, la méfiance ou l'agressivité.

À l'opposé, un interlocuteur hypotonique, avachi, relâché dans son fauteuil, le regard flou, les bras ballants n'invitera guère à l'échange.

Un individu tendu ne se trouve plus vraiment disponible pour écouter et échanger. Cette tension se remarque dans le regard, la voix, la mimique, elle agit au niveau profond de l'individu. Des expressions comme « *avoir l'estomac noué* », « *la gorge serrée* » traduisent le stress de certaines situations.

Généralement, les corps – et particulièrement le visage – se dilatent dans la joie et le plaisir, se contractent dans la tension, la peur, la douleur. Dans certaines situations, l'individu peut perdre une partie de ses moyens. Il devient parfois préférable de reporter l'entretien et attendre de meilleures conditions.

Équilibre des comportements
Les pôles de réaction

1) Tendu bloqué	TENSION ◄──►	Détendu ouvert
2) Optimiste euphorique	HUMEUR ◄──►	Pessimiste déprimé
3) Extraverti chaleureux	EXPRESSION ◄──►	Introverti renfermé
4) Abstrait théorique	LANGAGE ◄──►	Concret familier
5) Indifférent non impliqué	MOTIVATION ◄──►	Motivé impliqué
6) Stratégique tactique	CONTRÔLE ◄──►	Spontané naturel
7) Pertinent cohérent	PERTINENCE ◄──►	Non pertinent incohérent
8) Dépendant soumis	AUTONOMIE ◄──►	Opposant revendicatif
9) Égocentrique narcissique	ATTITUDE ◄──►	Empathique compréhensif
10) Ouvert souple	ADAPTATION ◄──►	Fermé rigide

Conduire un entretien difficile nécessite de rester disponible à l'interlocuteur et donc de faire d'abord la paix avec soi-même, de travailler son propre état de détente et de concentration. Il sera donc important, de se relaxer par :

- une détente respiratoire, souffler, réaliser quelques respirations diaphragmatiques profondes, pour ralentir les rythmes respiratoires et cardiaques ;
- une détente musculaire par des étirements, des contractions/décontractions des muscles tendus ;
- une détente émotionnelle par une concentration visuelle sur des images positives, agréables (un paysage, un événement heureux).

Se concentrer, c'est revenir à la conscience de son corps : la respiration, les tensions. L'attention à ses sensations corporelles nous permet de détecter le plus tôt les signes de stress ou d'émotions fortes. Pour dépasser cet état, la concentration consiste alors à laisser venir à la conscience sans réagir le flux des sensations, émotions, images mentales, pensées pour que l'esprit s'apaise, « *se décante comme une eau trouble* ». Le calme mental, rend alors plus disponible, plus ouvert, plus lucide (Servant D., 2007).

La personne s'entraîne ensuite à visualiser le déroulement de l'entretien, se représente mentalement les expressions, les attitudes de son interlocuteur. Plus un comportement est anticipé corporellement, émotionnellement et mentalement, plus la disponibilité sera grande pour l'écoute et l'adaptation.

Les états de tension entrent facilement en résonance, la tension de l'un entraînant la tension de l'autre. Des remarques du style : « *détendez-vous* », « *vous n'avez rien à craindre* », « *je ne vais pas vous manger* » restent sans effet. Elles accentuent le plus souvent le malaise. Pour induire un état de détente, il sera préférable de trouver les stimulations qui vont abaisser progressivement l'état de tension. Ainsi, la personne prendra une position stable, équilibrée, ouverte, elle respirera profondément, adoucira sa voix, ralentira son débit ; l'interlocuteur ressentira cette détente et tendra à s'harmoniser spontanément avec ce comportement.

Elle utilise aussi certaines attitudes en synchronie avec son interlocuteur. Par exemple, elle accentue les gestes d'ouverture, d'accueil pour ouvrir la posture de son vis-à-vis. Les corps réagissent naturellement aux impulsions, aux rythmes. Si elle reste congruente avec l'attitude générale et le discours au cours de l'entretien, cette régulation non verbale facilitera positivement l'échange.

L'humeur, les émotions, les sentiments

L'individu est un être bio-psycho-social. Les émotions sont ainsi à la base de nos comportements et relations. Elles participent à notre équilibre et adaptation à l'environnement.

L'émotion, du latin *movere*, indique le mouvement. Chez l'homme les émotions orientent l'action. Informations pour soi et pour les autres, elles communiquent à autrui par des mimiques et des comportements, notre état intérieur. Elles créent aussi du lien entre les individus dans le partage d'une émotion commune. La cordialité s'oppose ainsi à la froideur émotionnelle.

La tonalité d'une communication va ainsi dépendre des émotions, des sentiments, de l'humeur des interlocuteurs :

– Une émotion traduit une réaction physiologique à une stimulation, à la perception d'une situation, d'un événement. L'émotion mobilise à la fois le corps et la pensée. Elle se manifeste par une réponse instantanée : chaleur, lourdeur, tension...On tremble de colère ou de peur, on rougit ou pâlit. Nous ne choisissons pas d'être ému, les émotions se produisent en nous. Les informations émotionnelles, d'abord traitées inconsciemment au niveau sous cortical, déclenchent des réactions automatiques. Nous ressentons de la peur ou de la joie et nous adaptons notre comportement en conséquence. Nous ne sommes pas responsables de nos émotions mais nous sommes responsables de nos réactions, de notre comportement. Les émotions influencent ainsi nos idées. Sensations, émotions, pensées sont indissociables (Damasio A.R.[1], 2005).

– Un sentiment représente un état affectif complexe, un mélange d'émotions, de représentations qui persistent dans le temps. Un sentiment est verbalisable, nous pouvons expliquer et partager notre ressenti. Une colère répétée contre une personne se transforme ainsi en sentiment de haine.

– Une humeur caractérise un état passager d'émotions et de sentiments qui peut durer plusieurs jours (une humeur joyeuse, dépressive).

– Un tempérament reflète un équilibre émotionnel dominant qui caractérise la façon de réagir d'une personne (un tempérament anxieux, colérique).

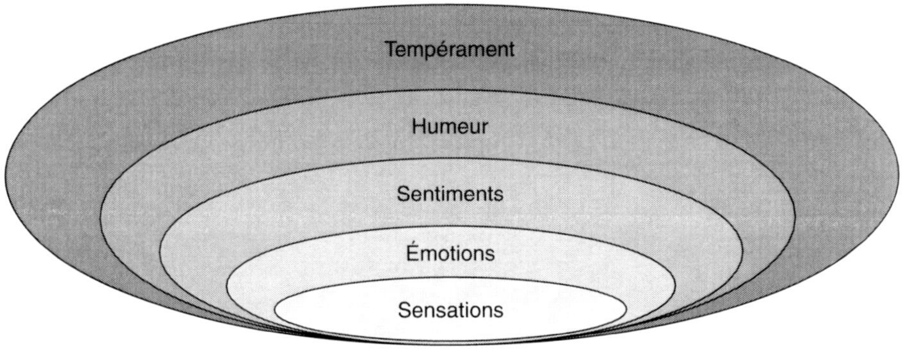

Les niveaux émotionnels

Notre propre état émotif conditionne notre appréciation de la réalité. La dynamique de l'humeur influe directement sur la façon dont nous recevons et analysons les informations. L'envahissement sans contrôle par une émotion forte perturbe la réflexion, amène des comportements excessifs (exaltation, panique, colère), sources de blocages et d'incompréhensions. Il devient alors impossible d'établir une discussion productive.

Par exemple, une personne subit une suite d'agressions verbales au cours de la journée et brusquement dans la discussion éclate de colère sur un simple incident. Une frustration mineure a amplifié une réaction de décharge émotionnelle totalement incompréhensible pour un nouveau venu.

Nous sommes constamment immergés dans un univers d'émotions positives ou négatives. Les cycles de plaisir/déplaisir, de jouissance/frustration suscitent nos motivations et nos actions. Reconnaître et s'appuyer sur ce que l'on ressent permet de mieux gérer l'échange. On accepte sa colère ou celle de son interlocuteur, on essaie de verbaliser ses sentiments pour ne

1. Damasio Antonio, spécialiste des neurosciences à l'Université de Californie, a mis en évidence dans *L'erreur de Descartes* le rôle des émotions dans la prise de décision. L'observation de patients à l'aide de l'imagerie cérébrale a permis d'observer les interactions permanentes des régions limbiques et corticales (les lobes préfrontaux) dans les processus de conscience.

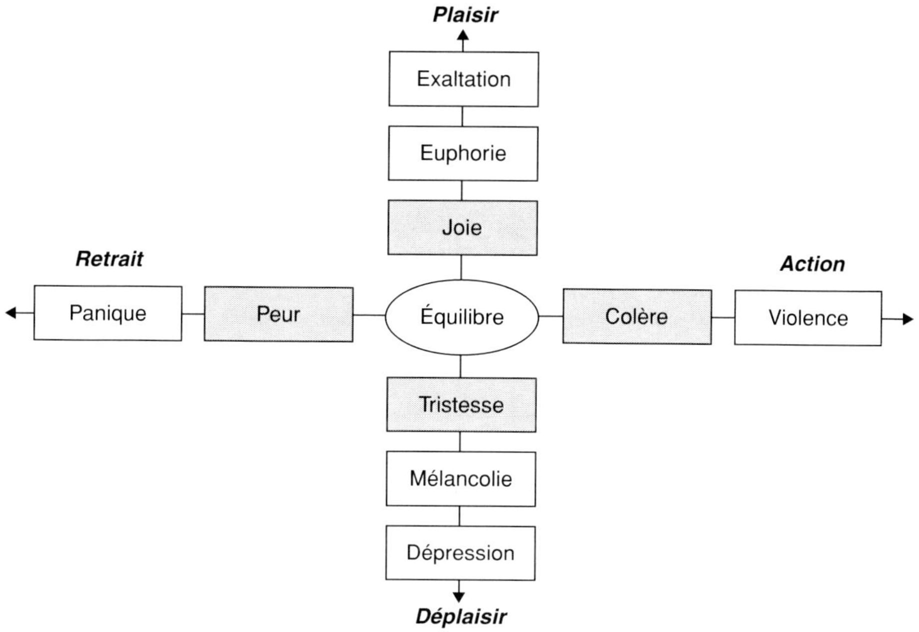

Émotions et dynamique des comportements

pas tomber dans les pièges de l'impulsivité, de l'agressivité. « Je ne suis pas vraiment content de la façon dont nous discutons. » Exprimer son ressenti représente une manière de réguler la situation. Néanmoins, certaines émotions, plus ou moins socialement ou moralement acceptées, se trouvent refoulées ou déplacées : la colère, la peur seront ainsi niées pour sauver la face. Nous pouvons aussi souffrir d'émotions que nous ne réussissons pas à identifier et à verbaliser. En raison de ces réactions, nous commettons des erreurs d'appréciation sur les autres et sur nous-même.

Vivre ses émotions consiste à rester à l'écoute de ses sensations corporelles (l'accélération du rythme cardiaque, la chaleur, la moiteur des mains...) et accepter ce vécu. De ce fait, la communication s'ajuste à un niveau plus simple, plus direct car s'appuyer et partager son ressenti augmente généralement les comportements de coopération et de soutien. Rester sensible, voire être vulnérable, atténue les attitudes défensives de l'interlocuteur et améliore donc le dialogue. Toutefois, la dynamique affective reflète les ambivalences de la vie intérieure, une même personne éprouve à la fois un mélange d'amour et de haine, d'admiration et de rejet pour son interlocuteur, d'où parfois la difficulté à saisir sa position sur une question. Savoir prendre du temps permet à un sentiment de se clarifier. C'est pourquoi, il sera parfois nécessaire devant de fortes émotions de temporiser, de ne pas décider à chaud, dans l'instant.
Avec la tension, la tonalité de l'humeur représente une dimension très immédiate de la relation. Elle nous influence par résonance d'une façon directe et

demande une adaptation rapide : on ne délivrera pas les mêmes messages à un dépressif, un colérique ou à un impulsif et l'on n'écoutera pas non plus ces personnes de la même façon. Les jugements, déclarations et questions seront probablement tempérés ou modulés en fonction des déformations subjectives que nous percevons intuitivement au niveau verbal ou non verbal.

Notre formation scolaire vise surtout à nous faire réagir rationnellement, or le seul intellect ne suffit pas à percevoir notre environnement humain. La réponse émotionnelle et la réponse raisonnée sont parfois dissociées, ce qui provoque tensions corporelles et somatisations. La personne reste dans son mental, ses idées, isolant de ce fait les informations essentielles de son corps, de son ressenti. Les niveaux conscients et inconscients de sa vie psychique ne fonctionnent plus en harmonie.

Exprimer ses émotions *Être capable de*	**Ressentir les émotions d'autrui** *Être capable de*
- Observer, identifier les sensations corporelles liées aux différentes émotions - Repérer les déclencheurs de ses émotions et anticiper ses réactions - Évaluer l'intensité d'une émotion et ses effets sur le comportement - Exprimer, décrire, verbaliser ses émotions, son ressenti - Réduire ses tensions corporelles, se relaxer, retrouver le calme mental - Identifier, visualiser des situations positives de son expérience, se ressourcer (émotions/pensées) - Repérer les pensées automatiques qui accompagnent les émotions négatives, les différentes formes de stress et d'anxiété - Rester d'une égalité d'humeur, équanime dans ses relations - Exprimer calmement son désaccord à partir de son ressenti - Travailler son expressivité (voix, mimique, gestes, attitudes)	- Observer, identifier les émotions d'autrui - Écouter, accepter les émotions, les sentiments d'autrui - Se placer du point de vue de l'autre, identifier son ressenti, être capable d'empathie - Repérer les modes d'expression, les habitudes émotionnelles d'une personne - Situer et évaluer l'intensité d'une émotion et ses effets sur le comportement - Distinguer les émotions d'une personne et ses propres émotions, prendre du recul - Partager des émotions avec autrui, créer de la complicité - Établir une relation positive de coopération, de cordialité, de convivialité - Accepter la colère, l'agressivité d'une personne sans réagir, se détacher - Repérer la forme d'expressivité, la part de mise en scène d'un comportement

L'acceptation de ses propres émotions comme partie intégrante de son vécu et une attitude compréhensive avec ses sentiments nous amènent à reconnaître notre sensibilité, utiliser notre énergie, vivre en accord avec nous-même et développer nos capacités d'intuition, de spontanéité, d'empathie. Par ailleurs, le comportement se trouve aussi conditionné par le milieu social et culturel. Généralement un « Méditerranéen » considérera l'expression des émotions comme appropriée pour gérer les relations, un « Nordique » évitera de mélanger l'émotionnel et le rationnel. Au-delà des normes sociales et culturelles, un travail sur soi-même sera nécessaire pour s'adapter aux différentes situations. D'une façon générale, une personne ouverte apprendra à gérer ses réactions mais aussi à ressentir les émotions d'autrui, elle développera ses capacités relationnelles (Guittet A., 2011).

Le mode d'expression

L'extraverti tourné vers le monde extérieur apparaît expansif et volubile. L'introverti plus centré sur son ressenti se montre plus renfermé, plus secret, plus laconique. Pour le premier, le contact semble aisé, agréable, pour le second il requiert effort et attention. Chaque individu ressent d'une façon particulière le besoin de parler, s'expliquer, s'épancher. Dans les relations, il existe aussi une composante narcissique liée à l'image de soi, à l'estime de soi, aux renforcements positifs que nous avons reçus dans notre passé.

Cette dimension facilitera ou inhibera le dialogue et le partage des idées. L'expression dans la relation va donc dépendre des sensibilités, des habitudes sociales et culturelles. Dans l'entretien l'un prend, garde, monopolise la parole, fait assaut d'arguties ; l'autre attend, écoute, balbutie, subit. Il faudra recentrer le premier vers le sujet tandis que l'on stimulera, questionnera, relancera le second.

L'enquêteur, autant par intuition que tactique, règle son propre mode de réaction pour l'adapter à la progression de l'entretien. Il varie ainsi le débit, augmente le volume de sa voix ou au contraire ralentit, respire pour moduler l'échange.

Écouter un discours demande de rester sensible à plusieurs niveaux d'expression : l'explicite, l'implicite (déduit logiquement ou intuitivement) et le non-dit.

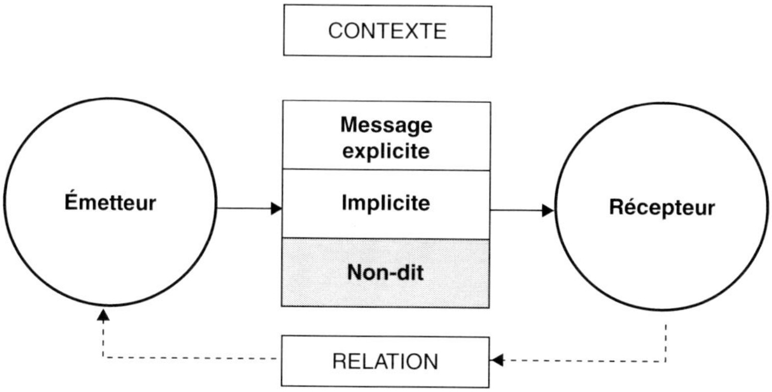

Les niveaux de discours

Dans un message humain, nous ne percevons souvent que la partie émergée de « l'iceberg ». En fonction du contexte, de la relation, du comportement non verbal, une expression comme « je ne vous veux aucun mal » supporte plusieurs lectures :

- au niveau explicite : cette intervention affirme une relation normale,
- au niveau implicite : on se réfère à une possible agressivité,
- au niveau non dit : on cherche probablement à masquer une tension possible, cette dénégation suggère la possibilité d'émotions négatives refoulées.

De plus, les messages verbaux et non verbaux se complètent ou se contredisent : le ton de la voix, l'attitude, le regard, la gestuelle ajoutent au discours un supplément d'informations.

Ces décalages de niveaux d'interprétation et de compréhension deviennent sources de malentendus, parfois de tension, de conflits, de manipulation. On énonce une chose et la personne comprend autre chose mais ils permettent aussi les jeux du discours où l'on dit une chose sans la dire vraiment (dans l'humour). La vérité d'un message se trouve donc relative à un contexte, à une relation, elle reste donc questionnable.

Faute de se trouver face à un message clair et univoque, nous devons constamment vérifier auprès de l'émetteur le sens perçu. La vérification par la reformulation, le retour d'information favorisent la compréhension et un ajustement de la relation. Expliciter le niveau implicite d'un message permet de gagner en clarté.

Sur un plan général, il existe des contextes organisationnels où le poids de l'implicite, du non-dit sera marqué, il s'agit alors de bien décoder le message qui dit plus que ce qu'il est logiquement censé dire.

E.T. Hall (1966) constate ainsi des cultures à contexte fort et à messages implicites (les cultures japonaise, chinoise et du Moyen-Orient) et des cultures à contexte faible et à messages explicites (les cultures anglo-saxonne et nordique). À l'heure de la mondialisation, ces conditionnements culturels (liés aux langues, aux habitudes sociales) sont sources de malentendus.

Cependant, même en explicitant les messages, il n'existe pas de relations interpersonnelles sans quelques frontières, quelques de zones de secret, de non-dit qui démarquent la sphère intime, privée, de la sphère publique. Un non-dit peut être partagé ou caché, refoulé. Ainsi, dans une organisation, malgré les consignes, personne ne respecte vraiment les règles de sécurité, par contre, chacun en son for intérieur redoute un accident. Un non-dit sera verbalisé, analysé s'il bloque la communication. Il est illusoire, voire parfois dangereux, de vouloir tout expliciter et mettre à plat dans une relation car on devient vite intrusif.

L'échange suppose parfois une nécessaire confidentialité, ce qui s'exprime en un moment précis reste non transmissible ailleurs. La confiance, la loyauté, la discrétion conditionnent alors le partage d'une information.

Un entretien s'inscrit donc dans un cadre social défini avec d'abord pour but de discuter, de clarifier les points d'informations utiles à la rencontre. Ses limites sont définies par le respect de la vie intime de l'autre.

Le discours

Il existe un continuum entre nos sensations, perceptions, pensées, imagination. Le réel influence notre imaginaire, l'imaginaire oriente notre perception, modifie notre vision de la réalité. L'inconscient nourrit le conscient et le discours oscille ainsi entre :

l'objectivité, les faits/la subjectivité, l'émotion, le vécu
le réel, le concret/l'imaginaire, le rêve, les fantasmes

Nous pouvons plus facilement échanger à propos de l'action, des techniques, des procédures car nous sommes confrontés au réel. Nous vérifions notre compréhension à partir de repères objectifs.

Une enquête sur ce niveau admet des relances précises et nombreuses pour recueillir la réalité des faits. Au niveau de l'imaginaire et du ressenti, il n'y a pas de référence autre que la personne qui s'exprime. Une personne « rêve » tout haut, s'évade dans ses « fantasmes », exprime ses désirs, ses attentes. Un jugement critique porté sur le niveau émotionnel ou imaginaire établit un rapport d'autorité disqualifiant l'expression de l'autre pour imposer ses normes et ses règles. Le risque encouru sera alors le retrait ou une incompréhension source de conflit.

Une information générale, abstraite, non reliée à un contexte, à une dynamique de réflexion sera entendue et interprétée de façon très diverse.

Niveaux d'expression	Échange, relances
La réalité, l'expérience	Décrire, concrétiser, visualiser, focaliser, clarifier, expliciter, informer, expliquer, démontrer
Le vécu, les émotions, les sentiments	Partager le ressenti, verbaliser les émotions, clarifier un sentiment
La théorie, l'abstraction, le discours général,	Conceptualiser, théoriser, classer les informations, analyser, argumenter
L'imaginaire, le rêve	Faire imaginer, se projeter, créer, inventer

Chaque individu choisit plus ou moins son mode préférentiel d'expression : soit il plane dans une abstraction éthérée, refuse de s'impliquer dans ses émotions, soit il colle aux réalités de son cas particulier et n'arrive pas à élever le débat sur un plan plus général. On ramènera alors le premier sur le concret : « Donnez-moi un exemple. Pouvez-vous me décrire un cas semblable ? » Face au second, on cherchera à prendre du recul, on l'aidera à analyser, à ordonner ses idées : « Quelles conclusions tirez-vous ? Quels sont les points clés à retenir ? »

Comme nous l'avons vu, respecter le langage de l'interlocuteur, sa logique de pensée, permet de rester au plus près de sa réalité. Par exemple, face à une personne à dominante visuelle, il sera ainsi préférable de relancer sur des images, de raisonner à partir de documents écrits, de tableaux, de graphiques pour faciliter et approfondir le dialogue.

La motivation et l'implication

L'expression et la collaboration au cours d'un entretien demeurent très liées aux motivations de chacun. Quelles que soient les techniques et les qualités humaines d'un enquêteur, le sujet s'ouvrira en fonction de l'intérêt perçu dans la démarche de recherche d'information.

Un mouvement de sympathie immédiate, une attitude de séduction peuvent créer un contact mais ne seront pas suffisants pour faire progresser la discussion. L'enquête et le thème de l'entretien paraissent-ils crédibles, opportuns, aux yeux de l'enquêté ? L'objet de la rencontre est-il pertinent, a-t-il été expliqué et compris ? Que peuvent attendre les deux interlocuteurs de cette rencontre ?

Appeler à la coopération, demande de clarifier le pourquoi et le comment d'une démarche, de montrer en quoi l'intéressé est concerné par cette action. La motivation et l'implication restent des clés pour la compréhension et l'analyse de l'information obtenue. Une personne non impliquée donnera des réponses banales, générales, une autre fortement engagée dans un problème fournira des points précis et argumentés mais elle risque aussi de se projeter affectivement dans les solutions. Telle autre produira des réponses stratégiques en fonction de ses buts, elle filtre ou cache l'information essentielle.

Le contrôle et les défenses

Un individu détendu parle d'une façon naturelle et spontanée. Il dit les choses comme il les pense, les ressent. Cette fraîcheur d'esprit reste néanmoins rare, une organisation se trouvant plus ou moins secouée par des conflits, des rivalités, des ambitions. Chacun tend à défendre ses intérêts, ses idées, son statut, son pouvoir. Il poursuit certains objectifs explicites ou implicites. Pour ce faire, il adopte une stratégie, une tactique ; l'information traitée s'inscrit inévitablement dans cette démarche.

Si l'entretien se déroule dans un contexte aux enjeux contradictoires, voire conflictuels, quelles que soient les qualités relationnelles de l'enquêteur, la situation d'entretien est susceptible d'être rejetée ou poliment neutralisée par une épaisse « langue de bois ».

Éclaircir les buts, les moyens, les rôles dans un entretien, adopter une attitude ouverte, cordiale, loyale, examiner les problèmes avec calme et réalisme pourront réduire des comportements trop défensifs. Encore faut-il que cette tactique de l'enquêteur soit elle-même comprise et acceptée en fonction des habitudes de l'organisation. Un individu ouvert, souple, chaleureux dans un milieu hostile et conflictuel risque d'être perçu comme un manipulateur. La bonne foi ne sera pas suffisante ; dans ce cas, l'écart entre l'expression des différents comportements pose problème.

Un enquêteur énigmatique, abusivement « non directif » ne laissant rien paraître de ses idées ou de ses émotions, au visage impassible, amènera gêne et malaise. Il induit un modèle défensif qui fait réagir immédiatement son interlocuteur. L'entretien devient pesant, ennuyeux, vidé de toute spontanéité.

Le contrôle se remarque dans la liberté de mouvement du corps, des gestes, de la mimique. Il se repère aussi dans la maîtrise du langage. Généralement, plus une personne revendique de la reconnaissance et du pouvoir, plus elle contrôle son discours, le choix des mots et de la syntaxe.

La dynamique d'un entretien dépend ainsi en grande partie de la capacité d'ouverture des deux parties. Il se peut qu'un individu inhibé recense les aspects négatifs d'une situation pour refuser d'échanger, de partager. À l'inverse, une personne ouverte reformulera les aspects pratiques, expliquera les points d'évolution possibles. Toutefois, cette position ne se règle pas seulement d'une manière volontaire. Elle dépend aussi d'aspects tactiques : une personne se ferme car elle perçoit des implications particulières dans la démarche d'enquête. Elle préfère alors se taire plutôt que de parler du sujet.

Les défenses sont aussi liées à des processus inconscients. Pour diminuer son anxiété, se protéger, pour garder une image acceptable d'elle-même, pour satisfaire certains désirs, la personne utilise des mécanismes de défense (Freud A., 1949).

Lors des entretiens nous sommes souvent confrontés à des comportements bien spécifiques qui bloquent le dialogue et empêchent une analyse rigoureuse des faits.

Parmi les comportements défensifs les plus fréquents, on repère :

– *La rationalisation* : l'individu propose une explication logique à un comportement irrationnel. Toutes les tentatives d'explication sont bonnes, il fait assaut d'arguments afin de justifier ou de masquer l'aspect affectif, émotif d'une situation.

– *Le déplacement* : la charge émotive ne pouvant plus s'exprimer à partir de l'objet réel se trouve déplacée sur un substitut. Le phénomène du « bouc émissaire » en est une illustration fréquente : on détourne sur une personne une hostilité faute de pouvoir régler un conflit avec l'interlocuteur concerné.

– *Le refoulement* : les souvenirs, les sentiments malheureux sont maintenus hors du champ de la conscience. Un échec, un événement désagréable restent absents du discours alors que leur évocation paraît évidente. Notons le caractère particulier de ce mode de fonctionnement, il concerne la plupart d'entre nous et se révèle simplement nécessaire à notre équilibre.

– *La dénégation* : elle permet de faire l'économie du refoulement. Le sujet ne peut évoquer un problème qu'à condition de nier sa propre implication : « Je vous en parle mais ne croyez pas que cela me concerne… »

– *La projection* : elle consiste à attribuer à autrui des émotions, des sentiments que sa propre conscience refuse de reconnaître comme siens. Dans un conflit, on accuse l'adversaire d'agressivité faute de pouvoir assumer sa propre hostilité.

– *L'isolation* : ce procédé consiste à détacher une pensée ou un comportement de son contexte affectif. Le sujet parle sur un ton apparemment détaché d'un événement qui l'a pourtant profondément marqué.

– *La formation réactionnelle* amène le sujet à adopter un comportement opposé à ses tendances fondamentales. C'est une attitude forcée qui va à l'encontre des habitudes.

– *La régression* : devant un obstacle (une personne autoritaire, répressive), l'individu revient à un style de réaction plus ou moins infantile. Il refuse de prendre une décision et ne manifeste plus d'avis personnel.

– *Le fantasme,* la fuite dans l'imaginaire : faute de pouvoir vivre ses aspirations, l'individu fuit dans son monde intérieur, il préfère s'imaginer une autre réalité plutôt que subir les aléas de sa vie.

Nous utilisons plus ou moins ces mécanismes de défense qui nous aident à vivre ou à fuir certains aspects du quotidien. Cependant dans une relation, la fréquence d'apparition de ces phénomènes nécessite une observation attentive pour adapter ses réponses. Dans les cas les plus extrêmes, le raisonnement, l'appel au bon sens n'ont plus d'effet.

Face à de telles attitudes, rappelons que le comportement d'une personne dépend en grande partie du comportement de son interlocuteur. On évitera d'entrer dans un cycle de peurs/défenses. On jouera alors la neutralité prudente tout en cherchant à faire s'exprimer craintes et réticences.

La pertinence et la validation de l'information

L'entretien n'est pas une conversation. On doit pouvoir à chaque moment faire le point sur la pertinence de l'information traitée. Cependant dans le cours d'un échange, il arrive parfois de perdre de vue les motifs de l'entretien, l'enchaînement des idées. La discussion s'écarte du cadre de l'entretien. Face à ces dérives, plusieurs hypothèses sont possibles :

– l'intéressé n'a pas compris le problème posé, d'où la nécessité de reformuler l'interrogation ;

– les associations d'idées le ramènent naturellement sur un sujet qui le préoccupe, sujet significatif de sa réalité propre ;

– il déborde la question posée et reformule le problème en des termes étrangers à l'enquêteur ;

– l'intéressé sent le problème trop dangereux, il refuse de faire part de son point de vue et brouille les pistes par un flot de paroles ayant fonction de diversion.

Avant de recentrer sur la question de départ, pour juger de la pertinence de l'information apportée, il est bon d'observer le non verbal, de ressentir l'attitude de la personne, de retrouver par quel cheminement de pensée on est parvenu à ce point. Le plus simple sera alors de poser la question : « En quoi ce que vous me dites là relève-t-il de notre sujet ? »

À moins d'un délire déjà bien établi, l'intéressé doit être capable de retrouver par quelles associations d'idées il est arrivé à cette apparente dérive. Cette vérification permet à l'enquêteur de rester sur un terrain commun. Parfois, son écoute se trouve prise en défaut ; il repose trop rapidement une question alors que la personne n'avait pas épuisé ses idées. Pour des raisons conscientes ou inconscientes, il refuse d'enregistrer certaines informations qui pourraient le mettre en cause.

S'il est important de faire progresser l'entretien vers l'objectif fixé, on demeurera vigilant à la qualité de l'expression, de l'information traitée. L'enquêteur n'est pas le seul juge de la pertinence d'une intervention, il reste souple, disponible, sinon son interlocuteur comprendra très vite que l'échange est formel. Il se contentera alors de le meubler par des propos inconsistants car il doute de la validité de cette rencontre.

L'autonomie et la relation

Nous naissons dépendant et mourrons probablement dépendant.

Le bébé vit dépendant de sa mère physiologiquement, psychologiquement, son évolution va être marquée par la recherche de l'autonomie. L'adolescent revendique son indépendance et manifeste son opposition. Adulte, nous restons parfois dépendant affectivement, intellectuellement ou socialement d'une personne : nous rejetons l'autorité, le pouvoir d'une autre ou réussissons à établir des relations stables et positives, échanges de coopération, de réciprocité avec notre entourage.

Un changement de métier nous ramène à un stade de dépendance. Nous devons réapprendre des techniques pour retrouver le sentiment de se débrouiller seul. Ce cycle se répète plusieurs fois dans notre vie sur le plan affectif ou intellectuel. La dynamique relier/délier, attachement/ séparation ponctue nos relations, notre histoire.

L'autonomie représente un signe d'accomplissement mais l'indépendance affirmée remet en cause le lien social, l'échange complémentaire. L'interdépendance traduit un principe universel : tout vit en relation, rien n'est autosuffisant. Nous dépendons les uns des autres, notre équilibre, notre bien-être dépendent aussi de l'équilibre et du bien-être d'autrui. Les positions égocentriques, narcissiques, individualistes entraînent un retrait dans la relation.

Dans notre vie professionnelle, nous avons été recruté et formé par une personne, il devient parfois difficile de se détacher de son influence, de cette

« dette ». Nous pouvons rester dépendant affectivement, intellectuellement d'un responsable, d'un maître, d'un « gourou ». Nous abandonnons notre propre jugement, adoptons des idées, des comportements qui reflètent notre soumission. Créer de la dépendance ou au contraire travailler dans la coopération illustrent deux façons de gérer le développement des individus.

Dans une situation d'entretien, la façon dont l'enquêté se situe par rapport à son interlocuteur déterminera la qualité de l'information traitée. Si l'individu se montre dépendant, recherche le soutien, la reconnaissance de l'autre, il évite les problèmes conflictuels liés aux divergences naturelles, minimise les difficultés. De ce fait, les informations s'en trouvent biaisées, déformées. L'exemple caricatural est donné par le subordonné qui acquiesce systématiquement, se répand en salamalecs : « Oui, bien sûr… mais évidemment… très certainement… ». À l'opposé, un sujet contre-dépendant s'oppose, refuse, critique d'une façon systématique : l'opposition le stimule. Son énergie, son intelligence se trouvent ainsi mobilisées dans l'affrontement ; il n'est pas d'accord par principe.

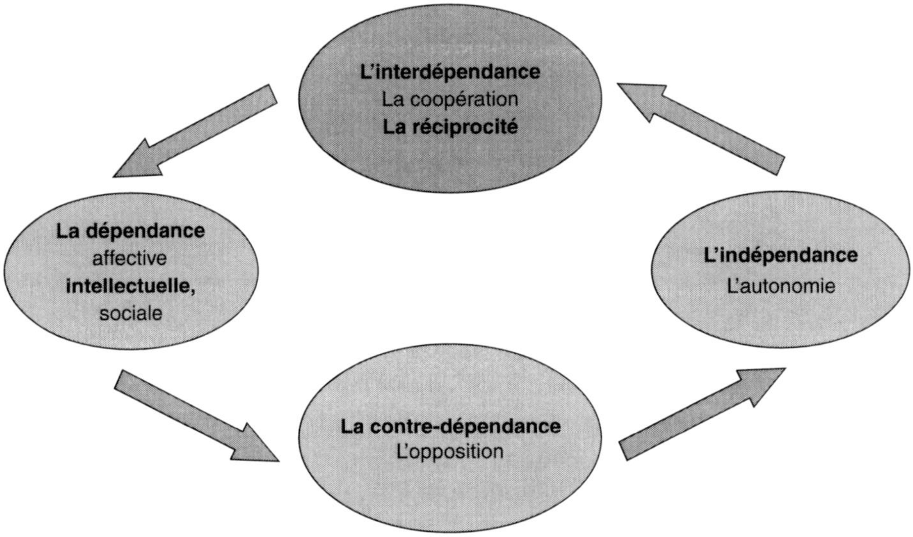

Le cycle de l'autonomie

Dépendance et contre-dépendance déforment les informations. Même si la première attitude semble plus facile à vivre, plus gratifiante pour l'interlocuteur, elle se révèle à long terme aussi dangereuse. La qualité de l'échange tient au respect de l'autonomie de chacun. L'implication des personnes en présence dépend de leur capacité à examiner les divergences, à reconnaître leurs propres originalités et différences.

Ne pas renforcer les images positives ou négatives qui sont renvoyées, éviter de rentrer dans le jeu de l'attaque-défense, rester à l'écoute de ce qui est dit et ressenti sont les conditions d'un échange réaliste.

Enfin, analyser un discours permet de repérer les modèles, les influences auxquelles la personne veut se conformer ou se démarquer. Les références culturelles ou sociales explicites ou implicites indiquent le degré d'autonomie ou d'imprégnation par certaines idées. Elle répète un discours, se réfère à un modèle (une idéologie, un maître à penser) ou s'exprime à partir de son expérience, sa sensibilité, sa propre réflexion.

L'attitude

L'attitude se définit par une disposition particulière, une façon d'agir dans la relation. Les attitudes représentent des comportements généraux qui intègrent à la fois le non verbal et le discours, leur compréhension permet de s'adapter, de situer l'intention d'une intervention.

Quelques grands types d'attitudes (Porter G.H., 1950) sont repérables dans les entretiens :

– **l'attitude d'enquête** vise à questionner et à rechercher plus d'informations ;

– **l'attitude support ou de soutien** cherche à rassurer, à réconforter à réduire l'intensité d'une émotion, d'un sentiment chez son interlocuteur ;

– **l'attitude d'interprétation** propose une analyse, des explications sur les paroles échangées, sur les comportements ;

– **l'attitude d'aide** consiste à donner des stimulations pour faire progresser sans remettre en cause les intentions et les buts de la personne ;

– **l'attitude d'évaluation** amène une appréciation, un jugement de valeur. On donne à son interlocuteur son opinion, son choix, sa préférence ;

– **l'attitude de décision** indique à autrui une direction, ce qu'il devrait faire ou penser d'une façon plus ou moins affirmée ;

– **l'attitude empathique ou compréhensive** représente la capacité de se décentrer, de se mettre en retrait pour ressentir le vécu d'une personne.

Nous adoptons spontanément ces attitudes, certaines sont favorables à l'échange, d'autres ferment la discussion. Par exemple, les attitudes d'évaluation sont particulièrement bloquantes, répétées, elles deviennent vite conflictuelles. Les attitudes d'enquête et de compréhension facilitent le dialogue, l'interaction.

En fonction de ses objectifs, une personne s'adapte, change de registre, exprime son point de vue, argumente, fait part de son expérience. La confrontation demande une variété d'attitudes, elle suppose ainsi des phases d'écoute, de questionnement puis des phases plus actives d'explication, d'analyse, d'évaluation, de décision.

L'adaptation

Rencontrer une personne, c'est entrer dans un autre univers psychologique. Quelqu'un d'ouvert explore son environnement, invente, réagit, s'adapte. Un interlocuteur bloqué, fermé, défensif reste sur ses positions. Il se comporte comme un système fermé, vit dans un équilibre figé.

Cependant, les comportements se répondent, l'action de l'un influe sur le comportement de l'autre. Par exemple, un individu particulièrement critique devant son hiérarchique déclenche une réaction d'autorité qui elle-même en retour amène un comportement plus critique. Le même signal renforce des réactions en chaîne qui conduisent toujours au même résultat.

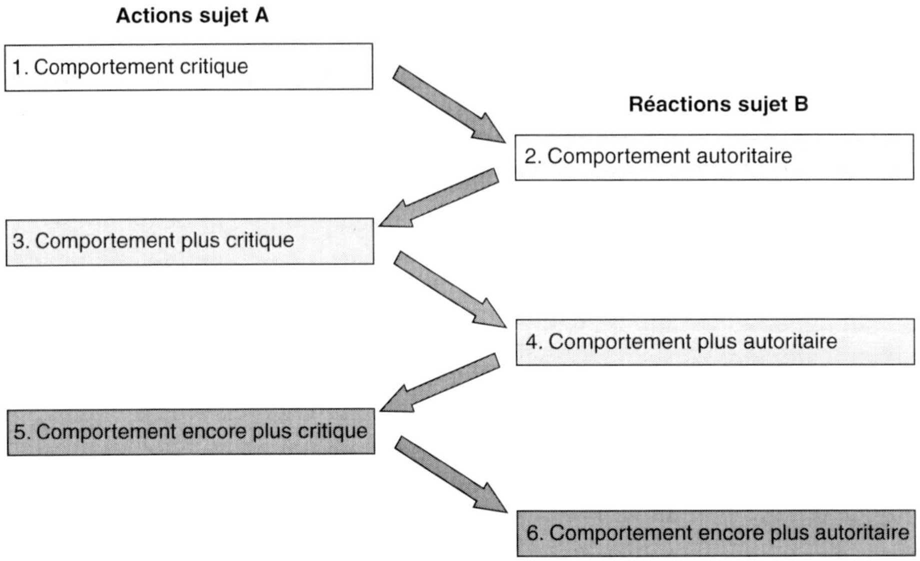

Interactions symétriques d'escalade

Ainsi les comportements évoluent suivant des séquences d'interaction qui se répètent dans le temps. Ce jeu peut rester stable et trouver un équilibre satisfaisant pour les deux partenaires, Le subordonné prend alors plaisir à critiquer, le supérieur se trouve satisfait de montrer son autorité. Chacun est gagnant dans la situation. Les jeux fonctionnent suivant le principe de répétition, ils reposent sur des transactions doubles. Une personne fait semblant de se comporter d'une certaine façon alors qu'à un autre niveau, elle réalise aussi autre chose.

Ce type de réaction se retrouve dans de nombreuses situations : couple, relation parent-enfant, relation hiérarchique. Pourquoi une personne accepte-t-elle de jouer si elle connaît le déroulement des séquences du jeu ? Les « jeux » peuvent se comprendre comme des tentatives souvent ratées pour obtenir des signes de reconnaissance. Chaque répétition se termine par un bénéfice pour le joueur. Le postulat implicite serait : « *mieux vaut une mauvaise relation que pas de relation du tout* ». Les signes de reconnaissance même négatifs étant parfois la seule preuve que l'on existe, que l'on est reconnu dans un rôle. La personne obtient ainsi des bénéfices secondaires non évidents pour l'observateur externe. Ces signes assurent l'équilibre même de l'individu. De tels scénarios expliquent que des situations apparemment conflictuelles demeurent interminables (Berne E., 1975).

Dans ces contextes, saisir les enchaînements, les séquences d'actions qui se répondent, aide à stopper ces jeux d'escalade. Avant d'accuser l'autre d'être la source du conflit, il se révèle préférable et plus efficace de rester pragmatique, d'utiliser ses marges de manœuvre, de modifier son propre comportement. Nous sommes une partie du problème ou de la solution. Une des personnes change sa réaction et adopte une autre réponse pour éviter cette relation piégée. Agir sur soi, c'est aussi agir sur l'autre.

Repérer la dynamique de l'échange suppose de ne plus être centré seulement sur le contenu du discours mais aussi d'observer le processus de communication, les séquences de comportements.

Dans cette escalade, le plus adaptatif, le plus flexible changera de comportement et orientera la relation vers l'apaisement. Plus une personne possède une variété de façons de réagir, plus elle aura de chance de faire évoluer la situation.

Gérer les interactions revient donc à se situer face à son vis-à-vis et saisir les réponses les plus bénéfiques. Par exemple : être complémentaire en adoptant un profil bas d'attente pendant la phase d'exploration, écouter sans argumenter, observer sans évaluer, reformuler, synthétiser pour mieux appréhender le point de vue de l'autre.

Les **interactions asymétriques** sont de deux types :

– les asymétries complémentaires quand l'un donne et l'autre reçoit (la relation mère/enfant, professeur/élève, supérieur/subordonné). Il existe ainsi des positions sociales liées à l'âge, au sexe, au statut qui induisent une place spécifique dans l'échange. Cependant, ce rapport reste dynamique et peut spontanément évoluer suivant le sens que chacun accorde à la relation. Toute action est accomplie en prévision du comportement de l'autre. Ainsi, face à une classe, un professeur va ajuster sa conduite en fonction des réactions des élèves car l'un a besoin de l'autre pour exister. Il s'instaure ainsi un ordre négocié, une réciprocité des rôles dans une interaction souple. Au cours d'un entretien, on adopte d'abord une position basse d'écoute avant de reprendre une position haute pour exprimer son point de vue car on ne peut parler tous deux en même temps (Watzlawick P., 1975) ;

– les asymétries stables, relations antagonistes ou de subordination, l'un occupe une position haute et l'autre se trouve dans une position basse source de soumission ou de dépendance. Les différences de statut, de compétences, les modes de fonctionnement psychologique produisent des rôles non interchangeables. L'accusé subit les questions au cours de l'interrogatoire, le subordonné se place dans un rôle défini ou ses idées peuvent être niées. L'un peut contrôler la relation, orienter l'échange, dominer son interlocuteur qui va se soumettre, se défendre ou se dérober.

Dans les interactions symétriques, on observe trois types de rapports :

– *La symétrie positive* : la situation de complicité, d'émulation, crée un équilibre vivant : plus j'argumente, plus il trouve de nouveaux arguments pour enrichir le débat. Une parole en vaut une autre, les personnes discutent dans une relation égalitaire de confiance et de réciprocité.

– *La symétrie négative* : c'est une situation de rivalité, de surenchère, d'escalade, de conflit. Plus je deviens critique, plus il me critique, plus j'élève la voix, plus il élève la voix. Dans une telle situation, le conflit est proche, la répétition d'un enchaînement de séquences conduit au blocage.

– *La symétrie inverse* : elle traduit deux comportements opposés. Plus je parle, plus il se tait. Elle amène l'incompréhension, le refus du dialogue.

Ces rapports sont déterminés par les statuts, les positions sociales attribuées à chacun, les liens affectifs entre les individus mais aussi les capacités relationnelles des protagonistes qui savent s'adapter, s'ajuster suivant les différentes situations. Le jeu n'est pas figé, même s'il reste cadré par les rôles de chacun, l'interaction repose sur un processus dynamique, négocié. Chaque contexte induit des libertés, des règles, des limites et parfois des interdits. Par exemple, un responsable hiérarchique, voudrait à la fois se faire obéir et entretenir des relations cordiales de proximité, un père cherche à être « copain » avec son fils. Ces attentes ambivalentes peuvent alors être sources de malentendus, de conflit. « Être à l'aise », c'est trouver la bonne distance, le bon équilibre entre les rôles sociaux et les affects de chacun (Le Breton D., 2008).

Cette approche permet d'observer, de se situer dans l'entretien, de se positionner en fonction de son rôle, de son but mais aussi d'anticiper et d'adopter une souplesse relationnelle. Ainsi, face au blocage, il sera souvent préférable d'agir sur soi-même pour induire un comportement-réponse de son interlocuteur, par exemple :

– se détendre pour détendre son interlocuteur ;

– écouter, reformuler pour faciliter une attitude d'écoute ;

– calmer le jeu, souffler, ne pas réagir face à un comportement agressif pour éviter l'escalade, exprimer son ressenti ;

– utiliser ses propres émotions pour amener une personne bloquée à exprimer les siennes ;

– donner des exemples concrets pour aider une personne à concrétiser son discours.

Nous sommes souvent trop centrés sur le contenu du discours, prisonnier de notre intellect, nous en oublions l'interaction qui mobilise le corps et les émotions. Observer, ressentir, écouter nous aident à rester en phase, à nous situer dans la relation, à accepter autrui dans ses manifestations les plus spontanées et nous adapter plus rapidement pour faciliter le dialogue et la compréhension.

Chapitre 5

Écouter

L'ATTITUDE d'écoute n'est pas une attitude spontanée. Nous écoutons suivant notre concentration, nos motivations, nos intérêts et notre curiosité. Pacifier ses émotions, son esprit, nous aide à nous rendre disponible, à accueillir l'autre dans une relation ouverte et bienveillante. L'écoute d'autrui passe ainsi par l'écoute de soi. Être détendu physiquement, émotionnellement et mentalement permet de se concentrer, se détacher de ses propres préoccupations et stabiliser son attention pour écouter avec discernement. La personne s'adaptera alors plus facilement à la situation, elle maîtrisera mieux ses buts, ses techniques et ses modes de réactions. Écouter repose d'abord sur une reconnaissance de son interlocuteur dans une relation de réciprocité. Au cours de l'échange, l'écoute de l'un conditionne l'expression et l'écoute de l'autre.

Les niveaux d'écoute

Suivant les contextes et les buts, il existe différents niveaux d'écoute. Ainsi, si l'on cherche à recueillir une information factuelle, ponctuelle ou à comprendre une réalité complexe, ressentir le vécu d'une personne, le niveau d'attention, les attitudes seront différentes.

Les filtres

Dans une relation, le mot « écoute » renvoie à la recherche d'informations : signes non verbaux, émotions, mots, discours. Divers filtres vont constamment déformer ou appauvrir le message émis par notre interlocuteur : message intentionnel ou informations données par le comportement.

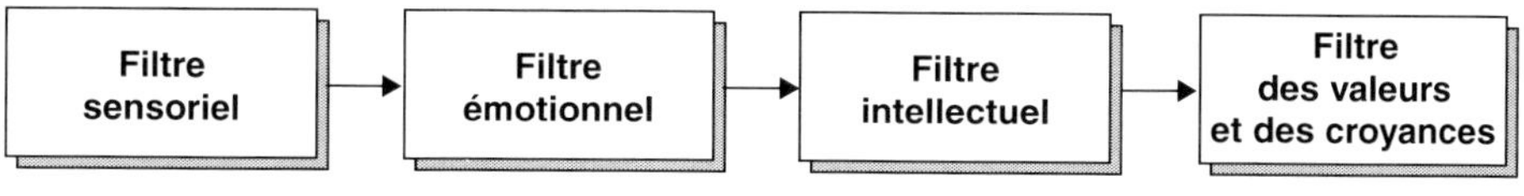

L'écoute

Au niveau sensoriel, nous recevons beaucoup de signes sensibles que nous enregistrons sans nous en rendre compte. Du fait de notre niveau de vigilance, notre attention se focalise par exemple sur les mimiques du visage tandis que nous n'entendons plus l'intonation de la voix, n'observons plus la gestuelle.

Au niveau émotionnel, nous sommes plus en phase avec des émotions et des sentiments, nous redoutons par exemple les dépressifs ou les colériques. Une relation se joue sur la base d'une relation émotive qui conditionne notre écoute et notre compréhension d'une personne, nous pouvons parfois nous projeter sans recul dans la situation.

Au niveau intellectuel, suivant nos intérêts et nos capacités, nous sommes à l'aise dans tels domaines d'informations techniques ou économiques, dans tels types de raisonnement. Des informations trop nouvelles, trop complexes nous échappent.

Enfin, chaque personne vit dans des univers de croyances et de valeurs qui se rapprochent ou s'opposent. Écouter demande beaucoup de vigilance et de recul pour suspendre son jugement et pénétrer un univers de croyances étranger ou opposé.

Nous sommes parfois pris en défaut d'écoute. Distraits par nos propres pensées, nous interprétons les propos, restons étrangers aux émotions d'une personne, rejetons des valeurs, des croyances qui ne sont pas les nôtres. Nous supportons mal les silences et ne laissons pas la personne élaborer son raisonnement, verbaliser un ressenti qui est en train de se clarifier. Emportés par notre précipitation, nos sentiments, nos convictions, nous coupons la parole orientant la discussion vers ce qui nous préoccupe. Nous n'arrivons pas à gérer les temps d'écoute, de silence et de discussion.

L'écoute neutre, fonctionnelle

Elle s'observe dans des situations asymétriques (liées au statut, au rôle). On enregistre les déclarations d'une personne. On contrôle et limite l'interaction, ne manifeste ni émotion, ni accord, ni désaccord, on prend note : « je vous écoute ». La personne au guichet recueille une information utile, elle questionne mais ne rentre pas dans une discussion, se limite aux informations liées à son rôle. Cette attitude se différencie de l'écoute cordiale observée dans un échange conversationnel entre deux amis où les émotions, les idées sont partagées dans une interaction spontanée.

L'écoute passive

Elle se rencontre dans les relations asymétriques d'autorité ou encore d'influence, d'emprise : séduction, admiration. La personne dépendante, soumise, subit un discours ou se montre fascinée, charmée, subjuguée.

Dans ce contact fusionnel, son attention reste captive. Elle reçoit, « boit » les paroles de quelqu'un sans réaction, sans esprit critique.

L'écoute active

L'écoute suppose de se décentrer et de donner un espace de parole à autrui. L'écoute devient active lorsqu'une personne participe activement à la compréhension du message. Au cours d'un échange, l'attitude d'écoute active permet de recueillir l'information la plus complète, la plus fiable dans une relation de confiance. Elle repose sur un comportement actif de questionnement, de relances pour faciliter l'expression d'une personne et saisir sa façon de ressentir émotionnellement une situation. Elle aide à éclairer les différents aspects d'un discours, à faire le lien entre un contexte, un vécu et les opinions émises. Une écoute vigilante, distanciée, bienveillante conditionne une confrontation positive des points de vue (Gordon T., 1979).

La qualité de l'expression et de l'information dépendra de la qualité de l'écoute. Le non-verbal, le ressenti et le discours se complètent.

Dans la phase d'enquête, l'attitude d'écoute active demande à être ponctuée par des reformulations du type : « *Si j'essaie de vous comprendre... si je vous suis... si j'essaie de me mettre à votre place...* » qui marquent la volonté de rester au plus près de l'expression de son interlocuteur. On reconnaît la singularité de l'autre sans interférer avec ses émotions, ses opinions. On explore l'expérience, le vécu d'une personne en gardant une distance suffisante pour ressentir sans participer, sans être intrusif.

L'écoute empathique

Dans la communication, les corps entrent en résonance, les mimiques, les gestes, les postures se répondent en écho. Sur le plan neurologique, la perception des mouvements d'autrui se reflète automatiquement dans les aires motrices du cerveau. Ce phénomène de résonance est permanent. Le mouvement de l'un induit des ébauches de mouvement chez l'autre. Ces mécanismes d'activation (liés "aux neurones miroirs") facilitent notre compréhension des émotions, des sentiments : nous reproduisons mentalement les attitudes de notre interlocuteur (Decety J.[1], 2004).

L'empathie se différencie de la sympathie, de l'identification à autrui, voire même de la fusion avec l'autre. L'empathie diffère de la compassion

1. Chez l'homme, avec l'aide de l'imagerie cérébrale, il est ainsi possible d'observer que des zones du cortex prémoteur (celles qui programment les unités musculaires impliquées dans un geste donné) s'activent à la vue d'une action réalisée par autrui. Les phénomènes de résonance motrice sont à la base de l'interaction sociale. Nous réagissons spontanément au comportement d'autrui (Decety J., 2004).

qui est la capacité à la perception et la reconnaissance de la douleur d'autrui (*com* : avec et *passio* : souffrance). Ce terme se différencie aussi de la pitié (pleurer sur le sort de quelqu'un ne va pas l'aider à s'exprimer).

Les comportements d'empathie s'opposent à l'égocentrisme, l'individualisme, ils se distinguent de la façade défensive ou perverse derrière laquelle l'individu cache sa sensibilité, ses idées, sa responsabilité. Cette attitude momentanée pendant une phase de dialogue et de clarification permet de saisir la position d'une personne dans la réalité de ses émotions et de ses idées, d'appréhender son cadre de référence, sans projeter ses propres sentiments et convictions. Elle correspond à une attention ouverte, bienveillante, la plus neutre possible. La neutralité n'est pas indifférence, froideur, retrait, elle correspond à une non-implication dans le discours de l'autre au moment où il parle. Cette attitude calme, stable, permet de percevoir sans juger, sans s'impliquer.

Être empathique ne veut pas dire s'enfermer dans un mutisme profond : l'interlocuteur donne des signes d'accueil, de reconnaissance, il répond si nécessaire aux questions pour rester dans une relation ouverte et bienveillante. Il s'agit de trouver la bonne distance par une qualité de contact et une acceptation d'autrui. Être empathique ne signifie pas non plus tenir pour vraie une déclaration. Le discours n'est pas la réalité mais une vision personnelle de la réalité. Écoute ne veut pas dire acquiescement. L'on ne souscrit pas forcément à tout ce qui a été dit. Au final, on reformule ce que la personne a dit, ce que l'on a particulièrement entendu, ressenti et enregistré. On montre ainsi comment on a écouté, ce qui permet à la personne de rectifier si elle le juge utile.

Dans une interaction chacun parle à tour de rôle. Les regards, les mimiques, les gestes se répondent spontanément. Cette synchronisation des mouvements, des prises de parole reste la condition d'un dialogue satisfaisant. Les personnes en relation observent le niveau de compréhension de leur interlocuteur. Dès qu'un des deux partenaires ressent un décalage au niveau verbal ou non verbal, il va chercher à rétablir la relation par des questions, des relances.

L'empathie désigne ainsi ce sentiment de compréhension affective et intellectuelle. Il s'agit de la capacité à se mettre à la place de l'autre pour ressentir son état émotionnel à partir des indices objectifs non verbaux (les attitudes, les gestes, les mimiques, la voix) et verbaux (les contenus du discours, les connotations spécifiques).

Nous pouvons avoir de l'empathie si nous sommes conscients de nos émotions, de nos pensées et que nous distinguons ce qui vient de notre propre ressenti, de ce qui vient de l'autre. Nous supposons l'autre semblable à nous-même. Cependant, il existe des personnes que nous ressentons plus facilement : le sexe, l'âge, le milieu social et culturel interfèrent avec nos capacités d'empathie et de compréhension. Il sera probablement difficile à une jeune personne de ressentir les émotions d'une personne âgée, comme l'inverse sera aussi difficile. Il existe ainsi des univers émotionnels et mentaux qui présentent des distances trop grandes pour être facilement comblées dans un premier contact.

Dans une relation, une personne peut aussi rencontrer des difficultés à reconnaître les sentiments d'autrui parce qu'ils sont trop difficiles à supporter : colère, souffrance, dépression. Ils réveillent des émotions refoulées ou réprimées et réactivent parfois des mécanismes de défense : fuite, rejet ou même agressivité. Nous évitons le risque d'être envahi en bloquant le dialogue.

L'empathie se développe avec la conscience de soi, avec l'expérience. Elle dépend de notre attention, de notre ouverture à autrui, de notre stabilité émotionnelle, de notre expérience humaine qui nous aide à situer, à discerner les différents élements (affectifs, intellectuels, sociaux) d'une prise de parole. Cette capacité sera essentielle pour le médecin qui écoute un malade, pour le supérieur envers son subordonné, le vendeur face aux intentions de son client. Une compréhension empathique améliore les rapports entre les personnes, permet de s'ajuster au niveau émotionnel et mental, mieux gérer les relations, rester en phase et s'adapter plus rapidement. Cette attitude calme et ouverte amène à être capable de suivre l'élaboration d'un discours et en même temps de prendre du recul, de ne pas perdre la lucidité nécessaire pour suivre la dynamique de l'échange. Elle facilite la clarification, l'élucidation et la compréhension des sentiments, des points de vue différents (Tisseron S., 2010).

L'écoute compréhensive

Selon Rogers, la communication entre deux individus, pour être vraie, authentique, doit être une communication entre deux « personnes », entre deux êtres différents. Pour que cette communication s'établisse, certaines qualités nécessitent d'être mises en œuvre : la congruence, l'attention positive inconditionnelle et l'empathie (Rogers C.[2], 1967).

– **Être congruent** dans sa relation à autrui, cela signifie être soi-même, être présent dans sa relation, être ouvert et non défensif à l'égard de ses propres sentiments envers autrui. Cette authenticité représente l'intégration harmonieuse entre différents niveaux de vécu : les perceptions, les émotions et la façon dont une personne mentalise son expérience et l'exprime. Une personne non congruente montrera des décalages perceptibles entre ses

2. Carl Rogers (1902-1987), psychologue américain, psychothérapeute, pédagogue, s'inscrivant dans la psychologie existentielle, a marqué les années 1960-70 dans les domaines de la relation d'aide, la pédagogie. La non-directivité attachée à son nom désigne le fait de s'abstenir de toute pression pour faciliter les capacités d'autonomie du sujet.

émotions, son monde intérieur et son comportement, entre son expérience et son discours, entre « l'être » et le « paraître ».

– **Porter une attention positive inconditionnelle** à autrui, c'est accepter les manifestations d'autrui sans vouloir les juger. Nous faisons souvent de la lecture de pensées et d'émotions à partir de quelques indices verbaux ou non verbaux et oublions notre tendance naturelle à projeter nos idées et sentiments. Nous nous protégeons en jugeant, évaluant ou en interprétant. L'attention positive inconditionnelle vise à instaurer un climat de confiance, à favoriser l'expression de la personne. Se situer, s'accepter soi-même avec ses émotions, ses valeurs, ses croyances aident à ne plus s'impliquer spontanément dans le discours. Concrètement, l'enquêteur accompagne l'expression de son interlocuteur par des reformulations qui permettent d'avancer dans la clarification du ressenti, du vécu.

– **Être empathique** consiste donc à se mettre momentanément à la place de l'autre, à observer, se décentrer. à prendre du recul.

Être centré sur le présent, se focaliser sur l'ici et maintenant nous rend plus sensible aux émotions et pensées. Nous portons alors un regard distant et bienveillant ce qui amène une écoute plus attentive et sensible.

Ces attitudes et techniques constituent une orientation « non directive » par opposition à une attitude « directive » qui fixe, oriente, dirige les informations, les relations. Elles s'observent généralement dans les situations d'aide. Cependant, appliquée d'une façon dogmatique, cette attention positive inconditionnelle risque d'engendrer des situations très paradoxales qui s'apparentent à du laisser-faire : une personne écoute sans manifester aucune réaction. Ce qui devient à l'extrême la négation d'une relation authentique. S'installe alors une interaction asymétrique, à sens unique qui risque fort de mettre mal à l'aise l'interlocuteur. Il manque la spontanéité de l'émotion et cette attention ouverte, bienveillante qui marque l'accueil et la compréhension d'autrui.

De plus, l'empathie peut être simulée, le maniement de techniques de reformulation peut conduire à une situation perverse où l'on fait intrusion dans la vie intime d'autrui pour dominer et maintenir sous emprise.

Notons que, pour Freud, l'écoute et l'attention égale, « flottante » s'inscrivent hors du champ social, dans un cadre permissif – tout dire et ne rien faire – pour saisir les processus psychoaffectifs répétitifs mis en jeu dans la relation. Dans cette « cure de la parole » le thérapeute se refuse à toute expression spontanée de son empathie pour proposer son silence comme espace de parole.

Chacune de ces formes d'écoute s'inscrit dans des situations, des pratiques sociales différentes. L'écoute active se rencontre dès qu'il s'agit d'explorer une situation complexe où les aspects factuels et émotionnels sont mis en jeu. L'attitude empathique prend place quand une personne se décentre pour percevoir l'univers mental et affectif de son interlocuteur. Cette qualité d'attention stable, vigilante, sensible, assure un meilleur échange. Dans l'écoute compréhensive, nous rentrons dans le domaine de l'aide, de l'accompagnement, voire de la psychothérapie.

Les éléments du discours

L'entretien correspond à une situation sociale qui instaure un rapport momentané entre deux individus impliqués dans des univers psychologiques et sociaux différents. Devant l'enquêteur, le sujet donne ou ne donne pas les informations qu'il possède. Il présente des réactions de façade, de prestance, de fuite, de défense. Il n'existe donc pas d'un côté un enquêteur neutre, empathique, bienveillant, et de l'autre, un enquêté ouvert, disponible, prêt à se livrer totalement.

La production d'un discours dépend du contexte dans lequel il a été fourni, de la relation interpersonnelle, des enjeux de l'échange, de la capacité de verbalisation du sujet enquêté. Les maladresses de l'enquêteur, les pièges tactiques, les ruses de l'inconscient font que l'information obtenue subit des interprétations, des réductions, des détériorations. De ce fait, il devient difficile de prendre le discours d'un individu comme un matériau brut et une vérité simple et univoque. Écouter demande donc de devenir conscient des différents niveaux de signification d'une prise de parole et de rester vigilant sur les articulations d'une pensée.

Nous pouvons avoir une écoute spontanée et intuitive du discours de la personne. Cependant, certaines méthodes et techniques aident à élargir notre perception, nous rendent plus attentifs à certaines formulations du discours et enrichissent notre compréhension. S'appuyer sur des repères précis permet d'analyser, de classer, comparer les productions verbales pour en saisir l'originalité et en faciliter la compréhension.

Parler, c'est mettre en jeu deux types d'opérations mentales :

- **une sélection des mots** choisis dans la mémoire, le répertoire lexical spécifique, le stock de mots utilisés par un individu avec une histoire personnelle,
- **une combinaison** de ces mots pour former des phrases.

Parler, c'est à la fois :

- **une opération normative** dans laquelle la personne utilise une langue qui est un code normalisé, répondant à des habitudes sociales et culturelles, à une représentation particulière du monde,
- **une opération singulière** et originale, puisqu'avec ses références, ses mots propres, elle va exprimer des émotions, des pensées, un vécu singulier, unique.

Pour rester sensible aux particularités d'une expression, dans l'écoute d'un discours, on cherchera à identifier les différents éléments significatifs de cette parole. On analyse alors le contenu de l'intervention (Bardin L., 1977), la construction et la dynamique du discours (Charaudeau P., Maingueneau D., 2002).

Le mot

Au niveau lexical, on cherche à repérer les termes le plus souvent utilisés : la personne possède un vocabulaire concret ou abstrait, émotionnel ou rationnel. Dans l'entretien, on verra apparaître un vocabulaire propre aux techniciens, aux juristes, au médical. Ce choix des mots révèle les expériences particulières de chacun et leur façon d'appréhender une réalité.

Au niveau syntaxique : quels sont les mots de liaison les plus fréquents ? Quels sont les temps grammaticaux le plus souvent rencontrés : le présent (l'action), le futur (l'intention, le projet), le passé, l'impératif, etc. On notera aussi la longueur et la construction des phrases, leur articulation.

Le thème

Le thème correspond à une unité de signification, il constitue un noyau de sens : ce qui est dit sur un point donné se rassemble en un même thème. Par exemple, dans une enquête sur le travail, on notera les thèmes spontanément abordés : l'activité, l'organisation, les relations, le climat social...

Les acteurs, les personnes

Quelles sont les personnes présentes dans le discours ? Avec quels rôles, quels attributs, quelles fonctions ? Qui est en relation avec qui ? Qui n'est pas évoqué et qui devrait être cité dans la discussion ? Qui est oublié ?

Le cadre spatio-temporel

Quels sont les lieux, les espaces nommés ? Quels sont les moments relatés : le passé, le présent, le futur ? Quel est le poids de ces moments dans le discours, dans le récit d'une expérience ?

Les événements

Par exemple, dans le récit d'une histoire professionnelle, on écoutera les événements évoqués, avec quelle force, quelles émotions. On notera la nature de ces événements (conviviaux, conflictuels) la place de tel événement par rapport à un autre ?

Écouter le discours d'une personne, c'est ainsi enregistrer :

– **la présence ou l'absence d'un mot**, d'une expression, d'un thème. Dans une enquête sur l'organisation d'une activité, on parle du salaire, des charges de travail ou on n'en parle pas ;

– **la fréquence** d'un mot, d'un thème s'interprète d'une manière relative : on compare la fréquence de tel indice par rapport à des entretiens antérieurs réalisés auprès des mêmes personnes. Par exemple, on apprécie la fréquence d'utilisation de certaines appréciations négatives dans l'activité pour repérer le stress d'une situation ;

– **la direction et l'intensité** : sur un thème on peut classer les jugements exprimés par ordre d'intensité croissante ou décroissante. Une information peut être neutre, favorable ou défavorable. Par exemple, on étudie l'image d'un service en repérant les qualificatifs employés en négatif ou en positif au cours de l'entretien ;

– **l'ordre d'apparition** : dans l'entretien, l'ordre des thèmes abordés, s'il n'est pas volontairement induit par l'enquêteur, est souvent un indice pertinent à analyser. Ainsi, si le thème A précède toujours les thèmes B et C, il y a certainement une raison qui mérite d'être prise en considération. Par exemple, les personnes peuvent évoquer l'ambiance, le climat avant de parler des conditions objectives de travail. Un individu parlera de son passé, de ses expériences antérieures pendant presque tout l'entretien et expliquera très rapidement ses projets, ses désirs : le passé ne semble laisser que peu de place au futur ;

– **la co-occurrence** : chaque fois qu'un thème A est évoqué, on retrouve le thème B. Ces thèmes sont immédiatement unis dans une proximité évidente. Dans une classe d'individus, ainsi les personnes qui demandent à poursuivre une formation sont aussi celles qui ont des projets précis de développement. À l'opposé un thème peut, lorsqu'il existe, exclure la présence d'un autre ou d'une autre donnée. Les personnes motivées par leurs activités professionnelles ne parlent pas de l'ambiance de travail.

La fréquence d'apparition d'un élément dans un message permet donc de classer, comparer, caractériser. Cette personne est sensible ou rationnelle, elle raisonne comme un gestionnaire ou comme un technicien.

Si l'on pose la même question à un ensemble d'individus, on connaîtra la force de tel thème, de telle idée dans une population donnée. On saura si une personne est représentative d'un groupe social ou lui est étrangère. On comprendra comment une idée, un thème, est totalement original ou singulièrement banal compte tenu de sa fréquence d'apparition dans l'entretien.

L'implicite du discours

Les connotations

Le mot connotation s'oppose à dénotation. La dénotation définie par le dictionnaire demeure stable, normalisée, non subjective, analysable en dehors de son contexte. Le jeu des connotations dans un discours ajoute un supplément de sens. Pour parler de la situation économique une personne, par exemple, utilise les expressions suivantes : asphyxie du marché, fièvre sur le cours des changes, sclérose de l'administration, paralysie des entreprises. La connotation de « maladie » véhiculée par ces métaphores aura probablement un effet plus émotionnel qu'un bilan chiffré et détaillé.

Ainsi, les mots par leurs sonorités, leurs nuances, les associations spontanées finissent par créer un ensemble original qui caractérise le locuteur et dévoile sa sensibilité, ses intentions.

Dans une intervention, il sera possible de ramener les connotations particulières à quelques dominantes regroupées sur un axe bipolaire. On notera alors chaque élément de l'expression à partir de grandes tendances :

- le plaisir/le déplaisir,
- l'action/la passivité,
- le positif/le négatif,
- l'ordre/le désordre,
- le droit/le devoir.

On écoutera la tonalité d'un discours à partir des associations et connotations spontanées. Ces connotations se répondent les unes aux autres ; comme les touches de couleurs dans un tableau impressionniste, elles révèlent l'univers sensible, émotionnel d'une personne.

Les images, les symboles, les mythes

Les images représentent des éléments préconscients, implicitement donnés et élaborés au cours de l'expression par tous les qualificatifs, remarques ou associations d'idées sur un thème précis. Au cours d'un entretien, on peut repérer l'image de l'organisation dans laquelle la personne travaille, celle de la hiérarchie. Ces productions peuvent refléter notre histoire, notre vie affective. On parlera alors d'image de l'autorité, des figures parentales, d'image de l'homme, de la femme. Elles ne reposent plus sur un élément concret mais sur une donnée psychologique personnelle, subjective.

Les symboles rassemblent les expressions substitutives par lesquelles le sujet utilise une réalité extérieure pour exprimer un vécu, des sentiments, des émotions, des idées abstraites, difficilement traduisibles d'une manière directe par des mots : c'est « une pieuvre », « une tortue », « un lion » ! Le symbole repose sur une correspondance, un lien immédiatement perceptible. Symboles de la nature, symboles animaux et humains, symboles historiques, religieux, mythologiques, ces éléments du discours possèdent une force d'évocation qui dépasse le sens des mots. Les symboles mobilisent les émotions, les affects. Ils créent un univers d'images, de sensations, d'expériences (Jung C., 1964).

Une organisation ou une institution véhicule aussi sa propre mythologie, ce sont les histoires de tradition orale (événements particuliers, incidents qui ont marqué les émotions, l'imaginaire de chacun), ces images donnent des repères, des explications dont l'évocation constitue une trame de fond dans le discours. Souvenirs fantasmés, représentations idéalisées, ces productions illustrent les croyances, les valeurs des personnes. On retrouvera dans l'histoire d'une organisation, par exemple, le mythe de l'homme providentiel, du sauveur, du fondateur.

Les références

Dans un discours, il y a référence à un réel qui détermine un vocabulaire, des images, des modes de pensée. Écouter une expression, c'est ainsi saisir à partir de quelle réalité, quelles pratiques sociales et sensibilités un discours s'élabore.

Par ailleurs, une parole peut se référer à un corpus d'idées, pour se légitimer, pour marquer son appartenance à un groupe d'influence. Le fait de citer une autorité, d'emprunter une citation ou une terminologie particulière exprime le besoin de renforcer, d'accréditer son intervention. Les références n'apportent pas forcément un supplément d'informations dans le déroulement de l'entretien, mais elles représentent des marques, des signes sociaux, posés là pour jalonner le territoire intellectuel : on cite tel maître à penser, telle doctrine ou plus prosaïquement, on en appelle à sa concierge.

Les représentations

Nous sommes quotidiennement confrontés à la réalité, au fil de nos expériences, nous nous construisons des images, des systèmes d'explication plus ou moins conscients à partir du flot d'informations que nous recevons d'une façon continue. Ainsi, lorsqu'une personne parle « des jeunes », « du progrès », « de la mondialisation », elle fait appel à un ensemble de connaissances et de croyances stables, plus ou moins structurées. Ces informations échappent en partie à une explication logique, rationnelle. De ce fait, lorsqu'un individu évoque un phénomène physique, économique, psychologique ou social (l'ambiance de travail, la fatigue, les relations...) il utilise ses propres représentations. Les représentations, constamment présentes dans les entretiens, sont à la base de nos actions, de nos explications. Personnelles ou caractéristiques d'un groupe social particulier, leur détection et leur compréhension permettent alors de mieux saisir la position d'une personne et d'ajuster ses arguments dans une discussion pour arriver à des représentations partagées (Mannoni P., 2003).

Les jugements, les évaluations

Une prise de parole dévoile des appréciations, des jugements explicites ou implicites. On classe, compare, évalue. Ainsi apparaissent les critères, les échelles de valeurs, les catégories propres à l'enquêté. Ces évaluations nous donnent les préférences, les priorités, les attitudes du locuteur. Dans un entretien sur un thème particulier, on notera les jugements formulés de façon manifeste ou latente. Par exemple, l'image du travail sera valorisée ou dévalorisée dans le discours de la personne.

Les valeurs, les croyances

L'ensemble des jugements formulés, les opinions émises révèlent des choix de valeurs ou de croyances personnelles ou collectives. Ainsi, compte tenu de sa propre éducation laxiste, un individu pense que la fermeté et la rigueur sont essentielles dans le développement d'un enfant (ou inversement).

Notre histoire, nos expériences nous amènent à construire un ensemble de valeurs et de croyances personnelles et spécifiques ou adopter un système idéologique ou religieux pour donner un sens à ce que nous vivons. Les croyances orientent nos actions et nos relations, elles échappent à la raison. Une conviction profonde sera le plus souvent inaccessible à l'argumentation logique.

Les fantasmes

Les fantasmes représentent les organisations psychiques, les scénarios imaginaires par lesquels le sujet mobilise ses affects. Expression des désirs d'une personne, ils se caractérisent par leur charge émotive, la répétition du comportement et la disproportion entre le vécu émotif et la situation objective dans laquelle le sujet se trouve impliqué. Les fantasmes seront inconscients ou plus ou moins conscients. L'homme qui essaie d'amasser du pouvoir reconnaît mais subit son fantasme de puissance. Par contre, celui qui rate régulièrement ce qu'il entreprend ne saisit pas la nature de son fantasme d'autopunition : il maudit ce mauvais sort, la chance qui le fuit.

Lorsqu'une personne aura à vivre une suite d'entretiens avec le même individu, elle prendra peu à peu conscience de certaines réactions particulières et répétitives. Elle devra s'adapter à une forme d'organisation mentale et affective spécifique.

Au-delà des fantasmes propres aux différents profils psychologiques (paranoïaque, pervers...), les situations d'entretien réveilleront généralement des fantasmes plus spécifiques :

– **d'intrusion, de persécution :** ils se traduisent par des craintes répétées, plus ou moins explicitement formulées ou symboliquement évoquées (peur d'être mis à nu, d'être possédé, violé, dominé...). Ces craintes s'expriment par la mise en jeu de mécanismes de défense : fuite, silence, agression verbale... ;

– **de dépossession, de destruction** : l'intervenant se trouve investi d'un pouvoir, d'un savoir total. Il devine les pensées les plus secrètes, déjoue les hésitations, les réticences. Ses questions semblent envahir notre univers mental. La peur bloquera la relation.

Si aucun élément dans l'entretien ne permet de vérifier de telles hypothèses, ce sont donc des productions de l'imaginaire. Cependant, ces fantasmes peuvent aussi entrer en résonance avec ceux de l'intervenant, et des scénarios de type persécuteur/persécuté apparaîtront éventuellement. Ainsi, un enquêteur peut laisser dans l'ombre une partie de ses objectifs, son attitude sera ambiguë. Il augmentera par là l'anxiété de son interlocuteur et l'entretien se déroulera alors sur le jeu des craintes inconscientes.

La dynamique du discours

L'énonciation caractérise la production du discours dans un acte de parole. Chaque entretien sera appréhendé comme une totalité non dissociable. Il s'agit alors de retrouver le déroulement, la logique intrinsèque qui lui donne une forme, une dynamique, une cohérence interne.

L'analyse logique

Une proposition repose sur une affirmation, un jugement ou au contraire une question, une négation. L'observation de leur succession met alors en évidence des relations, des modes de raisonnement. Le discours s'articule sur le mode de la déduction, de la supposition, de l'affirmation, de l'analogie, de la description, du souhait, du désir, etc. L'analyse logique nous fait accéder aux modes de fonctionnement mental privilégié. Par exemple, l'entretien s'énoncera au niveau de l'observation stricte des faits : l'individu, se refuse de s'impliquer. Il préfère décrire plutôt que d'émettre des hypothèses ou des jugements.

L'analyse séquentielle

On distinguera une nouvelle séquence chaque fois qu'intervient un changement de sujet (passant du « on » au « je ») ou de mode d'expression (de la description à l'explication). Le repérage des séquences sera facilité par des ruptures dans le discours : silences, mots ou groupes de mots assurant la transition d'un sujet à un autre « maintenant... cela dit... toutefois... c'est-à-dire... pour être complet... ». L'analyse des séquences souligne les accentuations, les importances relatives des différentes propositions.

Cette écoute aide à saisir le cheminement de la pensée : sa progression, son contrôle, sa maîtrise, ses contradictions, ses conflits. Par exemple, au début de l'entretien, l'organisation du discours semble linéaire, logique. Peu à peu dans le déroulement de l'enquête, l'articulation des séquences change. Vont apparaître des hésitations, des retours en arrière, des digressions, des réfutations, des lapsus qui donnent une nouvelle dimension à cette déclaration.

Les disjonctions indiquent certaines ruptures et changements dans l'organisation du discours :

– les disjonctions spatio-temporelles marquent les changements de cadre spatial ou temporel. On passe d'ici à ailleurs, du passé au présent. Les disjonctions seront annoncées par des mots chevilles : « Jusqu'à, après, maintenant, avant... » ;

– les disjonctions logiques seront suivies par des liaisons qui renforcent, infirment ou atténuent les propos : « Mais, cependant, toutefois... » La première partie du discours se trouve tempérée par une expression plus maîtrisée, plus réfléchie ou au contraire s'introduisent des propositions plus subjectives, plus émotives du propos ;

– les disjonctions actorielles marquent l'absence ou la présence de tel ou tel personnage. Elles seront également introduites par les changements de pronoms personnels (on passe du « je » au « on », du « nous » au « il »). Elles montrent les implications respectives des personnes dans la logique du locuteur. C'est le « on a gagné » et « ils ont perdu » du supporter sportif.

Les récurrences représentent les répétitions d'un même mot ou d'un même thème. Si celui-ci revient plusieurs fois dans un entretien, on suppose que la répétition et l'insistance rendent compte de l'investissement psychologique de la personne dans le problème. Si ce thème ressurgit dans des contextes différents et d'une façon non maîtrisée, cela traduit probablement l'ambivalence des tensions, des conflits internes.

Les dénégations : un discours s'interprète à partir de ce qu'il dit mais aussi à partir de ce qu'il veut nier, de ce qu'il refuse de reconnaître, d'expliciter. Lorsqu'une personne répète : « Rien ne pourra me faire changer d'idée, je me sens totalement libre ! » elle réagit probablement contre une « influence » qu'elle refuse, sinon elle ne mobiliserait pas tant d'énergie pour affirmer quelque chose qui n'existe pas.

Les lapsus et les accidents du discours : ils constituent une faille dans le système défensif. La raison se trouve court-circuitée par le jeu des forces affectives. Par exemple, un individu se trompe de nom et évoque une personne en conflit avec lui. Cette allusion constitue une irruption émotionnelle dans le tissu logique du discours.

L'humour et les jeux de mots : ces données expriment des manières conscientes d'accepter les productions de notre subconscient. L'humour fonctionne par raccourci ou par allusion et condense plusieurs idées en une seule. Il représente un élément significatif des intentions profondes du locuteur. À l'opposé, un discours qui se déroule sur le seul niveau rationnel indique probablement une attitude défensive ou une absence de recul par rapport à sa propre expression.

La rhétorique et l'argumentation : pour réduire un écart entre des propositions qui semblent contradictoires, l'individu va élaborer une stratégie de présentation de ses idées. Par le recours aux démonstrations, aux analogies, aux paradoxes, il cherche à suggérer, à convaincre, à entraîner l'adhésion. Le locuteur tente de se convaincre lui-même, il se parle tout haut ou essaie d'amener son interlocuteur à ses idées. L'argumentation indiquera alors le type d'influence mise en œuvre.

Les séquences d'interaction : un entretien s'inscrit dans la dynamique d'une interaction. Le sens d'une intervention dépend donc de celle qui la précède. Dans un entretien, l'enchaînement des séquences d'interaction révèle le jeu implicite des acteurs : relation approche/évitement, relation dominant/dominé, relation de séduction, etc.

Par exemple, à une série de propos agressifs vont correspondre des réactions défensives. Le thème abordé sera alors à mettre en relation avec cette séquence de comportements attaque/défense. Le style d'expression, le vocabulaire, le sujet de la discussion, les attitudes illustreront la réalité de cette phase conflictuelle suivie par une tentative d'apaisement marquée par des propos conciliants.

L'organisation du récit

Une prise de parole s'organise autour d'éléments caractéristiques des préoccupations, de l'organisation mentale et affective du locuteur. L'analyse des récits[3] nous donne des éléments pour une écoute plus globale. Cette approche considère que, dans son discours, la personne exprime ses tensions et ses désirs. Le sujet cherche ainsi à passer d'un état non satisfaisant à un état désiré. Dans cette lutte, cette quête, il mobilise son énergie, ses émotions pour atteindre son but (Greimas A. J., 1976).

3. V. Propp (1895-1970) dans *La morphologie du conte* analyse la structure commune de nombreux contes, par exemple dans *Le petit Chaperon rouge* on trouve un héros (le chaperon), un adversaire (le méchant loup), une quête (sauver la grand-mère), un allié (le chasseur). Ce type d'organisation du récit éclaire certaines formes de discours et explique leur force narrative.

L'objet désiré sera un individu, un élément matériel ou encore une valeur morale. Dans cette quête, le sujet cherche des alliés, des aides, il subit la résistance, l'opposition des adversaires qui l'empêchent de satisfaire son désir.

Par exemple, un syndicaliste exprimera sa lutte pour passer d'un état d'injustice à un état de justice. Il dénoncera la cupidité des financiers, fera appel à toutes les bonnes volontés, pour amener à plus d'équité, de solidarité. La dynamique d'un discours s'analysera alors suivant trois axes interdépendants :

- l'axe du désir, il exprime l'état de déséquilibre et indique la recherche dynamique du sujet vers l'objet désiré ;
- l'axe du pouvoir reflète la lutte du sujet contre des adversaires avec l'aide de ses alliés ;
- l'axe du changement donne les transformations souhaitées par le sujet.

Ce schéma sert à interroger la répétition de certains thèmes dans une prise de parole : quelle est la demande, le besoin, le désir non satisfait ? quels sont les changements recherchés ? contre qui s'exprime ce discours, contre qui réagit-il ?

Nous avons vu que l'entretien repose sur la rencontre de deux subjectivités. De ce fait, les analyses aussi savantes soient-elles, ne peuvent dépasser les imprécisions du recueil d'informations. Une méthode aide à mieux observer, à mieux écouter, à devenir plus sensible, plus vigilant à certains aspects du discours. Elle permet de s'interroger, de comparer, de rapprocher ou de différencier, de saisir l'originalité ou la banalité d'une intervention. Cependant, dans un échange, la façon la plus efficace pour valider le sens d'un propos reste encore de pratiquer une écoute active avec des relances appropriées pour vérifier que l'on n'interprète pas un discours. La qualité de la relation, l'attention au niveau verbal et non verbal, le questionnement, les reformulations nous aident alors à rester en phase dans la discussion et à entretenir une relation compréhensive avec notre interlocuteur.

Chapitre 6

Influencer

La communication s'inscrit dans une action d'influence qui informe et oriente les relations entre des personnes. Tout échange interpersonnel recouvre une tentative pour définir des règles relationnelles et donner un sens à la rencontre. À chaque instant dans l'interaction, ce qui est mis en jeu avec plus ou moins de force ce sont les images, les émotions, les statuts, le pouvoir, la sécurité de chacun des deux protagonistes.

Dans les entretiens, on informe, questionne, persuade, ordonne, négocie. L'influence sera directe, explicite ou indirecte, implicite. Donner de l'information représente la forme la plus simple de l'influence en ce sens que l'information nouvelle modifie sensiblement l'état du récepteur. Encore faut-il que le message réponde à certaines qualités.

Informer

Un message sera reçu en fonction des émotions, des valeurs, des croyances, des normes culturelles des personnes. Il existera parfois un écart important entre le message émis et le message reçu, entre les intentions, les conséquences et les effets de ce message. En dernier ressort, la performance d'une communication s'observe à partir des réactions du récepteur qui peuvent être très différentes des intentions de l'émetteur. Le récepteur reste la clé de la communication : au final ce que nous avons communiqué, c'est ce que l'autre a compris.

D'une façon générale, la force et l'impact d'une information dépendent de plusieurs facteurs :

– **la légitimité et la crédibilité de la source** : un message sera d'autant plus écouté que son émetteur se trouve la personne la plus légitime. Son statut, sa compétence, son expérience personnelle la qualifie pour fournir l'information. La crédibilité repose sur une appréciation plus subjective, elle sera donc questionnable. Elle dépend du contexte, de la relation qui lie l'émetteur au récepteur, de la vraisemblance, de la véracité de l'information, de la confiance réciproque, de l'histoire des deux personnes (Charadeau P., 2002) ;

– **l'adaptation au système de référence** de l'interlocuteur : le récepteur vit dans un univers psychologique particulier. Comprendre ses attentes, ses motivations, son état émotionnel, ses modes de raisonnement permettra d'adapter le message à ses caractéristiques ;

– **la clarification du message et de la relation** : pour qu'un message soit écouté, l'émetteur recherche la formulation la plus adaptée et donne une information organisée, hiérarchisée, nécessaire et suffisante. Observer, écouter les réactions du récepteur aidera à expliciter et traiter en retour les points d'incompréhension ;

– **la pertinence du message** : donner du sens, de la consistance, doser et adapter son message facilitent la réception ;

– **le retour et la vérification de l'information** : il n'existe pas de communication sans une mise en commun, sans une participation active du récepteur. Le retour de l'information, l'échange interactif permettent d'ajuster et rectifier le message.

Persuader

Un message devient persuasif quand prenant appui sur des éléments connus du récepteur, il utilise ses modes de raisonnement et produit des conclusions acceptables dans la logique de celui-ci.

En dehors des questions spécifiques de l'argumentation qui seront examinées dans le chapitre sur la négociation, un message deviendra fortement influent si :

– le message présente **une cohérence** : les informations ne se contredisent pas entre elles, les différents arguments se renforcent naturellement ;

– l'émetteur est **congruent** : il existe un rapport non équivoque, non contradictoire entre l'attitude, le comportement de l'émetteur et le contenu du message. De ce fait, lorsque quelqu'un illustre par son comportement le message à faire passer, il a plus de chance d'être entendu. À l'opposé, une personne en contradiction avec ses actes et ses déclarations devient rapidement une source de brouillage de l'information ;

– le message est **recevable** : il n'occasionne pas de perturbations majeures chez le récepteur. Il existe un écart informationnel ou émotionnel réductible. La recevabilité nous amène à réfléchir à l'opportunité, à la forme, aux effets et aux conséquences d'un message. Certaines informations déstabilisent et engendrent incompréhensions, conflits et ressentiments (Guittet A., 2006).

Coordonner, responsabiliser

Pour assurer une cohérence et une coordination des actions, de par sa position dans la structure, un responsable va orienter les actions, les comportements, les discours des personnes subordonnées. Dans un univers social marqué par des hiérarchies, cette interaction s'inscrira dans une stratégie soit de coopération soit de domination. Elle repose sur plusieurs facteurs :

– **le statut** : un hiérarchique contrôle légalement un réseau organisé. Il exerce une influence légitime et de ce fait se trouve en droit d'infléchir les actions. Il évalue, récompense ou sanctionne les individus sous sa responsabilité ;

– **la relation d'autorité** : le statut se trouve renforcé par les rapports affectifs et émotifs, par les croyances, les représentations. Ces rapports reposent sur les images, les phénomènes de transfert. On investit le responsable de qualités idéales. Dans certains cas, on parlera de son « charisme », de son « aura ». Les subordonnés seront convaincus par sa parole, son discours deviendra un facteur d'ordre, de cohérence, de référence. Le pouvoir représente la capacité à se faire obéir dans une organisation, on peut avoir du pouvoir sans autorité et inversement. L'autorité suppose la confiance, l'autoritarisme repose sur des pressions et menaces. Ces relations s'inscrivent dans un rapport dynamique, instable, travaillé par les capacités de résistances, de négociation des individus (Enriquez E., 1997) ;

– **les compétences et l'expertise :** par ses connaissances, son expérience particulière, une personne se trouve à même de résoudre les problèmes posés et de ce fait elle acquiert une efficacité, un prestige. Cette influence repose sur des preuves, des résultats concrets, tangibles, reconnus ;

– **la créativité et les capacités d'anticipation** : un individu acquiert de l'influence, s'il se montre capable de prévoir, d'imaginer des solutions, de proposer une vision pour l'avenir ;

– **l'acceptation du risque** : décider revient à réduire l'incertitude, à faire un pari sur des possibilités d'action. Les individus se différencient notamment par leurs réactions face au risque, au stress. Certains aiment l'inconnu, le jeu, d'autres préfèrent la prudence, la stabilité, la répétition ;

– **les capacités de communication et de négociation** : un responsable fait passer les messages nécessaires à la cohésion et à la survie du groupe. Il donne du sens à l'activité, tente de réduire les conflits, de négocier, de concilier, de rapprocher des points de vue. Il mobilise les énergies pour la poursuite de projets, d'objectifs communs.

Les notions de pouvoir, d'autorité, de commandement, de leadership, de charisme seront très relatives aux contextes culturel et social. Les types d'influences exercées sont alors déterminés par les valeurs et les habitudes sociales de l'organisation ou de l'institution (Mendel G., 2002).

Un responsable et son subordonné devraient ainsi être attentifs à la nature des relations mises en jeu et aux conséquences en termes de communication.

Dans la réalité, l'exercice du pouvoir qui oscille du brutal rapport de forces à la concertation, au dialogue coopératif, reste un objet crucial dans les entretiens. Dans certaines situations, le dialogue sera pauvre ou inexistant du fait d'une relation hiérarchique difficile (absence de formation, personnalités narcissiques, rigides, défensives, organisations répressives). La peur à la base de la soumission exclut parfois une discussion réelle.

Au quotidien, l'exercice de la responsabilité suppose une capacité à recueillir et diffuser une somme d'informations ascendantes ou descendantes. Toutefois, le dialogue simple et direct ne sera jamais évident du fait des stratégies personnelles des différents acteurs. De plus, certains biais peuvent altérer l'appréciation de la réalité, on risque alors d'observer chez certains responsables :

– **un ego affirmé** : l'attachement au statut, l'exercice du pouvoir peuvent fonctionner comme une réparation narcissique et activer les fantasmes de reconnaissance, de toute-puissance. Sans distance, sans recul, le responsable ne peut se détacher de son rôle pour se décentrer et rééquilibrer les échanges ;

– **une surcharge et un appauvrissement de l'information** : plus une personne avance dans une hiérarchie, plus elle est submergée par un flot de données diverses. De nombreux relais vont amener appauvrissement, déformation, détérioration, sélection, interprétation des informations ;

– **un trouble de l'image de soi** : l'estime de soi, la maîtrise des émotions sont à la base d'une prise de risque raisonnée. Les signes de reconnaissance renvoyés par l'entourage vont parfois se polariser sur des messages complaisants, flatteurs ou des messages revendicatifs, agressifs. L'individu reçoit alors peu d'observations fiables, de critiques argumentées. Ses repères (émotifs, intellectuels) seront parfois faussés, la rencontre s'inscrivant dans une relation stratégique de contrôle et de dépendance ;

– **une perte du contact avec le réel** : au cours de ses échanges, un responsable aborde une multitude de problèmes de nature et de complexités différentes. Il expose, critique, évalue, tranche à partir de représentations abstraites (rapports, statistiques...). S'il ne garde pas une certaine lucidité vis-à-vis de lui-même, il entretient peu à peu un contact magique avec le réel. Il lui arrive aussi de parfois dépasser le cadre légal de son rôle et d'exercer une emprise psychologique sur les personnes (mettre la pression, humilier, harceler...) (Mintzberg H., 1998).

Informer, persuader, coordonner représentent des actions d'influence repérables dans de nombreuses situations d'interaction : un entretien, une réunion. Ces processus reposent sur des mécanismes connus et étudiés. Généralement, l'individu comprend et réagit à l'influence : s'il n'est pas d'accord, il défend son point de vue, argumente, s'oppose. Cependant, les processus d'influence ne peuvent se ramener à la simple logique de l'argumentation, beaucoup de phénomènes relevant plus du domaine subjectif, de l'influence suggestive.

La suggestion

L'individu pour convaincre, séduire, influencer, s'appuie plus ou moins consciemment avec plus ou moins de réussite sur les techniques de suggestion[1].

Quotidiennement la publicité, la vente, la politique, la pédagogie utilisent la suggestion. Par exemple, le publicitaire cherche rarement à prouver, à démontrer mais il emploie des moyens repérables : des images, des sensations, des émotions, des rythmes, des formules slogans répétitives.

« La suggestion reflète l'action de faire naître une idée, un sentiment, sans l'exprimer, le formuler ouvertement » (Le Robert). La suggestion sera directe, explicite ou indirecte, cachée, positive ou négative. Elle se mesure à ses effets et ses conséquences. Comprendre les ressorts de cette communication suppose de revenir sur les caractères essentiels de notre psychisme.

Le fonctionnement mental

La base de notre fonctionnement mental repose sur un processus hiérarchisé qui va des niveaux inférieurs vers les niveaux supérieurs. En d'autres termes, notre cerveau primitif contrôle le plus souvent notre néocortex et non l'inverse.

Le cheminement de l'information passe obligatoirement par des stimuli sensoriels et par le système nerveux émotionnel. Certaines réactions, comme la peur, l'agressivité s'expliquent par une régression du comportement vers des automatismes défensifs (Ledoux J., 2005).

De plus, dans l'interaction humaine, le message échangé se décompose schématiquement en un message digital et un message analogique (Watzlawick P., 1972).

Le message digital (surtout analysé par le cerveau gauche) repose sur le langage, il possède une syntaxe et une logique claire. Rationnel, linéaire, il comporte un enchaînement précis de séquences.

Le message analogique (analysé par le cerveau droit) comprend à la fois le non verbal (le ton de la voix, les gestes, le comportement) et le vocabulaire simple. Message des images, des formes, des symboles, il est global et doit être saisi dans son ensemble, à partir d'un contexte spécifique.

Tout échange humain repose donc sur un double niveau, par exemple, l'émetteur énonce un message logique, suit son raisonnement mais le récepteur perçoit en premier des comportements : des rythmes, des intonations, des images, des émotions. La qualité sensible du message sera donc au moins aussi importante que son contenu informationnel, elle donne implicitement

1. Emile Coué (1857-1926) pharmacien à Nancy, en vendant ses médicaments, avait vérifié la force des paroles rassurantes. Il observe ainsi l'effet « placebo ». Entre l'imagination et la volonté, c'est toujours l'imagination qui l'emporte, d'où sa formule magique « tous les jours, à tout point de vue, je vais de mieux en mieux ». Les mots, les images modifient notre perception de la réalité et conditionnent notre esprit.

le type de relation que la personne cherche à entretenir avec son interlocuteur : accueil ou rejet, cordialité ou indifférence, réciprocité ou dominance.

Les images mentales

Marcel Proust à partir d'une sensation gustative (madeleine + thé) retrouve des impressions visuelles, auditives, kinesthésiques puis des émotions, des souvenirs du temps passé et perdu.

Il existe donc une relation directe entre les stimulations sensorielles, les images mentales, les émotions et les pensées. L'ancrage, le conditionnement particulier est ici chez Proust du domaine gustatif, cette stimulation spécifique déclenche immédiatement des souvenirs, des images mentales.

L'état de détente, de veille passive s'avère être un état particulièrement favorable pour la formation de représentations imaginaires. Plus nous sommes relaxés, plus nous y sommes sensibles. Notons que notre cerveau ne fait pas forcément de différence entre une image réelle et une production de notre imaginaire (Melchior T., 1998).

L'importance des images mentales dans notre vie quotidienne est indéniable, chacun de nous peut expérimenter cette réalité. Imaginons un médecin qui pour rassurer son patient inquiet, déclare d'un air docte : « je ne vais vous faire aucun mal lorsque je vais vous enfoncer cette aiguille dans le bras ».

Les dénégations verbales seront inefficaces. Les expressions « mal », « aiguille », « enfoncer » suggéreront inévitablement la douleur. Pour rassurer son sujet, le docteur devrait détourner l'attention du patient, occuper son esprit par des paroles positives.

Dans nos échanges, nous produisons d'abord des images, des émotions. L'image a un impact plus immédiat, plus direct que le discours logique. Par exemple, dans la formulation « Il n'y a pas d'éléphant rose dans la cour », ce message évoque inévitablement ce qu'il est censé nié. Le cerveau droit n'entend pas la négation.

Une personne peut cependant utiliser tactiquement la négation pour contourner un blocage, une résistance : « vous pouvez ne pas être d'accord avec moi » évoque en final une possibilité d'accord.

Les images, les métaphores, les connotations dans la mesure où elles assurent un rapport de forme et de contenu produisent des représentations suggestives. Elles entrent en résonance avec les pensées de l'individu et orientent ses réactions émotionnelles et donc son comportement.

La synchronisation

Notre cerveau enregistre les états vibratoires d'un comportement (intonation, gestes). Nous sommes constamment immergés dans un univers de rythmes dont souvent nous n'avons plus conscience. Ces rythmes sont portés, transmis par les comportements, la langue, les habitudes sociales. Aucune communication n'est possible sans une relation rythmique partagée, sans la synchronisation de rythmes de base de l'un ou l'autre des communicants. Nous tendons à nous accorder sur la même « longueur d'onde ».

Dans la vie courante, nous sommes sensibles aux phénomènes de synchronisme spontané. Le bâillement d'une personne se reproduit simultanément chez ceux qui l'entourent, de même le sourire et le rire de l'un déclenche le sourire et le rire de l'autre. Faire rire les personnes synchronise ainsi les rythmes respiratoires. Un couple de danseurs, d'amoureux représente deux exemples de grande synchronisation corporelle et émotionnelle.

Ce qui est spontané peut être utilisé pour faciliter la relation. Être proche, c'est accorder les corps dans les gestes les plus signifiants pour entrer en résonance avec autrui. Dans un contact, il s'agit alors de faciliter la synchronie des postures, des rythmes : répondre à un sourire, rester en phase avec le rythme de parole, de gestuelle de son interlocuteur. Reprendre certaines expressions spécifiques d'une personne nous aide à mieux saisir ce qu'elle éprouve intérieurement. Cette attention produit naturellement de la détente, un sentiment de proximité, de meilleure compréhension. Inversement, rompre le dialogue revient, par exemple, à se désynchroniser, à changer de position, détourner le regard, parler plus fort, plus vite pour montrer son désacccord.

Les relations de séduction

Séduire, du latin « *seducere* », signifie emmener à l'écart, séparer, tirer à soi, tenir comme sous un charme. Les comportements non verbaux de séduction sont permanents dans les relations. Mode de communication direct, intuitif, la séduction vise à capter l'attention, à stimuler les sens et les émotions. Le message entre en résonance avec le ressenti, les désirs, les besoins de son interlocuteur : besoin de reconnaissance, besoin narcissique de valorisation. La personne séduite se trouve distraite, détournée de la réalité, de ses contraintes, ses difficultés.

Dans la séduction, nous suspendons notre jugement, notre esprit critique pour nous laisser bercer, captiver par un discours, un comportement. Nous basculons dans le monde agréable du plaisir de l'instant.

La séduction peut s'apparenter à une sorte d'état « d'hypnose ». Le séducteur repère les indices corporels de l'état émotionnel et va, par exemple, focaliser l'attention de la personne sur des éléments lisibles de son comportement (des indices de peur ou d'attrait). L'interaction est contrôlée, à la fois destinataire et référent du message, l'individu récepteur est ainsi soumis à une suite de boucles de rétroaction qui tendent à orienter d'une façon sélective son contact avec le réel : son esprit critique se trouve réduit. Il existe une connivence inconsciente dans cette relation complémentaire de séduction, on accepte de se soumettre aux désirs de l'autre.

Le séducteur ne livre rien de lui-même, seuls les effets du message sur son interlocuteur sont recherchés. Cependant, la séduction implique des habiletés corporelles et émotionnelles, des codes précis pour atteindre son but. Il suffit, par exemple, de parler plus bas, plus doucement, plus lentement pour que son interlocuteur change d'attitude. La présentation de soi, les gestes, les vêtements, le discours peuvent aussi être utilisés comme des leurres et susciter des réactions spontanées d'intérêt et d'attrait (Guéguen N., 2009).

Parfois, les deux personnes entrent dans une interaction où l'un et l'autre font assaut de sourires, de paroles. Dans cet échange, chacun essaie d'enchanter l'autre, allant jusqu'à s'extraire du contexte et perdre le contact avec l'environnement. On est séduit ou on ne l'est pas, c'est la loi du tout ou rien. Après l'enchantement vient le désenchantement du réel, quand le charme est rompu, on doit nécessairement changer de mode de communication (Apfeldorfer G., 2004).

Les plus habiles « communicateurs » alternent différentes techniques. Par exemple, dans le contexte de la vente, on utilisera à la fois la séduction, l'empathie pour écouter et explorer les désirs du client et la suggestion pour renforcer ses arguments. Dans un entretien, on peut séduire mais ne pas convaincre, la personne ne saura pas dire non, elle acceptera une décision qui ne lui convient pas : « je me suis fait avoir ! » Les nécessités de la réalité finissent par imposer leurs contraintes. Quand la séduction ne fonctionne plus, il sera difficile de rétablir un équilibre dans la relation. Le conflit devient vite passionnel, on détruit ce que l'on a admiré et subi.

Relation de séduction	**Relation compréhensive, réciproque**
Capter l'attention, faire plaisir, faire rentrer dans une interaction complémentaire	Établir une relation stable, d'échange réciproque d'émotions, de faits, d'idées
Relation instantanée, de court terme, centrée sur les effets du message	Prise en compte des conséquences de l'échange, court terme, moyen terme
Stimulation sensorielle, émotionnelle, utiliser les réactions positives de son interlocuteur	L'écoute du message s'inscrit dans une relation, un contexte, des enjeux
Communication ludique, centrée sur le désir, dire ce que l'autre veut entendre	Interaction centrée sur le partage, prise en compte du réel, des émotions, des valeurs de l'autre
Relation inégalitaire, l'autre peut devenir un « objet » à utiliser pour satisfaire ses besoins immédiats	Échange égalitaire, réciproque avec un « sujet » responsable, acteur de son histoire

La suggestion dans l'entretien

Nous pensons maîtriser nos émotions, agir rationnellement alors que tous nos comportements sont imprégnés de suggestions diverses qui passent par des stimulations souvent non conscientes. La suggestion est permanente, dans une rencontre. Elle sera particulièrement manifeste si un individu adopte les règles suivantes :

– **mettre le sujet en confiance,** l'émetteur offre une image positive, attrayante, rassurante ;

– **amener le sujet dans un état de détente et de concentration** : le rythme de la communication sera relaxant ou stimulant suivant l'objectif recherché, mais il focalisera l'attention sur un seul but et réduira les fuites ;

– **être flexible :** une grande souplesse d'adaptation permettra de coller aux réactions de son interlocuteur. On évitera ainsi l'agressivité, la tension, la colère qui mobiliseront plutôt les défenses et rendent plus fermé. La personne et le message présentent une cohérence émotionnelle, une tonalité positive ;

– **faire collaborer :** capter l'attention de la personne, chercher sa coopération sur des points ou elle ne peut qu'acquiescer, lui demander son avis, son aide, « la caresser dans le sens du poil », la valoriser sont des comportements qui réduisent les défenses et favorisent la suggestion ;

– **stimuler l'attention :** en donnant à voir et à entendre (comme le magicien qui détourne l'attention), en racontant les choses sous une forme attractive, en utilisant des « accroches » pour éveiller l'intérêt à partir de remarques drôles, d'anecdotes, de récits métaphoriques ;

– **utiliser les résistances** : comme dans les sports de combat où l'on accompagne les réactions du sujet, on réinterprète les réticences, les résistances dans un sens positif. Si quelqu'un se montre agressif, on reconnaîtra qu'il fait preuve d'une belle énergie ; s'il prend le parti d'en rire, on utilisera son sens de l'humour ;

– **établir un rapport de synchronisation** : trouver des résonances inconscientes afin de donner des stimulations à un niveau physiologique (les stimulations sensorielles) ou psychologique (les images, symboles, mythes). Il faut que le message fasse écho chez l'interlocuteur. Le cybernéticien parlera de boucles de rétroaction positive. Plus les boucles seront nombreuses plus l'impact du message sera grand ;

– **répéter un message clé** : parsemer, « saupoudrer » son discours de mots, de formules répétitives, suggestives qui représentent le message à faire passer. Par exemple, dans une intervention, les mots utilisés, les images auront une connotation positive ou négative suivant l'effet recherché. L'auditeur à son insu sera imprégné de cette tonalité.

Le message sera exprimé en des termes appropriés à la manière de penser, aux habitudes du sujet. Il emploie un langage simple, imagé, des phrases concises (plus le message sera complexe plus il risque de déclencher des réticences). Il utilise une terminologie vague, des truismes (ex. : « demain sera un autre jour », « la vie, c'est la vie », « c'est agréable d'être détendu »), des vérités générales, des tautologies qui déclenchent l'acquiescement, favorisent la participation et stimulent l'imagination.

Il n'y a pas de démonstration, de déduction, de lien logique, le message juxtapose des propositions. Il s'articule autour de mots comme maintenant, bientôt, demain. Il fonctionne par association, rapprochement, déplacement. On parle le langage du cerveau droit.

Par ailleurs, si le message est essentiel, il faut rappeler que le contexte : les lieux, l'environnement, le cadre de la communication, « la mise en scène » vont renforcer très fortement l'action de suggestion.

Ces techniques d'influence issues de l'hypnose (M. Erickson) ont été reprises par l'école de Palo-Alto (P. Watzlawick) et en partie vulgarisées par la Programmation Neurolinguistique (PNL) (R. Bandler et J. Grinder).

Chaque fois, qu'une communication se trouve décontextualisée, centrée exclusivement sur un ici et maintenant sans lien avec l'histoire de l'individu, sans relation avec ce qui s'est passé avant ou ce qui se passera après, il y a risque de forte influence.

L'emprise d'un tel message peut être très importante, les sectes, certaines ventes à domicile illustrent la réalité de ces faits. La personne finit par accepter des idées qui ne sont pas les siennes, elle achète un produit dont elle n'a absolument pas besoin.

En dehors de ces cas limites qui dépassent notre propos, les messages suggestifs seront présents dans notre vie quotidienne. Par exemple, dans un entretien, une intonation particulière, des répétitions, des gestes familiers sont autant de manifestations captées par autrui. Ces indices personnels qui parfois nous échappent seront repérés et exploités. On copiera les intonations de la personne, imitera son accent, on adoptera ses mots, son rythme d'élocution, de mouvement. Ce contact fusionnel, mimétique, caméléon donnera l'impression d'une grande compréhension réciproque.

Ainsi un vendeur va établir un rapport avec son client puis il travaillera sur les signes d'acquiescement, d'ouverture, de narcissisme. Il lui proposera un rêve dirigé en répétant des messages ciblés pour faire avancer la décision d'achat.

Celui qui se servirait systématiquement de ces données serait probablement perçu comme un redoutable manipulateur. Cependant, cette réalité des comportements de communication est permanente. La suggestion existe inévitablement quand deux personnes se rencontrent ; elle est intuitive chez certains, plus méthodique et inscrite dans une stratégie de communication chez le publicitaire, chez l'homme de relations publiques. Son action reste aussi fondamentale dans les relations éducatives (l'effet Pygmalion) ainsi que dans la résolution de problèmes conflictuels. La suggestion sera utilisée à des fins positives, mais aussi à des fins de manipulation.

Il y a manipulation quand un individu tente de contrôler d'une façon exclusive la relation pour produire un effet sur le comportement de son interlocuteur. La manipulation utilise les ressorts de la suggestion ou toute autre forme de présentation biaisée de l'information (mensonges, omissions, falsifications, déformation de la réalité). Dès qu'un émetteur ne cherche plus à donner les sources de son message, lorsqu'il refuse de clarifier la situation, lorsque son comportement semble obéir à un objectif non explicité, la vigilance s'impose.

La manipulation

La suggestion représente un moyen important de manipulation quand elle se trouve utilisée dans le seul but de renforcer le pouvoir, la domination d'un individu sur un autre. Inversement lorsqu'une personne se sert systématiquement de ces règles d'influence à contre-emploi : elle adopte des rythmes différents, se désynchronise, communique sur des registres étrangers à son interlocuteur, utilise des rythmes rapides quand celui-ci demande des rythmes lents. Cette façon d'agir devient très vite déstabilisante.

La déstabilisation et l'effet de surprise

La déstabilisation consiste à produire une rupture, un changement radical, à détruire par des réactions inattendues les équilibres stables d'un individu en prenant à revers ses attentes, ses habitudes, ses croyances, ses valeurs.

Dans un entretien, on préconise un mode discussion puis brusquement sans avertir, on en utilise un autre totalement différent. Une personne interprète « sauvagement » un comportement, une attitude. Elle explique les motivations inconscientes d'une action : tel geste positif est ramené alors à un simple sentiment de culpabilité, au besoin de se faire pardonner, de se racheter.

Quelqu'un affirme dans une discussion « comme vous me laissiez entendre dernièrement », rien n'a été émis par le sujet qui ainsi va perdre du temps pour rechercher d'où vient cette information.

Dans ces situations, le contexte a créé une attente de réponse et l'on s'attache à fournir une solution différente, totalement imprévisible qui amène à douter de sa propre logique, de ses propres idées. Les personnes perverses peuvent ainsi facilement passer d'un registre à un autre sans préavis, sans aucune émotion et ainsi déstabiliser leur interlocuteur.

La confusion

Dans cette tactique d'influence, l'individu va faire diversion et perdre ses interlocuteurs dans un discours hermétique, ésotérique, un jargon pseudo-scientifique. On « *enfume l'esprit* », « *on noie le poisson* ». L'auditeur mobilise son énergie pour suivre un raisonnement dont on se garde bien de définir les hypothèses de base. La personne se trouve submergée par un flot d'informations plus ou moins pertinentes (des références, des tableaux de statistiques). Ainsi, la discussion d'un rapport devient un bon exercice de manipulation, le sujet faute de pouvoir dominer l'ensemble des données se raccroche à la conclusion qui, elle, est d'une totale clarté. En créant une confusion au moyen d'affirmations vagues, ambiguës, on détourne l'attention et incite l'individu à investir la première information concrète et compréhensible. La confusion aiguise nos sens, mobilise notre attention, au milieu d'un ensemble flou, les moindres détails qui ont une forme vont prendre une signification plus grande (Erickson M., 1986).

Inversement, dans un entretien, un long silence énigmatique donnera un fort impact aux paroles qui suivront. Une forme intelligible dans un cadre inintelligible va prendre ainsi une dimension nouvelle.

Passer du rationnel à l'émotionnel, saturer le cerveau gauche par une masse d'informations non pertinentes et asséner quelques vérités simples représentent des techniques de confusion. Par exemple, un vendeur mobilise son client rationnel par une profusion d'informations techniques, complexes pour affirmer simplement : « décidez-vous rapidement car cette occasion unique ne sera valable que très, très peu de temps ». Créer de la confusion, désorienter, détourner l'attention visent à asseoir sa domination sur son interlocuteur.

La disqualification et le déni

Faute de pouvoir réfuter le message de quelqu'un, on cherchera à disqualifier l'émetteur dans son rôle ou sa fonction : « ce que vous dites est fort intéressant, malheureusement vous n'avez pas la formation technique pour comprendre la réalité du problème ! », « quand vous aurez vingt ans d'expérience comme moi, vous porterez un autre jugement ». Les arguments ne sont ni examinés, ni discutés, réfutés mais d'emblée rejetés par un jugement sur la personne, par la disqualification de l'émetteur.

On fonctionne dans le déni quand on ne reconnaît pas la place et l'existence de l'autre, on l'ignore, oublie de le consulter alors que son avis est essentiel dans une prise de décision. Rejets, conflits latents sont à la source de ce type de fonctionnement. Cependant, dans la relation, la personne dans le déni peut aussi donner le change par une forme de sociabilité apparemment normale, elle consulte pour la forme, sans prendre en compte ce qui est discuté.

Le conditionnement et les effets de répétition

Un individu soumis régulièrement et systématiquement à des suggestions négatives, à des messages qui le dévalorisent, confronté à des actions face auxquelles il ne peut qu'échouer, finira par douter de lui-même. La personne répressive relèvera ainsi les inquiétudes de sa victime, elle renforcera les images d'échec, de conflit pour rabaisser et dominer. Elle prendra appui sur des émotions de peur, de honte et d'envie. Ces attitudes stressantes conduisent à l'infantilisation, la régression, voire la dépression.

Inversement renvoyer systématiquement une image positive à quelqu'un, le flatter, l'encenser finissent par endormir l'adversaire et émousser progressivement ses capacités de réaction pour mieux le manipuler et arriver à ses fins.

Les doubles contraintes

Parfois des individus se trouvent enfermés dans des contraintes contradictoires auxquelles ils sont obligés de se soumettre. On demande à une personne d'être autonome, de prendre ses responsabilités et en même temps on vérifie, on contrôle point par point ses actes. On ne lui laisse aucune marge d'initiative. Si elle commence à discuter, on lui fait remarquer qu'elle fait du mauvais esprit. Dans de telles situations paradoxales, le sujet ne peut échapper aux contradictions d'un double message, il lui faudra essayer de sortir du jeu ou risquer de perdre une bonne partie de sa raison. Ces pièges résultent le plus souvent de conflits inconscients, une personne prisonnière de ses désirs refoulés dit une chose et la nie immédiatement par son comportement (Watzlawick P., 1975).

Ces types de manipulation ne sont pas le seul apanage d'individus pervers ou pathologiques mais aussi celui d'organisations pour lesquelles le facteur humain reste l'élément irrationnel que l'on cherche à maîtriser, normaliser, voir éliminer. Ces actes conduisent au harcèlement moral (Hirigoyen M.-F., 1998).

Quand, dans un entretien, une personne suit exclusivement les raisonnements, les argumentations logiques, quand elle cherche d'abord à comprendre le discours sans prendre la précaution d'observer les comportements, elle va probablement être très sensible aux manipulations de toutes sortes surtout si elle est anxieuse et manque de confiance en soi. Inversement, un recentrage exclusif sur le niveau émotif de la relation finit par masquer la réalité de l'information et cacher la pauvreté du raisonnement.

Il est donc essentiel de se rappeler qu'un message comprend plusieurs niveaux : le niveau logique et rationnel et le niveau émotionnel et comportemental. Se fixer un objectif avant un entretien, analyser le contexte culturel et social dans lequel on se trouve, clarifier les enjeux de la rencontre, apprécier les rapports de forces, comprendre la dynamique de l'échange sont autant de moyens pour rester maître de l'échange. Éviter de s'impliquer, laisser parler, varier les modes d'observations et d'écoute, rester sensible aux manifestations du comportement, s'adapter à son interlocuteur peuvent aussi aider à gérer la relation d'une façon réaliste.

Gérer les personnes difficiles

Nous percevons et ressentons chaque jour dans nos relations des traits de comportements figés, répétitifs, difficiles à vivre avec certaines personnes. Ces comportements ont été largement définis par les types de pathologies cliniques (ex. : classification DSM[2]).

De telles grilles enferment dans un jugement, une étiquette alors que l'individu reste plus complexe que sa description, mais elles nous donnent un ensemble d'éléments d'observation. Le mot personnalité vient du latin *personna*, masque, ce qui signifie que nous ne voyons qu'une partie d'un comportement. Ces données du DSM décrivent la psychopathologie de la vie quotidienne et nous alertent sur des comportements sources de tensions et de conflits. Sans vouloir chercher à approfondir les diverses pathologies, on peut cependant reprendre ici, les comportements les plus évidents et décrire les points critiques qui serviront de repères pour gérer ces relations difficiles.

- **Le « paranoïaque »** interprète les discours, les actes, attribue au comportement d'autrui des intentions,. Psychologiquement rigide, autoritaire, égocentrique, il accepte difficilement une discussion critique où il se trouve mis en cause (Debray Q., Nollet D., 2001).

Cet individu utilise comme mécanismes de défense la dénégation (il nie la réalité) et la projection (les difficultés viennent des autres). Il ne fait confiance à personne, reste sur ses gardes, servile avec les supérieurs, il écrase les subordonnés. Facilement colérique, il entretient des rancœurs tenaces. Son attitude reste plutôt froide, son expression gestuelle peu mobile.

Procédurier, argumentant point par point, aimant les raisonnements complexes où il recherche une faille, il utilise souvent à son profit les lois, les règles dans d'interminables batailles de procédures.

2. DSM : *Diagnostic and statistical manual of mental disorders*, American Psychiatric Association, (*DSM-IV Manuel diagnostique et statistique des troubles mentaux*, Masson 2003) Système officiel de classement des troubles mentaux dont le but est d'offrir un outil de diagnostic. Bien que contestées dans sa démarche de classification normative, ces grilles sont largement utilisées, particulièrement dans le monde anglo-saxon.

Devant de telles réactions, la prudence sera utile : éviter d'entrer dans des situations floues, contradictoires, plutôt renforcer positivement les points d'accord. En restant ferme sur ses positions, on refusera de polémiquer, de vouloir à tout prix avoir raison ce qui augmenterait l'anxiété donc les revendications de son interlocuteur. Souligner les alliances, les rapports de force permet de garder des relations fonctionnelles satisfaisantes.

• **Le « pervers »** se dérobe aux échanges directs, réciproques, ses messages volontairement flous laissent plusieurs interprétations possibles. Il fuit ainsi l'implication personnelle, ne montre aucune émotion spontanée, veut paraître neutre dans toutes les situations. Il fonctionne dans l'implicite, le non-dit, procède par allusion, sous-entendus, les faits ne sont pas énoncés clairement. En s'appuyant sur les paradoxes, la confusion, la dérision, la raillerie, il déstabilise, prend plaisir à dénaturer l'information, à utiliser les émotions d'autrui pour les nier, les détourner.

La gestion d'une communication avec un pervers sera souvent difficile car il aime « jouer » avec les autres, avec le sens caché du discours. Garder ses émotions, ses convictions, communiquer sur les faits, clarifier la situation, le laisser parler, l'interroger sur la façon dont il ressent les choses et demander clairement son opinion personnelle sur la question traitée faciliteront les discussions.

• **L'anxieux** a intériorisé une faible estime de soi, une image négative de lui-même, un manque de confiance. Il fuit les situations impliquantes de crainte de dévoiler ses émotions, ses sentiments. Il tend à se replier sur soi, à se réfugier dans l'imaginaire. La peur des critiques, des jugements, de l'échec le tient à l'écart des relations et de l'action. Ses gestes restent bloqués dans des attitudes d'attente et de soumission. Le comportement inhibé, le visage tendu, il fuit le regard, le contact, s'exprime avec lenteur, la voix manque d'énergie et d'intonation, le rythme est saccadé. Son apparence conformiste lui interdit les couleurs, l'originalité. Il évite de parler de lui, se confie rarement, ne sait pas dire non, se trouve embarrassé par les compliments. Se conformer aux habitudes le conduit à rester dans l'ombre. Il attend que les autres le sollicitent et découvrent ses qualités. Aborder les difficultés une par une, stimuler, valoriser, établir des échanges réciproques peuvent faciliter les relations.

• **Le « psychopathe »**, caractériel, ne supporte pas la frustration, il manifeste son désaccord par des passages à l'acte. Étranger à la culpabilité, au remords, son instabilité l'entraîne dans des crises fréquentes (crises de colère, violence des propos) où il perd son contrôle. Une tension, une mise en cause entraîneront des réactions impulsives car il ne sait pas gérer ses propres émotions. L'instabilité, le manque d'empathie, de sensibilité le rendent imprévisible dans les relations.

Ne pas s'opposer directement et personnellement devant ce genre de personne, rester attentif à la gestion de l'émotionnel (les émotions négatives), éviter les mises en causes directes, rappeler les règles pour cadrer les relations réduiront les tensions.

• **Le « narcissique »** recherche un miroir qui lui renvoie une image valorisée. Il a besoin de paraître, d'être admiré et se montre très soucieux de son apparence, de sa tenue vestimentaire. Le narcissique se croit unique, exceptionnel. Il affectionne les situations où il va pouvoir se mettre en valeur. Centrée sur elle-même, cette personne n'écoute guère, elle manque d'empathie, l'échange sera souvent à sens unique.

Les règles, les usages ne sont pas pour elle, les choses lui semblent dues, elle manque de scrupules et la fin justifie les moyens. L'illusion de ses succès masque sa pauvreté affective. Égocentrique, elle dévalorise facilement son entourage.

Prendre en compte son besoin d'expression, de valorisation, ne pas rentrer dans son jeu, fixer clairement les limites de ce qui est acceptable, expliquer les différences de ressenti et de point de vue l'amèneront à être plus attentif à autrui.

• **L'« hystérique »** (l'histrionique) prend ses désirs pour la réalité. La personne hystérique aime plaire, séduire, d'où l'importance de son apparence, de ses comportements maniérés. Son discours, riche en émotions, reste pauvre en détails factuels, concrets. Elle fabule facilement, très influençable, les événements vont avoir un fort retentissement sur son émotivité d'où son caractère instable, changeant. Elle théâtralise son expression et la manipulation, la séduction, le mensonge seront ses armes. Elle souffre d'une intolérance à la frustration, du fait de sa suggestibilité elle manque de rigueur et d'organisation. Ses relations passionnelles débouchent sur le ressentiment et la rancœur.

Rester sur les faits, prendre du recul, lui laisser un espace d'expression, éviter de rentrer dans les relations de séduction, garder des traces écrites des échanges seront des précautions utiles pour vivre avec elle.

• **L'obsessionnel** représente un psychorigide, méticuleux, rigoureux, très obstiné. Il déteste l'improvisation, l'inorganisation, la spontanéité et préfère les règles, les procédures. Sa peur de l'inconnu, de l'imprévu, de ses émotions l'amène à prendre du temps pour gérer les situations. Il s'appuie sur des faits et s'obstine à contrôler les détails, laisse très peu d'autonomie. Pour lui, sa méthode est la meilleure mais ses rationalisations et hésitations expriment ses peurs et ses besoins d'ordre et d'organisation. Le temps et l'espace sont régis par des règles strictes, un retard, un désordre le perturbent. Avec lui, il est préférable d'avancer pas à pas, d'argumenter point par point sans le brusquer, d'apporter des preuves et de lui donner du temps pour laisser mûrir les idées.

• **Le dépressif,** « l'*homo melancholicus* », le « bilieux » broie du noir, surestime les difficultés, manque de tonus, d'énergie. Il ne cesse de rechercher l'avis de l'autre et se répand en critiques, en plaintes. Quand on l'écoute, il ne tarde pas à vous faire rentrer dans sa vision négative, douloureuse du monde. Il redoute l'échec, l'action et trouve de nombreux événements pour confirmer ses craintes et sa passivité. Attaché au devoir, consciencieux, son rythme d'expression est lent, le visage figé, les gestes peu mobiles.

Discuter avec un dépressif demande beaucoup de temps, d'énergie. « Fais un effort, prend sur toi » ces interventions seront inutiles. Relativiser, positiver et parfois savoir interrompre le dialogue permettent d'échapper à son doute, sa tristesse.

Notons que, si ces profils nous aident à mieux observer les comportements, certains traits de caractère ne sont pas exclusifs l'un de l'autre et peuvent se retrouver chez la même personne. D'une façon générale, clarifier le cadre de la rencontre, se fixer des objectifs réalistes, s'appuyer sur des faits, analyser les réactions émotionnelles, s'adapter aux comportements aident à diminuer les risques de conflit et permet de s'accommoder de la situation.

Les profils paranoïaque, pervers, psychopathe demandent plutôt par précaution, une position basse d'attente, complémentaire pour repérer les intentions et les réactions surtout si on se trouve dans une relation de subordination. Cependant, les contacts avec de telles personnes ne peuvent se gérer seulement au niveau individuel, elles demandent souvent une coordination collective, institutionnelle. Il sera ainsi prudent de vérifier ses impressions auprès d'autres personnes pour contrôler ses propres émotions et projections avant d'agir collectivement pour « neutraliser » certains comportements limites.

Chapitre 7

Décider

L'ÉCOUTE, la compréhension, la disponibilité, l'adaptation à l'autre représentent des qualités fondamentales pour mener à bien un entretien. Néanmoins celles-ci seront insuffisantes pour traiter les situations qui ne sont pas exclusivement centrées sur le vécu de la personne. Étudier comment un sujet parle, évoque spontanément ses difficultés, clarifier ses représentations de la réalité, saisir la façon dont il sélectionne, traite les informations à partir de son environnement, sont les conditions nécessaires à la réussite d'une enquête. Sentir le niveau émotif, affectif d'une situation, cerner les besoins, les motivations, les buts d'un individu, facilitent la relation. Cette première phase d'écoute demande par la suite à être prolongée par une démarche de diagnostic, de prise de décision, ce qui suppose une méthodologie adaptée.

Aujourd'hui, la complexité des questions techniques, économiques et humaines dépasse souvent les capacités d'entendement d'un seul individu. Aucune personne n'est à même de décider seule à partir de ses propres informations, d'une question qui concernent une collectivité. La coopération, l'écoute, le partage des expertises, la confrontation argumentée deviennent essentielles pour nourrir la réflexion et assurer la qualité des décisions.

L'entretien permet alors de consulter différentes personnes pour recueillir des avis, tester des solutions. Par la suite, une réunion avec les intéressés se montrera plus facile à gérer, plus productive en idées nouvelles. Le groupe participe à la décision, la solution ainsi définie se trouve mieux comprise, mieux acceptée et probablement plus rapidement mise en œuvre.

Une situation problème se caractérise par :

- un ensemble de données (résultats d'actions, événements, représentations, observations, jugements...) qui révèlent une situation non satisfaisante ;
- une nécessité d'agir, de trouver des solutions nouvelles ;
- des informations qui précisent le contexte, les enjeux, le but à atteindre ;
- des contraintes qui définissent le cadre de l'action (des moyens, des délais, des risques...).

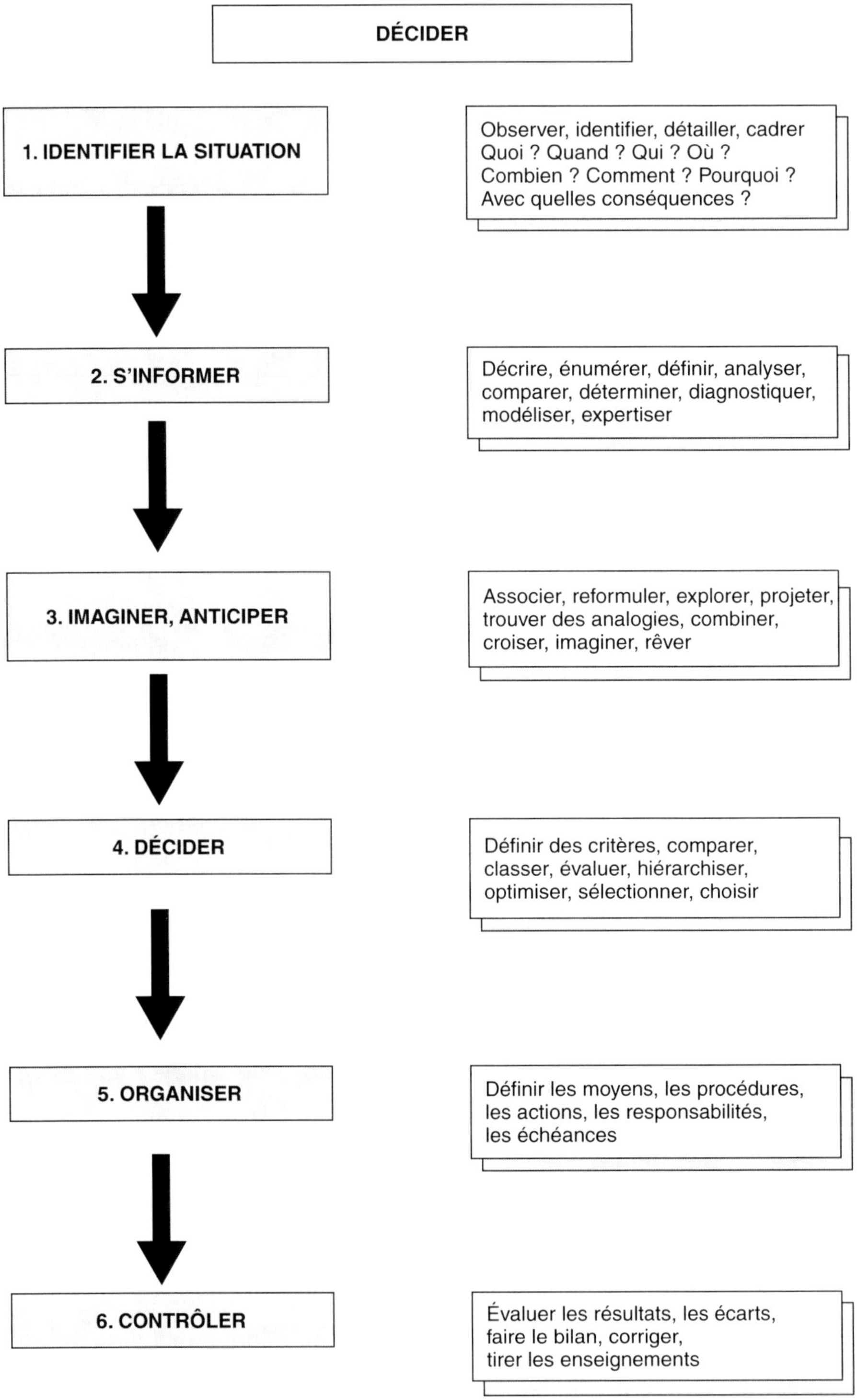
DÉCIDER
1. IDENTIFIER LA SITUATION
Observer, identifier, détailler, cadrer
Quoi ? Quand ? Qui ? Où ?
Combien ? Comment ? Pourquoi ?
Avec quelles conséquences ?
2. S'INFORMER
Décrire, énumérer, définir, analyser, comparer, déterminer, diagnostiquer, modéliser, expertiser
3. IMAGINER, ANTICIPER
Associer, reformuler, explorer, projeter, trouver des analogies, combiner, croiser, imaginer, rêver
4. DÉCIDER
Définir des critères, comparer, classer, évaluer, hiérarchiser, optimiser, sélectionner, choisir
5. ORGANISER
Définir les moyens, les procédures, les actions, les responsabilités, les échéances
6. CONTRÔLER
Évaluer les résultats, les écarts, faire le bilan, corriger, tirer les enseignements

Étudier un problème (technique, administratif, humain) demande d'élaborer un questionnement dont nous reprendrons la progression :

- une phase d'exploration pour cerner la réalité des faits ;
- une phase créative de recherche de solutions ;
- un travail critique de mise en œuvre des décisions (voir schéma).

Préparer une décision conduit aussi à apprécier le poids :

- du rationnel et de l'affectif, des intérêts, des valeurs et des croyances des personnes impliquées ;
- de l'individuel, du groupe et de l'adhésion à la mise en œuvre de la décision ;
- des contraintes de moyens dans un contexte avec des enjeux et des objectifs qui s'inscrivent dans un espace/temps, une histoire.

Décider, c'est établir un dialogue contradictoire avec un interlocuteur pour arriver à des représentations partagées et mettre à l'épreuve de la critique les solutions possibles. La réflexion se trouve conditionnée par la psychologie, les habitudes sociales des acteurs, elle s'appuie sur leurs logiques, leurs intuitions, émotions et valeurs. Le décideur, qui se veut un être rationnel avec des objectifs clairs, explicites, possède des informations limitées. En fonction de sa vision partielle de la situation, il tente de sélectionner les réponses les plus adaptées. La décision formalise la réalité du possible dans un contexte défini par des projets, des opportunités d'action, des tensions humaines et sociales. Pour le décideur, elle représente non un optimum, mais le plus souvent, un niveau acceptable de satisfaction. Une décision non en phase avec les processus d'action, non en harmonie avec l'environnement humain risque d'être probablement difficile à appliquer.

On ne décide pas forcément de la même façon suivant les organisations et les groupes sociaux. Les manières de discuter, d'appréhender la réalité, la nécessité d'agir et de gérer les rapports d'influence et de pouvoir peuvent se révéler différentes suivant les contextes et les cultures (Julien F.[1], 2005).

Identifier, cadrer la discussion

La première tâche du décideur consiste à cadrer la discussion, à définir le périmètre d'action, à clarifier les frontières, les limites de la situation.

Comment se présente l'état initial, l'état cible visé ? Qui a diagnostiqué cette réalité, où, quand, comment et pourquoi ? Quels changements

1. François Julien, philosophe et sinologue, étudie les façons d'agir en Occident et en Chine. Il compare des modes d'action dans la culture occidentale plus tournés vers l'efficacité rationnelle centrée sur la volonté, la logique, la modélisation, le résultat et la culture chinoise qui semble privilégier l'efficience, l'adaptation, la régulation par l'accompagnement des facteurs, des processus d'évolution sur le long terme.

déterminent la nécessité de réagir ? Rappelons-nous : nous ne résolvons que les problèmes que nous percevons !

La décision s'inscrit-elle dans le court, moyen ou long terme ? Quels seraient les risques, les conséquences d'une absence de décision ?

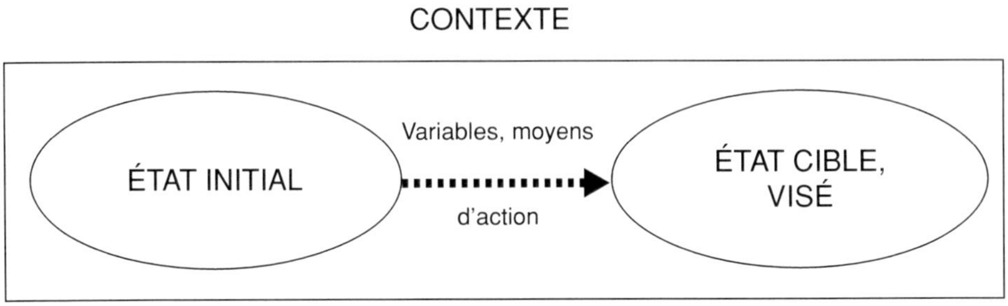

La situation problème

S'informer, réunir l'information

Il n'existe pas de réalité objective indépendamment d'un observateur qui va ressentir et observer une situation non satisfaisante. Ce qui est un problème pour l'un ne l'est pas forcément pour l'autre car le monde objectif et le monde subjectif se mélangent. Une décision nécessite de construire une vision commune et d'arriver par le dialogue et la confrontation à un diagnostic avec des critères explicités et partagés.

La recherche d'informations consiste à interroger les sources pertinentes. Quelles sont alors les données disponibles : observations, témoignages, études, documents, statistiques ?

Comment va-t-on recueillir l'avis des différents acteurs impliqués, quelles sont leurs représentations, motivations, valeurs et croyances ? La décision se trouve-t-elle dans un univers à caractère logique, déterminé ou aléatoire, incertain, hostile[2] ? Quel est le degré de fiabilité de ces informations ?

En quoi ce problème se trouve-t-il spécifique et nouveau ? Constate-t-on des ressemblances, des différences avec d'autres cas ? Peut-on faire la part de ce qui est essentiel et accessoire ? général et particulier ?

Comment les personnes seront-elles impliquées dans les résultats ? Connaît-on leurs habitudes de pensée, leurs pratiques d'action ? Les difficultés rencontrées entraînent-elles des tensions, une compétition entre les

2. La rationalité du décideur est conditionnée par ses modes de fonctionnement mentaux. Les zones du cortex préfrontal qui permettent la décision sont en relation directe avec le cerveau émotionnel. L'interaction entre le rationnel et l'émotionnel sera donc permanente même si nous n'en avons pas conscience car la plupart des opérations cérébrales sont non conscientes. Nous avons tendance à percevoir le monde en fonction de nos intentions, le cerveau représente un simulateur d'action, un émulateur de réalité (Berthoz A., 2003).

individus ? Quels sont les obstacles, les blocages identifiables ? Qui sont les alliés porteurs de solutions, qui sont les adversaires et leurs moyens d'actions ?

Diagnostic du problème

Urgent	Non urgent
Important	Peu important
Complexe	Simple
À risques	Sans risques
Humain	Technique
Conflictuel	Non conflictuel
Exige des moyens	Exige peu de moyens

Imaginer, anticiper l'action

La recherche de solutions suppose d'abord de prendre du recul, d'effectuer un cadrage de la situation. Le recueil méthodique des données nécessite aussi d'être attentif à son intuition, son imagination pour visualiser différentes solutions, sortir de la routine, changer de niveau et de perspective.

Quelles sont alors les solutions les plus spontanées, les plus simples ? Quelles solutions chercheraient à produire, à privilégier les personnes impliquées dans l'action ? Peut-on associer, croiser, combiner, optimiser ces solutions ?

La phase créative d'une décision suppose que les personnes abandonnent momentanément les attitudes critiques, les idées toutes faites. L'entretien ne sera pas le meilleur moyen pour trouver des solutions originales, performantes. Mais s'il n'est pas possible de s'enrichir de la diversité d'un groupe, il reste essentiel, avant une décision, d'utiliser ses capacités créatives. Une phase de « brainstorming » permettra de laisser libre cours à l'imaginaire, aux associations d'idées, aux images spontanées. La détente, l'écoute, l'humour, la fantaisie favorisent la production d'idées nouvelles (Amado G., Guittet A., 2012).

Évaluer les solutions

La recherche de solutions nécessite de séparer la phase de production d'idées de la phase évaluation. Les deux démarches ne se mènent pas en même temps, car on ne peut pas à la fois produire des idées et les critiquer.

Peut-on tester, expérimenter, valider, sur le terrain la solution retenue ? Quels sont les repères, les critères qui permettent d'évaluer la qualité de la solution ? Quels sont les indicateurs à disposition ?

Quels sont les gains espérés ? Quelle est la valeur ajoutée de la solution ? Quels sont les risques ?

Nous regardons le monde en fonction de nos intentions, des actions que nous voulons mener. Nous nous arrêtons sur les solutions qui rentrent dans nos cadres de pensée. Le décideur cherche le meilleur rapport avantages/inconvénients, coûts/efficacité dans une suite de tâtonnements, d'ajustements, de compromis, il dégage une solution possible. La rationalité porte plus sur les moyens à mettre en œuvre que sur les buts. Ainsi, pour acheter une voiture, on peut définir une liste exhaustive de critères pour au final choisir à partir d'un jugement général. Notre cerveau a traité intuitivement les informations et nous amène à un choix acceptable.

Dans la résolution d'un problème, les biais cognitifs sont des erreurs de perception ou d'analyse que l'on retrouve généralement dans le traitement de l'information : fixation sur la première solution, généralisation à partir d'expériences passées, fausse analogie, précipitation, sélection arbitraire d'une solution, raisonnement binaire, non prise en compte du contexte, des interactions… (Morel C., 2002).

Décider, organiser l'action

Quel est le niveau souhaitable de décision à mettre en œuvre en fonction des buts et des objectifs ? Quels sont les niveaux stratégique, tactique, opérationnel de la décision ?

Quels sont les moyens à mettre en œuvre : instrumentaux, organisationnels, humains ?

Comment peut-on coordonner et soutenir l'action ? Comment seront définies les responsabilités ? Comment l'action sera-t-elle planifiée, avec quelles échéances à court, moyen et long terme ?

Qu'est-ce qui peut motiver, impliquer les personnes dans la réussite du projet ? Quels sont les freins, les blocages à anticiper et à lever pour la réalisation de l'action ?

Contrôler les résultats

Enfin, dans la dernière phase, il est souhaitable de clarifier les indicateurs clés, les informations essentielles qui permettront de savoir si l'objectif a été atteint.

Quels sont alors les moyens à mettre en place pour obtenir un retour d'expérience ? Comment ajuster, rectifier les actions pour s'adapter aux réalités nouvelles ? Quand et comment pourra-t-on faire un bilan de l'action ?

Cette grille d'analyse constitue une trame pour un questionnement méthodique afin d'examiner nombre de situations de prise de décision qui demandent une mise à plat de l'information. Elle nécessite d'être adaptée suivant les niveaux et la complexité des problèmes à traiter. Dans un entretien, le décideur pourra alors guider, faciliter la réflexion et coordonner la discussion avec ses interlocuteurs.

Un jugement, une opinion s'élaborent et s'expriment dans une interaction sociale. Au cours de l'échange, suivant les enjeux du débat chacun défend son point de vue, apprécie et traite les différents arguments. L'implication personnelle suppose écoute et ouverture des différents interlocuteurs pour permettre une explicitation et une confrontation positive. On n'est jamais compétent tout seul, l'efficacité collective repose sur la confiance, l'écoute, le partage et la coopération.

Chapitre 8

Évaluer, apprécier

La situation d'évaluation consiste souvent en une rencontre annuelle entre un subordonné et son responsable. Au cours d'un entretien, les deux personnes échangent sur les missions, les activités, les résultats, les compétences et sur d'éventuelles actions de progrès pour plus d'efficacité.

L'idéal serait qu'au terme de cette rencontre chaque personne – qui a pu faire le point et aborder les problèmes qui sont les siens dans son activité – reparte plus confiante, plus motivée. Dans la réalité, aucune évaluation ne se passe d'une façon simple et naturelle. Pour le responsable (à la fois juge et partie) il sera difficile de porter des appréciations rigoureuses : la faiblesse des outils méthodologiques, le manque de formation au dialogue et à la concertation, les enjeux, les antagonismes de pouvoir rendent cette démarche laborieuse.

Faire objectivement l'évaluation des résultats d'une personne n'est pas en soi une tâche facile, si de plus, une seule fois par an, deux interlocuteurs – qui parfois le reste du temps ont peu d'échanges directs – doivent faire le point, l'exercice devient périlleux. Comment en effet régler en une rencontre le contentieux d'une année de travail ?

Le contexte de l'évaluation

Nous ne reviendrons pas ici sur l'importance de l'accueil, de la qualité de la relation, du contexte, de l'environnement de l'entretien. Notons cependant qu'il est préférable que chacune des personnes garde son comportement habituel et ne s'enferme pas dans un rôle ou une attitude.

En principe, dans une démarche d'évaluation, les deux partenaires se sont mis d'accord pour :

- décrire d'une façon claire, univoque, à partir de données nettement observables les résultats, les comportements attendus ;
- mentionner dans quelles conditions précises ces résultats seront obtenus (moyens, délais, mode de délégation, de contrôle) ;

– définir clairement les critères d'évaluation qui permettront l'appréciation (jugements de réalité, jugements de valeurs).

Ces conditions, difficiles à respecter, demandent une culture de l'organisation qui s'y prête. Les objectifs, les critères sur le court et moyen terme sont-ils vraiment pertinents et valides par rapport aux buts et aux finalités de l'organisation ? De plus, les deux partenaires sont-ils capables de dialoguer et d'examiner sans crainte les résultats de l'activité ? Quelle est aussi la légitimité du responsable, quelles sont ses capacités d'empathie et de négociation ? Quelle loyauté peut-on attendre devant les difficultés, les risques, les impératifs économiques ?

Dans cette situation de confrontation génératrice d'inquiétude et de stress, l'individu essaie inévitablement de préserver son image, les appréciations pouvant aller de l'évaluation de la tâche à des jugements sur la personne.

Quand la rencontre dérive sur un jeu d'attaque/défense, persécuteur/persécuté, l'entretien ne va en rien aider à modifier les résultats et les comportements car il n'existe pas d'explication argumentée, d'analyse partagée des difficultés rencontrées. En cas d'échec, les raisons des appréciations resteront obscures ; l'entretien cristallisera alors les conflits et la relation se dégradera.

L'évaluation d'une activité s'inscrit dans une pratique sociale dont le sens, la compréhension, la finalité sont partagés et acceptés par les interlocuteurs concernés. Elle s'appuie sur une démarche méthodologique concrète, cohérente, validée par les différents acteurs. Cette opération représente une fonction légitime, utile, nécessaire au fonctionnement de l'organisation. Elle repose sur un consensus discuté, explicité ou alors débouche sur l'arbitraire, le rapport de force de la relation inégalitaire supérieur/subordonné.

D'une façon générale, l'entretien d'évaluation représente un bon révélateur des modes de fonctionnement et du type d'autorité institué. Le dialogue peut être réel et productif, autoritaire et répressif, ou formel et sans effet.

Faire le point

Dans une organisation baignant dans la culture du résultat, faire le point à partir d'observations, de statistiques, de tableaux de bord représente un acte permanent. Les personnes sont ainsi confrontées à l'appréciation, au suivi d'activités. Chaque semaine, au cours de réunions d'équipe, les résultats sont présentés, explicités, discutés, analysés, c'est un ajustement coordonné et régulier. On cherche à savoir si une réalité est acceptable par rapport à ce qu'on est légitimement en droit d'attendre.

Cependant, par souci d'objectivité, on se focalise parfois sur la seule partie mesurable de l'activité. Les chiffres ont ainsi envahi les raisonnements et l'analyse des comportements, or les indices quantitatifs d'efficacité peuvent se révéler arbitraires et contre-productifs. On apprécie mal les savoir faire spécifiques, les qualités humaines, les données immatérielles. Cette fixation sur les éléments chiffrés abolit souvent l'observation directe des situations dans leurs contextes et altère les capacités à apprécier les finalités de l'activité en termes simples de vrai ou de faux, de juste ou d'injuste. Elle tend, aujourd'hui, à disqualifier le sensible, le bon sens, la discussion argumentée et à imposer des décisions techniques peu consensuelles.

On observe alors l'ambivalence des uns et des autres devant la démarche d'évaluation. Le subordonné recherche le sentiment de son hiérarchique sur le travail effectué, il voudrait connaître son opinion mais dans le même temps, il redoute les étiquettes, les jugements définitifs (surtout s'ils sont négatifs). De son côté, le responsable se construit un jugement implicite sur son subordonné (nous sommes naturellement enclins à juger les actes et les personnes) et il voudrait des outils, des méthodes pour pouvoir communiquer son impression d'une façon rigoureuse. Cette demande de rationalité, de scientificité ne pourra être totalement satisfaite car dans l'évaluation, il sera question à la fois de résultats mais aussi d'émotions, de valeurs, d'implications, notions éminemment relatives et subjectives.

Dans cette situation, les statuts, les rigidités sociales, les niveaux de confiance et de coopération conditionnent le dialogue, de plus, les représentations de l'évaluation rappellent parfois la notation scolaire ce qui n'induit guère un modèle d'efficacité. Il ne s'agit pas ici de noter ou de classer mais d'instaurer un dialogue, de rechercher de l'information utile et de voir si l'on peut agir, sur quoi et comment ?

Par ailleurs, l'entretien d'évaluation répond souvent à une multitude d'objectifs, parfois contradictoires : on y parle résultats, maîtrise d'activités, de compétences, évolution de la personne, de rémunération, de formation. Cette profusion de thèmes provoque inévitablement des anxiétés fortes, des frustrations, des défenses. Les relations entre les acteurs n'en sont que plus fragilisées (Billet C., 2005).

L'analyse de l'activité

Évaluer les résultats d'une personne oblige en premier lieu à bien connaître le contexte de l'activité, les contraintes et les difficultés rencontrées pour porter un jugement pertinent et recevable par le subordonné. La réalité d'un travail demeure plus complexe que la représentation écrite qui en est faite. Entre l'activité prescrite et l'activité réalisée, il existe souvent d'importants décalages. Dans une situation de travail, la personne développe une capacité à repérer les phénomènes dans leur complexité et à réagir d'une façon adaptée. Elle traite intuitivement une somme d'informations qui ne sont pas vraiment explicitées. Parfois, l'exécutant de la tâche se trouve seul capable d'expliquer comment il procède pour arriver au but. Il convient donc d'être prudent, attentif, ouvert et à l'écoute des explications fournies pour apprécier une activité et ses résultats. La discussion nécessite de prendre en compte les différents facteurs de réussite de l'activité : l'organisation du travail, les ressources, les moyens, les modes de coopération...

L'analyse des résultats demande de partir de la réalité concrète, observable, de clarifier les conditions de réalisation de cette tâche pour comprendre les raisons des performances obtenues.

En effet, comment quelqu'un qui ne connaît pas précisément l'activité pourrait-il porter une évaluation réaliste et acceptée à partir de quelques indicateurs d'une fiabilité incertaine ?

Pour sortir des difficultés de la relation de face à face, la discussion cherchera à s'appuyer sur des informations qui ne sont pas dépendantes des deux partenaires : on utilisera des observations validées par d'autres interlocuteurs de la fonction, des rapports de dysfonctionnements, d'incidents. On sera alors moins centré sur les qualités d'un individu, sur les résultats mais plus sur les modes de fonctionnement, les processus d'action, l'analyse des interactions avec l'environnement de travail.

Évaluer des résultats

Pour se développer, pour coordonner l'action des uns et des autres, une organisation a besoin d'apprécier des résultats, de faire le point. Un tour d'horizon, un échange sur les activités, sur l'avenir, un moment de réflexion, de compréhension réciproque sont une nécessité pour ajuster les rôles, les responsabilités.

Généralement, une évaluation présente une validité quand des objectifs concrets, précis ont été discutés, définis, négociés par les parties en présence qui se sont mises d'accord sur les moyens et les critères d'appréciation. Une évaluation rigoureuse et transparente des résultats à partir de critères objectifs et fiables devrait être plus facilement acceptée. Ces conditions certainement nécessaires sont cependant non suffisantes. Les difficultés restent nombreuses car les indicateurs utilisés à des fins de contrôle produisent des effets pervers, l'énergie sera alors mobilisée à manipuler des données apparemment objectives pour satisfaire aux critères demandés. L'obsession des résultats de court terme dénature la réflexion sur la qualité des processus, sur les façons d'agir.

De plus, on juge un résultat individuel alors que l'efficacité repose le plus souvent sur un réseau d'acteurs interdépendants qui se coordonnent et développent une coopération source de compétences et de performances.

Quelle pédagogie met-on en œuvre pour accompagner, rectifier, faire progresser ? Par ailleurs, une appréciation des résultats glisse facilement sur celle des comportements puis de la personnalité. L'observation d'un comportement reste sous-tendue par des valeurs, des sensibilités ; l'appréciation portée se révèle alors subjective et partiale (Dejours C., 2003).

Bref, il n'existe pas de règles du jeu totalement satisfaisantes. Celles-ci seront réinterprétées en fonction des intentions profondes du responsable et de la façon dont il entend exercer son autorité, son pouvoir : il est ouvert, bienveillant, stimulant, pédagogue ou borné, autoritaire, répressif. L'appréciation sera source de valorisation, de reconnaissance ou de dépréciation, d'humiliation, voire de harcèlement.

Enfin, comprendre une appréciation, c'est aussi saisir l'angle d'analyse privilégié dans l'approche des faits.

– Une évaluation juge le passé, elle fait le bilan, sanctionne en positif ou en négatif un résultat, une action, un comportement (c'est normal ou anormal, c'est insuffisant ou exceptionnel).

– Une évaluation diagnostic vise à réguler, à diagnostiquer, à clarifier ce qui fonctionne, ce qui ne fonctionne pas, elle analyse la réalité présente et cherche des points de progrès, d'amélioration.

– Une évaluation-anticipation part des résultats actuels, des potentiels de développement et ambitionne d'abord d'imaginer le futur et donc de prévoir les actions à entreprendre (projet, formation, évolution...) Elle prépare l'avenir.

Ainsi, suivant les moments et le mode de direction, l'accent sera plus particulièrement mis sur l'un ou l'autre aspect. Notons que ces approches peuvent devenir contradictoires, il est en effet difficile dans le même entretien de sanctionner négativement quelqu'un pour ses actions passées et de lui demander en même temps une saine coopération pour le futur. Le poids des émotions entraîne une rémanence des comportements et une difficulté à changer rapidement de mode de communication.

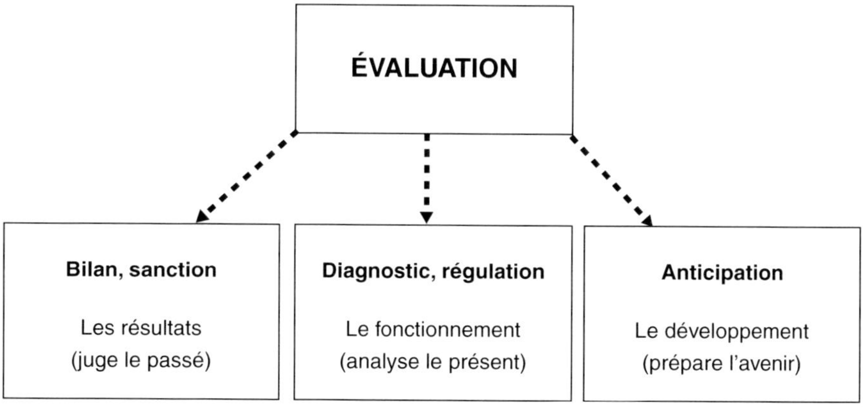

Les conditions d'évaluation

Un entretien devient utile lorsqu'il se déroule dans un climat positif. Les deux partenaires en ressentent la nécessité et se sont préparés et organisés pour cette rencontre. La qualité de la relation permettra d'examiner les réussites et les échecs sans dramatisation, avec calme et rigueur. Si les individus se basent sur les mêmes observations pour analyser la réalité, la discussion s'effectuera plus facilement dans un climat d'ouverture

D'une façon générale, les jugements catégoriques, les interprétations des comportements, les critiques, les conseils péremptoires bloquent et renforcent les défenses des personnes. Si l'évaluateur juge et condamne, la peur conduit à masquer les difficultés, l'évalué cherche alors à se préserver plutôt qu'à examiner la réalité dans sa complexité.

Réciprocité et équité

Pour coopérer dans un entretien, l'individu a besoin de sentir qu'il n'y a pas d'un côté un gagnant (le supérieur), et de l'autre un perdant. Si une personne échoue ou réussit, le supérieur reconnaît sa part de responsabilité dans les résultats. En cas d'échec, il peut avoir mésestimé les difficultés et n'être pas intervenu assez tôt pour rectifier, corriger l'action : il a laissé son subordonné se débrouiller seul.

Dans l'évaluation, le couple supérieur-subordonné se trouve ainsi questionné, chacun possède une marge d'autonomie plus ou moins grande mais les deux partenaires sont concernés ensemble par un but commun. Sur le plan psychologique, il n'existe pas une personne impliquée et un juge extérieur à la situation, les acteurs sont co-responsables. C'est pourquoi, le subordonné doit pouvoir, en retour, donner son avis sur la façon dont le supérieur exerce sa responsabilité, anime et accompagne les personnes dans la réalisation de l'activité. L'action de l'un dépend de l'action de l'autre.

L'implication

Une appréciation repose d'abord sur la façon inévitablement subjective et sélective dont on va utiliser les différents faits et critères (observations, mesures, échelles de valeur). Ainsi, un message comme : « Je suis déçu de ne pas avoir eu votre rapport pour cette réunion » sera plus acceptable et plus efficace qu'un « 15 jours de retard pour ce travail ! » ou un jugement du type : « vous êtes toujours incapable de faire quelque chose dans les temps ». Dans la première formulation, on partage sa perception, son ressenti : « Je suis déçu », le responsable exprime le vécu d'une difficulté. Dans la dernière, « vous êtes », le jugement ne laisse plus guère de place à la négociation.

L'autre se défend, attaque ou juge inutile de répondre et préfère rompre totalement la discussion (Gordon T., 1979).

Notons ici l'importance du non-verbal : ton de voix, mimique, qualité de la relation. L'expression du ressenti n'est pas attaquable, personne ne peut nier les impressions, les sentiments d'une personne. Cette attitude suppose cependant une gestion authentique et maîtrisée de ses émotions : la peur, la colère, le stress. Elle demande aussi une vision clarifiée et acceptée de son image, de son rôle, de ses responsabilités.

L'exploration des séquences d'interaction

Une remarque sera recevable si elle énonce d'abord une impression et non une vérité définitive. Elle invite à l'explicitation, au partage. Une discussion positive s'instaure dans la mesure où l'échange évite les jugements et éclaircit l'enchaînement des séquences de réactions, de comportements. Ainsi, le responsable devrait, de son propre point de vue, expliciter plusieurs niveaux d'information :

- « j'ai perçu, j'ai observé tel fait, tel comportement » (on donne les faits, l'action, l'événement déclencheur) ;
- « j'ai l'impression, j'ai ressenti » (on exprime sa subjectivité, sa réaction) ;
- « j'ai réagi de telle ou telle façon, cela a produit tel effet » (on formule les conséquences) ;
- « la prochaine fois, je préférerais que l'on agisse de cette façon » on explique ses attentes, sa demande.

À partir de cet enchaînement de données, un échange argumenté peut alors s'instaurer. Les perceptions des faits seront comparées, chacun apportant ses informations et facilitant ainsi l'exploration des difficultés. Le regard se porte à la fois sur le processus et les résultats. L'attitude profonde, le comportement seront en accord avec la démarche. L'organisation, le mode de fonctionnement du responsable, la méthode de discussion resteront cohérents et identiques au cours de l'année. Si brusquement le responsable change d'attitude, s'il manque de consistance, il renforce les conflits et très vite la relation sera pervertie. Une attitude autoritaire, directive serait probablement mieux acceptée que ce faux dialogue. Dans cette situation d'évaluation, ce qui se trouve ici mis en cause, ce sont des principes, des valeurs humaines fondamentales : le dialogue argumenté, l'objectivité, le respect, la responsabilité, l'équité, la justice.

Pour qu'une explication s'amorce, il faut ainsi reconnaître *a priori* les désirs légitimes des deux personnes, elles ne possèdent pas les mêmes informations, ne sont pas impliquées de la même façon dans les événements.

Prendre conscience de la réalité de l'autre, saisir ses enjeux, ses besoins, ses motivations, ses aspirations, marquent les premiers pas vers un dialogue constructif. Essayer de décrire son propre comportement, donner sa perception du comportement de l'autre, enquêter sur les faits, expliciter les intentions de chacun, constituent les étapes nécessaires pour établir une relation positive. Ainsi, un entretien deviendra plus pédagogique et formateur, si l'on rend compte de la dynamique d'une situation, d'un comportement plutôt que d'annoncer un résultat ou une évaluation sanctionnante.

Par ailleurs, dans un entretien si on peut apprécier, en rapport avec une activité, des savoir faire relationnels (des comportements d'accueil, de négociation...) clairement explicités dans un référentiel d'activités et de compétences, on évitera d'évaluer, par exemple, des qualités générales comme « le dynamisme, l'engagement, l'adhésion... ». Ces expressions courantes dans les conversations sont trop dépendantes du contexte et de la subjectivité des personnes. Ces jugements de valeur, ces biais « idéologiques » exercent une pression psychologique sur l'intimité de la personne, ils risquent alors d'enfermer dans un cadre de croyances et de valeurs, ce qui entraîne inévitablement des incompréhensions, des rejets, voire des conflits.

Les renforcements positifs

Dans une situation sociale, un individu a besoin de recevoir des signes de reconnaissance qui lui permettent de comprendre les effets de son comportement. Ce retour d'information reste primordial pour la clarification des rôles et des responsabilités. Par ce moyen, la personne renforce son identité et prend confiance dans ses possibilités d'action. Plus le résultat d'une action est différé dans le temps ou difficile à saisir, plus le responsable sera attentif à la nécessité de donner les appréciations nécessaires pour que la personne comprenne l'utilité et le sens de son effort. Un vendeur perçoit immédiatement le résultat de son action, par contre l'individu engagé dans une « chaîne administrative » n'a pas la même possibilité de juger de la valeur de son travail. La reconnaissance, la valorisation, l'estime de soi représentent pourtant des besoins fondamentaux. Les organisations donnant peu de retour sur les résultats de l'activité sont aussi celles qui sont les plus dépersonnalisantes et les plus dépressives : on dit parfois ce qui ne va pas, on dit rarement ce qui va bien. Instaurer un moment de dialogue compréhensif représente un signe de respect et de reconnaissance individuelle. On renforce ainsi les liens sociaux, le sens de la responsabilité.

Dans l'analyse des résultats, le responsable cherchera d'abord à souligner les points forts, les réussites de ses subordonnés avant de porter son examen sur les difficultés, les échecs. L'entretien devient ainsi moins défensif, on reconnaît en premier les qualités de l'autre, qualités sur lesquelles se construit une relation de coopération et de dialogue.

Un entretien d'évaluation examine des résultats. Ce type d'analyse prend aussi place au cours de l'année dans les réunions de travail. Ces discussions s'effectuent collectivement à la vue et à la portée des personnes concernées, elles permettent une correction rapide des actions en cours. Cette pratique renforce la coopération et l'émulation. Une évaluation permanente, dynamique, tournée vers l'adaptation et le développement, perd son caractère dramatique et sera mieux acceptée par les personnes concernées.

Un entretien d'appréciation vise surtout à s'intéresser aux problèmes spécifiques de chacun et prépare l'avenir plutôt que de refaire le bilan du passé.

L'analyse des écarts et des incidents critiques

Pendant l'entretien, les deux personnes gardent en mémoire les aspects de dysfonctionnement, les incidents critiques, les écarts entre les objectifs recherchés et les résultats obtenus. Ils cherchent à clarifier l'implicite, le non-dit, les malentendus d'une situation et essaient d'en tirer un enseignement. Une analyse psychologique du type « pourquoi avez-vous réagi ainsi ? » provoquera très vite une réaction de défense. Mieux vaut alors poser une question plus ouverte, plus pragmatique : « si nous nous retrouvons devant un problème identique comment pouvons-nous mieux faire ». On analyse alors les compétences et les moyens à mobiliser dans l'action future.

La réponse résolument tournée vers l'avenir, développe une attitude responsable. L'entretien cherchera aussi à éliminer le contentieux né des échecs passés et des conflits. Il explicitera les craintes, les blocages qui pourraient influer sur les relations et peser dans la réalisation des objectifs futurs. Le responsable situe ses limites de compétences. Son rôle est de traiter les problèmes concrets précis qui ressortent de sa fonction, il évalue la réussite d'une activité en évitant de s'immiscer dans la vie privée des personnes.

L'examen des projets et des objectifs

L'entretien constitue un moment particulier où le responsable fait le point sur la façon dont une personne vit et ressent son travail. Il représente une rencontre privilégiée pour écouter les observations sur les modes de fonctionnement. Le but d'une telle démarche sera également de prévoir des compléments d'informations, de formations à mettre en place. Avec cet échange sont négociés des objectifs et un nouveau contrat de collaboration. Des prévisions de développement seront aussi envisagées.

Ce type d'entretien ouvert demande cependant un responsable cohérent, conséquent. Si des engagements particuliers ont été pris et qu'aucune solution n'a été mise en œuvre, par la suite, le dialogue posera problème. Au cours de ces échanges chacun apprécie les règles du jeu mises en place. La coopération dans une telle rencontre dépendra beaucoup de la consistance des personnes.

Les modalités de l'entretien d'évaluation

Il est illusoire de vouloir poursuivre trop d'objectifs dans une seule rencontre : faire le point sur l'activité et les résultats, analyser les besoins de compétences, de formation, clarifier les orientations professionnelles.

Il sera certainement plus rentable de mener plusieurs discussions ciblées avec quelques questions précises plutôt que des entretiens trop longs, trop éprouvants. On gagne alors en efficacité. L'habitude du dialogue et de la compréhension mutuelle produira des effets positifs.

Un entretien équilibre les points d'analyse centrés sur le passé et les points d'analyse centrés sur le futur ; il pondère les points positifs qui motivent et renforcent le goût de l'action et les points critiques qui demandent une remise en cause.

Le responsable gère le facteur temps et accepte que les solutions mûrissent, que la réflexion prenne du temps. Plutôt que d'imposer son point de vue, il préfère définir, négocier les objectifs intermédiaires, les étapes qui vont conduire à la solution et éclairer la progression à suivre.

Enfin, il est aussi essentiel d'écouter les remarques, les suggestions, les critiques. Si les deux personnes n'ont pas tiré des enseignements de la discussion, on a certainement raté l'essentiel : un échange coopératif et productif pour les deux partenaires.

Aucune organisation ne peut faire l'économie de l'appréciation des résultats, des performances. L'évaluation participe à la régulation sociale. Elle s'inscrit dans les rapports de pouvoir où chaque individu utilise les marges de manœuvre et d'action qui sont les siennes. Les principes d'objectivité, de justice, d'équité guident la démarche. Dans cet échange, chaque personne cherche à exprimer ses attentes, ses besoins. Malgré les difficultés soulignées, l'entretien instaure un moment d'écoute et de dialogue, de confrontation positive entre deux personnes impliquées dans les mêmes objectifs. Pour chacun des deux partenaires se posent inévitablement des questions de responsabilités, de valeurs humaines, de réalisme.

Exemple de déroulement d'un entretien d'évaluation

Phases	**Modalités de l'entretien d'évaluation**
Préparer l'entretien	- Prendre rendez-vous au moins une semaine à l'avance - Annoncer les buts de l'entretien - Rassembler la documentation nécessaire - Réserver un lieu neutre
1. Accueillir	- Accueillir la personne - Cadrer l'entretien, clarifier le but et proposer une méthode de discussion - Vérifier l'accord de la personne
2. Faire le bilan de l'activité	- Rappeler les missions, les activités, les objectifs - Analyser les événements importants de l'année - Repérer les facteurs qui ont influé sur les résultats, la performance (les moyens, l'organisation, le management...)
3. Analyser les écarts entre résultats et objectifs	- Évaluer les résultats et l'atteinte des différents objectifs - Analyser les actions, les écarts et écouter pour les deux partenaires l'appréciation des causes de ces écarts et les solutions respectives.
4. Analyser la maîtrise de l'activité	- Apprécier la maîtrise des compétences nécessaires en fonction du niveau de professionnalisme attendu - Mettre en évidence les points forts - Dégager des axes d'amélioration de progrès (actions, formations spécifiques) - Faire le point sur le mode de management et les aides à apporter
5. Formaliser une appréciation commune	- Synthétiser une appréciation commune - Formaliser et rédiger les appréciations
6. Négocier des objectifs et des moyens	- Envisager les évolutions, préparer l'avenir - Fixer, négocier des objectifs pour l'année N + 1 (définir les moyens, les délais, le suivi) - Écouter les attentes, les projets et les demandes du subordonné
7. Conclure l'entretien	- Synthétiser les informations essentielles de la rencontre, valider les conclusions - Valoriser la discussion et les résultats obtenus
Assurer le suivi de l'entretien	- Assurer le suivi administratif et pratique de l'entretien (aide, points de suivis ponctuels)

Chapitre 9

Négocier

On peut négocier un contrat, une augmentation, des dates de vacances, une organisation du travail, l'achat d'une maison. Le locataire et le propriétaire, le patron et le syndicaliste, l'employeur et l'employé, l'acheteur et le vendeur, les frères ennemis, chaque jour tout le monde négocie. La négociation peut être souple, franche, amicale ou bien tendue, agressive, conflictuelle, « à couteaux tirés ». Processus d'échange et d'influence, elle suppose une discussion en face à face pour régler les questions posées et décider ensemble des accords pour continuer à vivre ensemble.

Il existe des négociations plus ou moins formalisées (négociations commerciales, syndicales), d'autres plus spontanées (résolution de conflit), mais elles reposent néanmoins sur les mêmes méthodes et les mêmes techniques. Une bonne représentation des actions à entreprendre aidera à mieux gérer l'ensemble du processus.

Le mot conflit vient de « *conflictus* » qui signifie choc, heurt, lutte contre. Il désigne une tension, une opposition, un antagonisme possible entre deux personnes du fait d'une incompréhension ou de la recherche d'une satisfaction personnelle incompatible avec le désir, les attentes d'autrui. Les conflits sont une réalité permanente de la vie quotidienne, des relations sociales. Ils sont masqués, latents, refoulés ou explicites, manifestes, ouverts.

Les équilibres affectifs, relationnels, sociaux, se trouvent constamment remis en cause par les évolutions individuelles, les crises, les changements de l'environnement. Ces transformations nécessitent des ajustements soit par le dialogue, la négociation soit par la pression et l'influence. Réduire les tensions demande de clarifier de nouvelles règles pour harmoniser les relations.

Les conditions d'une négociation

L'ouverture d'une négociation nécessite que les parties en présence se reconnaissent comme des interlocuteurs valables, qu'il y ait identification d'une transaction, d'un désaccord, d'intérêts divergents et que, de part et d'autre, s'exprime la volonté d'aboutir à un échange et à une solution.

La négociation suppose d'abord l'acceptation de l'existence de l'autre. Si le conflit entraîne la négation (ou même la liquidation physique !) de l'adversaire, on annule de fait tout dialogue, toute discussion. Négocier c'est continuer la « guerre » par la parole et à l'opposé, le refus du dialogue représente un premier pas vers la violence. D'une façon générale, il existe un rapport direct entre les capacités de verbalisation des conflits et les attitudes agressives. La violence correspond souvent à une inaptitude à traduire verbalement ses désirs et ses frustrations, soit pour des raisons émotives (forte décharge affective, stress, raptus anxieux), soit pour des raisons sociales (absence de langage commun, de relation, de communication) (Rosenberg M.B., 1999).

L'impossibilité, les difficultés, le refus de l'échange marquent les prémisses d'un affrontement. Quand les relations sont rompues, les adversaires peuvent encore, dans une dernière tentative, faire appel à un arbitrage extérieur, un médiateur qui va tenter de rétablir une communication qui n'existait plus.

La négociation suppose un affrontement pacifié par la parole. Il y a négociation quand deux personnes comprennent que la passion, la violence, le seul rapport de force seront dangereux et que la victoire sera trop coûteuse. Chacun accepte que l'on puisse avoir simultanément raison dans son système d'intérêts et de valeurs, la position de l'un n'exclut pas le point de vue de l'autre. Les interlocuteurs ont anticipé les actions possibles, ils devinent qu'ils ont intérêt à trouver une solution commune et à ne pas se lancer tête baissée dans une attaque. De ce fait, la négociation demande :

- du temps, ce n'est pas une réaction impulsive,
- des ressources intellectuelles, c'est une action réfléchie, coordonnée,
- des ressources affectives, il faut résister à l'inquiétude, au stress, aux pressions de toutes sortes,
- de l'empathie, de la compréhension pour ressentir son interlocuteur,
- des réserves physiques en tonus, en énergie.

La négociation repose sur un processus dynamique avec des règles, des méthodes, des comportements. Négocier va changer les points de vue et amener une décision acceptable pour les deux partenaires.

Une négociation oscille du pôle négatif – l'affrontement – au pôle positif – l'échange, la concertation. La situation d'affrontement se caractérise par le jeu des rapports de force, l'agressivité, l'intimidation, le chantage, la manipulation. La concertation sera marquée par la reconnaissance de convergences possibles, la subordination d'intérêts personnels à des intérêts communs, la recherche de solutions par l'argumentation et la discussion. Le premier pas consistera à écouter et montrer que l'on comprend le point de vue de l'autre.

L'évitement, la fuite représentent d'autres moyens pour éviter le conflit et refuser d'entrer dans la négociation (Laborit H., 1974).

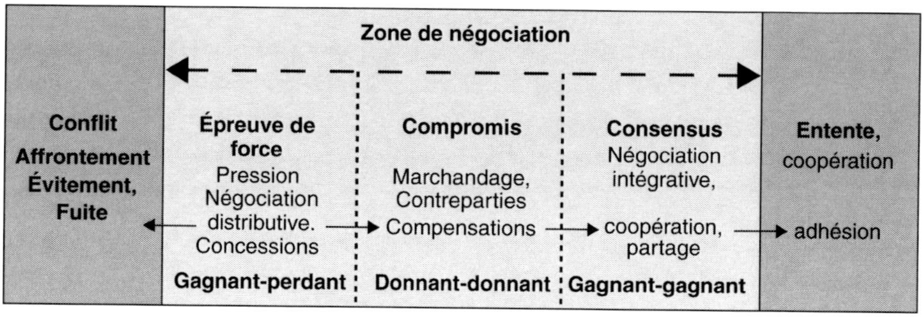

Conflit et négociation

Le diagnostic

La façon dont on ressent, perçoit et analyse une situation va déterminer le positionnement dans l'échange et les réactions face à son interlocuteur. Il s'agit alors de cadrer la situation, le problème à traiter. Une négociation se caractérise par plusieurs facteurs en interrelation.

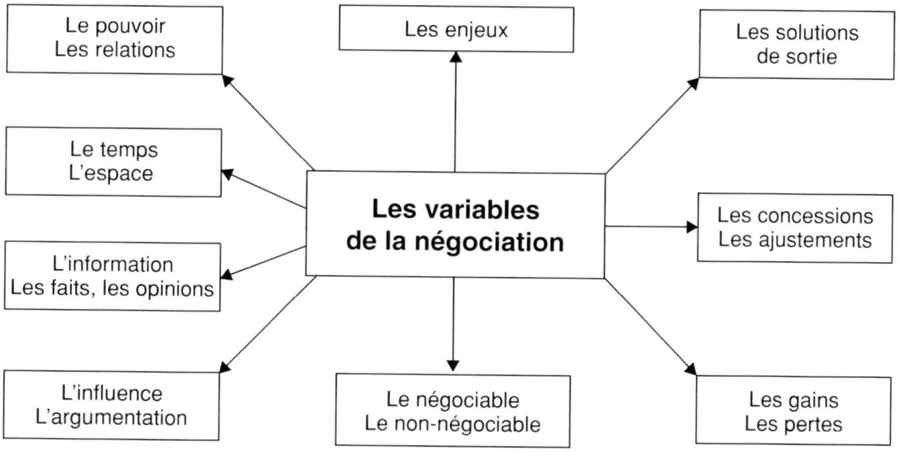

Le processus de négociation

Les enjeux

Une négociation se définit rarement par un seul but à atteindre. L'action s'intègre dans un contexte dans lequel les décisions vont influer. Par exemple, pour un acheteur, trouver le meilleur prix sera rarement le seul objectif. Il peut imposer à son client des prix excessivement bas, mais il réfléchira aussi aux conséquences de ce contrat : la qualité des produits se trouvera diminuée, les délais rallongés, les relations tendues. Bref, un gain manifeste entraînera des pertes non négligeables. La négociation devra donc tenir compte des équilibres d'influence. Elle cherche à hiérarchiser les besoins et les intérêts à court et à long terme, les valeurs de chacun, les affinités qui vont orienter l'évolution des relations. Prendre de la hauteur pour analyser l'ensemble de la situation permet de sortir de ses émotions et de son implication.

Le pouvoir

Le pouvoir s'exerce le plus souvent dans des relations inégalitaires, asymétriques, antagonistes, où la force, l'intelligence de l'un interagissent avec les capacités de pression ou de résistance de l'autre. Les groupes, les organisations sont des lieux d'ajustement et de confrontation entre des individus qui n'ont pas forcément les mêmes motivations et intérêts. Dans son champ d'action, chaque personne possède, plus ou moins, une marge de manœuvre, une possibilité d'agir d'une façon stratégique. Elle peut coopérer, temporiser, se soumettre, bloquer, s'opposer. Quels sont alors ses moyens de pression, de gratification ou de rétorsion ?

Les deux personnes se rencontrent-elles en tant qu'experts pour explorer une situation ? Sont-elles mandatées pour négocier car elles représentent un pouvoir délégué ? Il sera donc fondamental de réfléchir au statut et au rôle de son interlocuteur, de se demander quel est son domaine de compétence, sa zone de responsabilité et sa marge de manœuvre ? Quelle est sa légitimité, sa crédibilité ? Négocier avec une personne qui n'a aucun pouvoir de décision revient à entrer dans une discussion probablement biaisée ou alors accepter cette première étape et la recadrer comme une phase d'information qui prépare la vraie négociation.

Le temps

L'urgence d'une décision représente un paramètre important, celui qui peut repousser une décision gagne en marge de manœuvre. Par ailleurs, les problèmes deviennent parfois totalement différents selon que l'on examine une solution à court, à moyen ou à long terme. Une négociation est-elle psychologiquement, socialement, techniquement opportune ou au contraire doit-elle être repoussée à un moment plus adapté pour créer un dialogue constructif ? Les délais de mise en application d'une solution seront aussi un point de négociation dans une décision.

La gestion du temps, du rythme de la discussion constitue par ailleurs un facteur de réussite ou d'échec : on accélère ou on ralentit, on écoute jusqu'au bout une argumentation, s'accorde des pauses, fixe des ultimatums pour stresser son interlocuteur. Chacun gère le temps suivant ses urgences, ses habitudes, sa culture. Les palabres africaines, les discussions « à la japonaise » illustrent une façon de prendre du temps pour convaincre et épuiser les arguments.

L'information

Celui qui s'informe, arrive à poser les questions, à recueillir de l'information, oriente généralement la négociation. L'information obtenue révèle les représentations des faits, le niveau d'expertise de l'interlocuteur, la façon dont il raisonne et aborde les problèmes mais aussi sa sensibilité, ses objectifs, sa stratégie.

Dans une négociation, la manière dont est fournie une information joue un rôle structurant : on se montre ouvert ou défensif, on explique clairement son point de vue ou on temporise, biaise, déforme. Un problème se résout en fonction des hypothèses de départ, des prémisses qui ont été reconnues dans la définition des questions à traiter. L'échange d'informations entre deux partenaires recouvre donc leur jeu tactique. Le cadrage de la discussion, la clarification des éléments de contexte, la mise à plat des faits, des événements seront des conditions nécessaires pour un échange réaliste. Parfois, le seul fait de parler ensemble, de découvrir les besoins d'autrui suffit pour apaiser les relations.

L'influence

Le pouvoir, les relations, les intérêts, les capacités de verbalisation et d'argumentation vont déterminer la façon dont les personnes chercheront à s'influencer. Plus les rapports de force seront mis en avant, plus la négociation sera difficile. Les moyens de pression vont de l'insulte, à l'attaque personnelle, au chantage, à la manipulation et en dernier ressort, à la recherche d'une argumentation simple, rationnelle, non défensive qui vise à faire clairement percevoir son point de vue. Cependant, être écouté nécessite d'écouter ; faire admettre son point de vue suppose aussi d'accepter celui de son interlocuteur pour pouvoir en discuter. L'influence sera réciproque.

Le négociable et le non-négociable

Un commercial sait qu'au-dessous d'un certain prix, il perd de l'argent, qu'au-delà d'un certain délai le produit ne peut être fabriqué correctement. Il existe des contraintes apparemment objectives qui ne peuvent être ignorées. Elles indiquent la partie non négociable du problème, les points de rupture dans la discussion. Cependant, si le négociateur se fixe a priori des seuils trop rigides, il se prive immédiatement d'une liberté plus grande de manœuvre. Parfois, cette position amorce ou cache un chantage : « Je ne peux plus rien, c'est à vous de faire quelque chose ! »

L'idée que chacun se fait de la légitimité des positions, du degré d'interdépendance des intérêts, de la volonté d'arrangement va constituer des frontières plus ou moins rigides dans l'échange. Le non-négociable représente les valeurs, les intérêts essentiels d'une personne : « la loi c'est la loi », « ce délai est impératif ».

Les gains et les pertes

Une négociation équilibrée cherche un aménagement acceptable, équitable, des gains et des pertes de chacun. Un gain ne sera pas forcément économique ou matériel : on gagne des délais, une meilleure image, de la confiance dans les relations. Inversement, on perd du temps, de l'argent ou sa réputation, sa crédibilité. Une négociation suppose donc au départ un bilan clair et surtout imaginatif des facteurs possibles et probables qui pèseront dans la discussion. Ce bilan sera fait pour soi-même mais aussi envisagé pour le camp opposé. Le négociateur se montre capable de se décentrer, de se mettre à la place de son interlocuteur pour déterminer les points de rupture au-delà desquels une solution ne sera plus acceptable pour l'un ou l'autre partenaire.

Les jeux à somme nulle représentent des situations dans lesquelles les intérêts de chacun se révèlent entièrement opposés : ce qui est gagné par l'un est perdu par l'autre, le gain de l'un entraîne une perte équivalente. Les jeux à somme nulle fonctionnent selon un processus distributif : il s'agit de répartir un bien (partager un gâteau). Ils induisent souvent le rapport de force, la compétition, l'affrontement.

Dans **les jeux à somme positive**, les intérêts des acteurs sont entièrement communs : ils gagnent en même temps. Ces jeux fonctionnent suivant un processus intégratif, il s'agit de produire une solution commune à bénéfices mutuels (produire ensemble le gâteau). Il y a coopération entre les deux parties pour aboutir à une solution.

Dans **les jeux à somme négative**, le conflit entraîne une perte pour les deux adversaires.

Dans l**es jeux à somme non nulle de type mixte,** les intérêts des acteurs demeurent partiellement opposés, ils peuvent perdre ou gagner séparément ou ensemble. Dans cette situation, il peut y avoir coopération ou conflit.

Jeu à somme nulle *Je perds, tu gagnes* *Je gagne, tu perds*	**Jeu à somme positive** *Je gagne, tu gagnes*
Jeu à somme négative *Je perds, tu perds*	**Jeu de type mixte** *Je peux à la fois gagner et perdre*

La perspective dite « gagnant-gagnant » se trouve à la base d'une relation de coopération, elle suppose une négociation équilibrée. Cependant dans de nombreux cas, chacun à la suite de concessions devient gagnant et perdant à la fois. On a déplacé les propositions initiales, redistribué, réorganisé et en final chacun repart avec le sentiment d'avoir plus gagné que perdu (Axelrod. R., 1996).

Les solutions de sortie

Un négociateur se pose la question : « Qu'est-ce que je fais si mes plans échouent ? Quelle est ma stratégie de sortie ? » Plus on redoute l'échec, plus on est défensif ; plus on désire ardemment quelque chose, plus on devient dépendant, donc vulnérable. En revanche, si l'on a imaginé des solutions de rechange, de remplacement, on se sentira plus libre, disponible et à même d'ouvrir la discussion. Il sera donc souhaitable de prévoir une série de solutions substitutives auxquelles on se résoudra sans trop de difficultés si la négociation n'avance pas. Pour forger une victoire, on garde au moins « *deux fers au feu* ».

Les concessions

Le compromis se définit comme le retrait à peu près symétrique de chaque négociateur, on coupe « *la poire en deux* », on donne 50 % à l'un et 50 % à l'autre quels que soient ses besoins. Le compromis repose souvent sur une vue figée. Ni optimal, ni vraiment équitable, il résout partiellement le problème de départ mais il permet de trancher.

Les concessions demandent un réaménagement d'un ensemble de points, elles représentent l'ébauche des solutions négociées. Signes de bonne volonté elles montrent la réalité de l'échange et le désir de rechercher un ajustement, une solution. Elles suivent et renforcent la démarche d'ouverture. Les concessions sont préparées, anticipées pour permettre d'analyser les conséquences de cet échange. La gestion de concessions calculées et réussies représente une habileté tactique essentielle.

Les phases d'une négociation

Dans une négociation, il existe des phases spécifiques dont le déroulement sera presque régulier :

– **une phase de clarification** des objectifs, de mise au point des procédures, de l'ordre du jour. Cette phase de démarrage conditionne le déroulement de la discussion. Dans cette période, la mise en scène, le rituel, jouent un rôle important. On cherche à se faire reconnaître, à créer un rapport de domination ou de conciliation. Le lieu et le moment de la négociation seront aussi des facteurs influents dans la rencontre ;

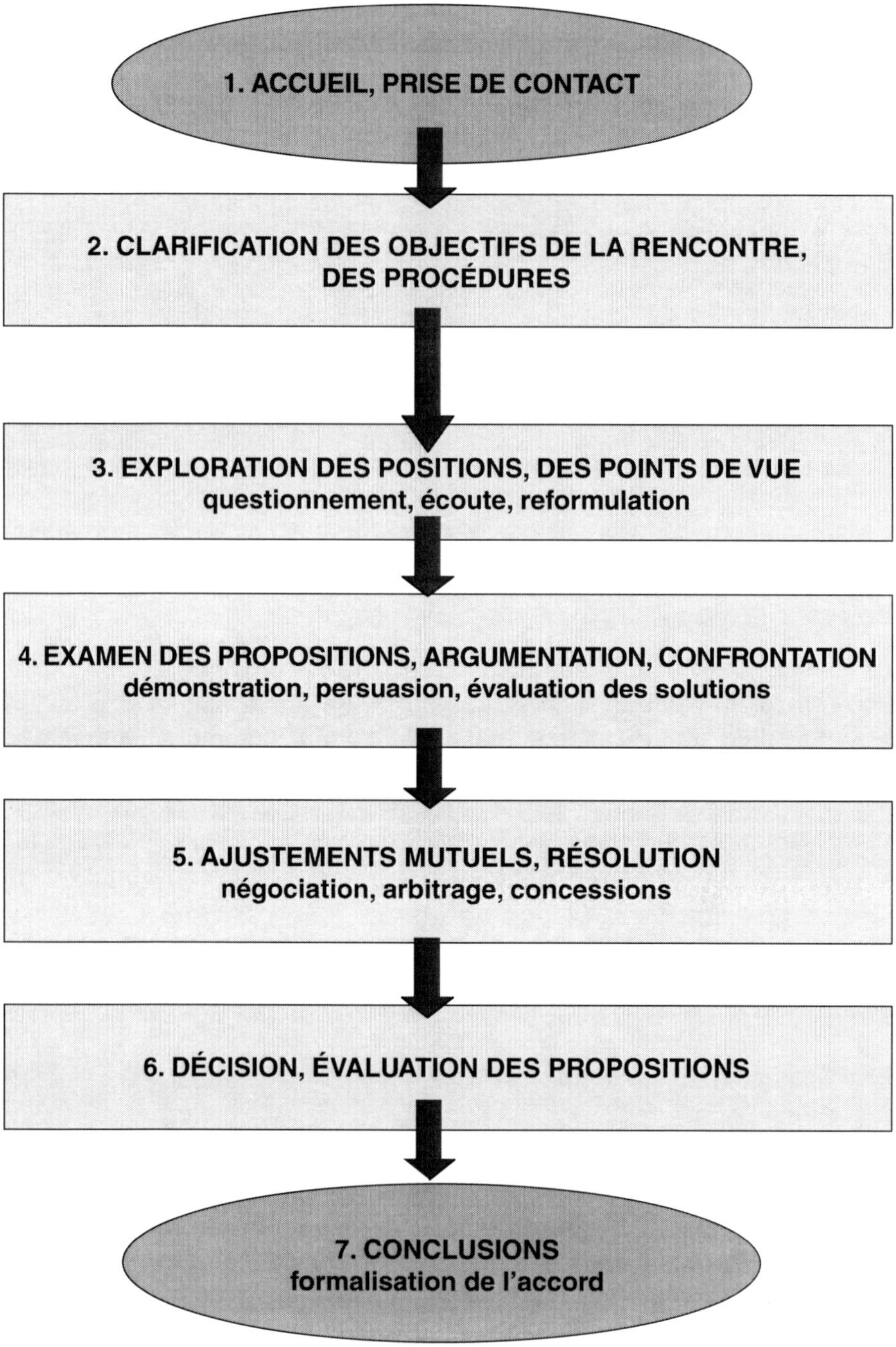

Les phases d'une négociation

– **une phase d'exploration** des positions, des points de litige, des domaines de négociation. Les divergences, les désaccords portent sur les faits, les buts, les valeurs, les méthodes, les rôles, les procédures, les informations, les relations. Il convient donc de clarifier, de mettre à plat la nature et l'importance de ces désaccords pour cadrer la discussion ;

– **une phase d'examen des propositions**, d'inventaire des points possibles de négociation. On évalue les gains et les pertes de chacun, examine le négociable, le non-négociable. On argumente, analyse, critique, imagine des solutions possibles ;

– **une phase d'ajustements mutuels**, d'accord et de résolution. La discussion dégage un cadre d'analyse commun pour les deux partenaires, des concessions réalistes sont envisagées. Une solution acceptable peut prendre forme ;

– **une phase de décision, d'évaluation des propositions**. L'ordre des phases n'est pas forcément respecté mais le négociateur sera au moins au clair avec ces différents moments clés de la discussion pour gérer efficacement l'ensemble de la démarche et intervenir en conséquence.

Les processus

Les processus recouvrent les tactiques mises en œuvre dans la négociation :

– **les processus de recherche et de dissimulation de l'information**. La surenchère, le bluff, la ruse, l'enquête, la clarification, la vérification illustrent les stratégies de prise d'informations mises en place pour gérer l'incertain, le probable, le réel ;

– **les processus de persuasion et d'influence** reposent sur l'argumentation, la démonstration, la persuasion, la suggestion, la séduction. Ils visent à influencer, à convaincre, à infléchir les positions de l'interlocuteur ;

– **les processus de coercition et de menace** expriment le rapport de force, dans sa réalité la plus immédiate. Ils se traduisent par l'agressivité, le chantage, l'intransigeance, des comportements très affirmatifs. En général, plus la menace est utilisée tôt dans la discussion moins les chances de succès existeront. La menace induit dès le départ un climat d'hostilité, de défense qui ne permettra guère l'examen critique des problèmes à traiter.

– **les processus d'accommodation, d'ajustement** marquent la recherche d'un nouvel ordre d'échange et de relation. On partage, distribue, réaménage, on établit les gains et les pertes, recherche des compromis, des concessions, des contreparties, des compensations (Touzard H., 1977).

Les comportements du négociateur

Certains comportements spécifiques caractérisent l'entretien de négociation.

La conviction

Être convaincu ne veut pas dire être affirmatif ou agressif, on peut être patient, ouvert et déterminé. La conviction d'une personne se repère en grande partie par les signes non verbaux du comportement. Le ton de la voix, le débit, le rythme de prise de parole, l'ouverture ou la fermeture gestuelle expriment la confiance ou la peur devant le conflit. La façon dont une personne prend, donne, garde ou monopolise la parole indique immédiatement le type d'influence qu'elle prétend exercer. L'énergie, la capacité à soutenir et à rechercher le contact visuel seront des facteurs importants dans la dynamique de la relation. Le tonus d'une personne montre la volonté mobilisée pour défendre son point de vue. Généralement, quand elle énonce des arguments auxquels elle tient, elle devient plus tonique, plus concentrée. Les attitudes physiques précèdent la défense ou l'attaque. Tout comportement cherche à cacher, à dissimuler, à contrôler, à imposer ou au contraire, il se veut détendu, spontané, chaleureux, coopératif.

La cohérence de l'argumentation

La mise en forme d'une argumentation cohérente, pertinente et réaliste donne du poids aux interventions. À l'opposé une argumentation improvisée, incohérente, qui répond au coup par coup sans respecter une logique très nette finit très souvent par se retourner contre son auteur. Ce dernier perd de sa crédibilité, son influence devient moindre.

La consistance du comportement

Des modifications notables du comportement avant et pendant la négociation constituent des « brouillages » importants dans la communication. L'interlocuteur n'a plus de repère pour comprendre le cheminement de la discussion, aucune relation stable ne peut s'établir, aucune solution ne peut réellement progresser. Pour devenir un pôle d'influence positive, le négociateur chevronné cherchera à adopter une attitude claire, stable, non équivoque. Il aidera ainsi à faire comprendre son point de vue et permettra à l'autre de se situer plus rapidement. Parfois, le changement de position, la confusion dans l'information résulte aussi d'une tactique imaginée pour égarer « l'adversaire » et le déstabiliser.

L'adaptation : fermeté et flexibilité

Plus on est ouvert et disponible plus on a de chance d'influencer son interlocuteur. La souplesse d'adaptation amènera une personne à se trouver en phase avec la discussion, à explorer les points de vue et à découvrir la forme et la nature des arguments les plus pertinents. La rapidité de compréhension, l'esprit de répartie seront alors des atouts majeurs.

Si le négociateur se montre ferme sur ses priorités, il cherche aussi à rester souple dans la relation. Il accepte le flou des positions, des propositions : « essayons de voir... expliquez-moi ». Il ne reste pas fixé sur un argument car il sait qu'au cours de la discussion les points de vue vont évoluer. L'implicite, le non-dit, les enjeux cachés sont permanents et les solutions se construisent dans le feu de la discussion. Une approche trop rationnelle devient un frein à la négociation. « *Le chemin se découvre pas à pas en avançant.* »

La résistance au stress et la lucidité

La sécurité émotionnelle des deux protagonistes conditionne le dialogue. Le chantage, la menace, le rapport de force, les manipulations, le bluff, les influences diverses tendent à angoisser, à désarçonner, à abaisser « l'adversaire ». Les émotions entrent en résonance et ces moments de tensions génèrent des peurs, provoquent des réactions de défense, des comportements agressifs. À l'opposé les compliments, les flatteries, la séduction font baisser l'état de vigilance. Par ailleurs, si une personne est convaincue de la justesse et de la valeur de ses arguments, elle ressentira les attaques comme des atteintes personnelles qui raviveront ses propres frustrations et anxiétés. Elle se sentira détruite, blessée. De ce fait, nous ne sommes pas forcément les meilleurs avocats de notre cause.

La dédramatisation

Le négociateur se méfie des réactions non contrôlées, des déclarations péremptoires (accuser, énumérer les griefs, décharger sa bile, revendiquer, humilier) qui vont produire de la tension et verrouiller la discussion. Accepter ses émotions et ses peurs permet de repérer les pensées négatives automatiques : « Ça ne marchera pas... il va me piéger ». Souffler, se détendre aident à se concentrer sur l'action. L'engagement passionné et passionnel dans la discussion entraîne des positions excessives. Le détachement, l'humour restent probablement les réponses les moins coûteuses face à ces débordements du verbe. En prenant du recul par rapport aux sentiments, on dédramatise, relativise les interventions et les comportements. Être confiant ne signifie pas être naïf. On recentre la réflexion sur le réel, le sens et la portée des solutions envisagées. Une négociation réussie vise à transformer un « adversaire » en un partenaire.

L'imagination et l'ouverture

Le négociateur écoute les suggestions, les idées nouvelles, repousse les limites formelles du cadre fixé, redéfinit le problème, imagine et réinvente des possibles. Il ne s'enferme pas a priori dans des contraintes impératives, ne se bloque pas sur une seule solution qui ne pourra jamais satisfaire les deux parties mais préfère travailler sur une gamme d'hypothèses envisageables. Il cherche à ouvrir les perceptions, les représentations, crée de la valeur à partager, des solutions nouvelles. Il utilise son intelligence, son énergie à l'exploration et à la créativité plutôt qu'à l'attaque et à la défense : « *Essayons ensemble de regarder les choses autrement* »

Cependant la rigueur, la compétence, la connaissance d'un dossier resteront des qualités fondamentales pour mener le débat. Une aisance dans le contact, la séduction, une souplesse dans les relations ne peuvent pas suppléer une insuffisance caractérisée sur le fond. La maîtrise de l'information, l'expertise sur les problèmes à traiter resteront essentielles.

Les pôles de la négociation

Dans une rencontre, il existe un pôle positif qui représente le rapprochement, le dialogue, la compréhension et un pôle négatif qui illustre l'affrontement, les rapports de force, le conflit. L'échange va osciller d'une position à une autre suivant la nature et les caractéristiques de la situation.

Un négociateur sera capable à chaque moment de faire le point pour lui-même et d'analyser les modes de discussion, les phases critiques rencontrées. Il travaille à la fois sur la relation, le processus et les solutions à produire. Il a identifié les moments clés pour rester attentif à la dynamique de la discussion et anticiper les blocages possibles. La compréhension de la situation, la lucidité sur les jeux de relations, sur les différentes séquences seront essentielles pour rester en phase avec la dynamique de la négociation. Cette condition aide à réagir d'une façon pertinente et efficace au bon niveau du processus. Plus une difficulté sera vite repérée, plus on sera à même de la traiter et d'orienter la discussion d'une façon positive.

Pôle négatif	Négocier	Pôle positif
Pas de précédent, conflit nouveau et ouvert, peu de compétences en négociation	**1. Contexte**	Négociation institutionnalisée, cadre normalisé, compétences en négociation
Intérêts opposés Jeu distributif : opposition, recherche la domination ou le compromis avantageux	**2. But, enjeux**	**Intérêts convergents** Jeu intégratif : entente, consensus, prise en compte des intérêts de l'autre, harmoniser

Pôle négatif	Négocier	Pôle positif
Antagonisme, affrontement, hostilité, manipulation, tensions, individualisme	**3. Relations Rapports**	Coexistence, rapprochement, synergie, écoute, valorisation, interdépendance
Position floue, irréaliste, changeante, intransigeante, discussion au coup par coup	**4. Position d'entrée**	Clarification des enjeux, des buts, proposition de méthode, position claire, souple, réaliste,
Méfiance, mauvaise foi, tous les coups sont permis, improvisation	**5. Échanges**	Confiance, bonne foi, sincérité, coopération, détente, humour
Accusation, procès d'intention, implication directe dans ses émotions, ses idées,	**6. Identification des points à débattre**	Mise à plats des questions, repérage des faits, des attentes, des besoins, des comportements
Pouvoir coercitif, menaces, manipulations, affirmations défensives, blocages	**7. Pressions, influence**	Persuasion, argumentation, démonstration, échange, discussion, compréhension
Fermeture, contraintes, bluff, impératifs, dérobades, ultimatum, fuite, évitement, report, rupture	**8. Progression résolution**	Ouverture, compromis, concessions, contre propositions, contreparties, compensation
Faible, incohérente, non pertinente, non crédible, désordonnée, affirmative	**9. Argumentation**	Pertinente, concrète, cohérente, crédible, consistante, réfutation, Écoute, questionnement
Stratagèmes, manipulation, solutions partielles, dissimulation, mensonge	**10. Propositions**	Propositions explicitées, concrètes, argumentées, testées, validées par les deux parties.
Obstination, refus de changer, entêtement, attachement à sa solution, marchandage	**11. Concessions**	Ajustement, évolution concession, recadrage, compromis, équilibre, équité
L'application des décisions repose sur la bonne foi, la confiance pas de suivi	**12. Accord**	Formalisation de la mise en place des solutions, garanties, moyens de contrôle, échéances

On peut parfois « convaincre » une personne à court terme car elle sait mal se défendre, on l'amène à accepter un point de vue qui sera remis en cause plus tard. Il n'y a aucune adhésion aux solutions imposées, en conséquence la décision sera difficilement appliquée. Le problème se posera de nouveau. Le moyen d'influence détermine la qualité mais aussi la validité et la mise en œuvre de la solution. C'est pourquoi le négociateur restera attentif au déroulement de l'échange, aux signes d'écoute et d'acceptation.

Négociation et coopération

Le dialogue, la coopération demeurent à la base de l'efficacité et des bonnes relations interpersonnelles dans les organisations. Cependant, notre éducation ne nous prépare guère à ces comportements, nous sommes souvent en compétition avec nous-même et pour gagner, il faut faire perdre l'autre. Ce monde de la seule loi de la dominance conduit les personnes à des comportements égoïstes et destructeurs. La compétition, l'agression, la ruse, entraînent alors des situations aléatoires génératrices de stress, d'hostilité.

La logique impérative du gain immédiat, des intérêts divergents, le « je gagne/tu perds » reposent sur une vision de court terme. Dans une « jungle sociale » la peur domine, les personnes peuvent survivre mais rien ne peut se construire et prospérer. L'attention reste mobilisée sur la défense, le conflit. Pour un peu plus de gain personnel, on maximalise les pertes d'autrui. Pourtant, la pratique quotidienne montre que la coopération se révèle très souvent une stratégie gagnante à long terme, car elle induit des comportements lisibles, prévisibles et rapporte donc généralement plus. La coopération entraîne la coopération, elle débouche sur le donnant-donnant, des règles du jeu explicites amènent la stabilité des relations et la réciprocité.

Un échange symétrique demande d'abord de dominer sa propre peur, son avidité et sa cupidité afin d'accepter la reconnaissance et l'acceptation de l'autre comme personne et interlocuteur. Prendre du temps pour échanger sur les valeurs essentielles, sur les finalités des projets permet de développer une logique d'action lisible, compréhensible. Chacun anticipe alors les réactions de l'autre et les conséquences de son propre comportement (Guittet A., 2011).

Une bonne négociation conduit à une décision à laquelle personne n'oppose d'objection valide, c'est une décision qui respecte les besoins, les droits et les intérêts de ceux qui auront à la vivre. Alors que le consensus exige que les membres soient unanimes, le simple consentement consiste à vérifier que son interlocuteur n'oppose pas d'objection raisonnable.

La préparation d'une négociation

Avant la rencontre, le négociateur visualise son but, sa démarche et détermine là où il veut aller.

En fonction de ses objectifs, il identifie quelles sont les variables d'action sur lesquelles il va agir. Il cherche à prendre de la hauteur pour regarder la situation sous des angles différents. Il met alors au point des scénarios de négociation à partir des informations dont il dispose et des positions possibles de son interlocuteur. Ces scénarios l'aideront à découvrir les différents jeux d'interactions possibles et le prépareront à la mise au point d'une stratégie, d'une tactique.

POUR MOI	POUR MON INTERLOCUTEUR (le probable)
- Le but, les enjeux, les besoins - Les gains, les risques, les pertes - Le négociable, le non négociable - Les concessions, les marges de manœuvre - Mes objectifs, mes solutions - Mes arguments, mes appuis, mes alliés - Mes forces, mes faiblesses - Ma position d'entrée (basse, haute) - Ma solution de sortie	- Son but, ses enjeux, ses besoins - Les gains, les risques, les pertes - Le négociable, le non négociable - Les concessions, les marges de manœuvre - Ses objectifs probables - Ses solutions - Ses arguments, ses appuis, ses alliés - Ses forces, ses faiblesses
Les bénéfices mutuels	
Ma stratégie	Sa stratégie probable

L'entrée dans la discussion demande une préparation sur le plan physique, émotionnel et intellectuel, la personne cherchera ainsi à :

– prendre le temps de faire le point sur le plan mental et émotionnel, se relaxer, souffler, respirer lentement, se détendre physiquement, se concentrer sur les sensations de son corps pour évacuer les tensions, retrouver le calme mental ;

– s'entraîner à la pratique de l'imagerie mentale, visualiser, imaginer le déroulement de la rencontre (le meilleur scénario, le pire), si possible se représenter mentalement les gestes, les attitudes, la voix de son interlocuteur, se familiariser avec celui-ci, se conditionner positivement ;

– répéter mentalement sa propre argumentation, visualiser son comportement dans la discussion pour intérioriser sa démarche, simuler son scénario ;

– aménager l'espace, le cadre de la négociation, choisir un lieu neutre car l'environnement matériel possède un fort impact suggestif :

– adopter une attitude créative, non restrictive, attaquer les questions suivant des angles, des points de vue différents, imaginer le problème tel qu'il est perçu par les autres, par soi-même, associer, croiser les démarches, les solutions ;

– rechercher des alliés, des points d'appuis pour renforcer son argumentation, discerner les éléments de synergie qui vont aider à faire progresser la solution, jalonner dans le temps et dans l'espace ses interventions pour avancer par étapes successives ;

– adopter une attitude positive face au conflit, accepter l'idée selon laquelle, les conflits sont naturels dans l'évolution des personnes et des groupes. Le conflit représente une occasion de remise en cause, de clarification. Les intentions d'autrui ne sont pas forcément *a priori* négatives, il peut avoir de bonnes raisons d'agir ainsi ;

– se renseigner sur la psychologie de son interlocuteur, anticiper ses réactions : quelles sont ses pratiques de la négociation ? provoque-t-il le rapport de force ? est-il inquiet, stressé, manipulateur ou joue-t-il l'apaisement, la conciliation ?

– définir sa position d'entrée dans la discussion, adopter une position basse d'attente ou une position haute de demande, de revendication, préparer le démarrage de la discussion ;

– tester sa stratégie auprès d'interlocuteurs attentifs et valider la qualité et la force de ses arguments, marquer par écrit ses points clés, ses mots « chocs ».

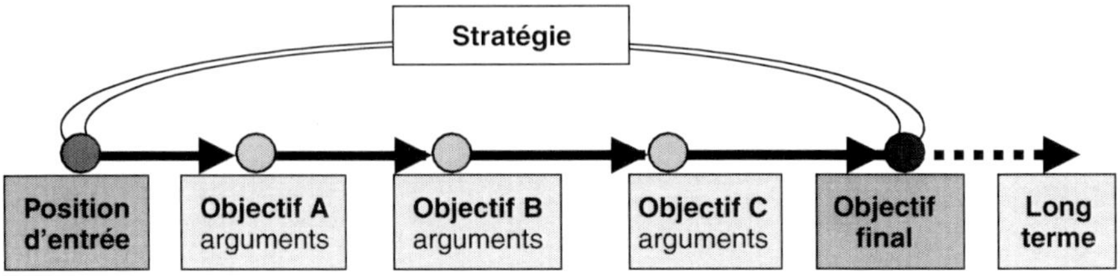

La préparation d'une stratégie

Le négociateur sait aussi que les positions prises avant et au début d'une négociation représentent des propositions, des positions de principe qui seront remaniées au cours de la discussion. Il ne s'arrête donc pas aux premières formulations pour ne pas figer les points de vue. Il cherche au contraire à ouvrir l'exploration de l'information, à faire fonctionner les différents scénarios de résolution pour comprendre les enjeux réels, saisir les intérêts primordiaux de chacun et hiérarchiser les priorités.

En final, le négociateur rassemble ses données pour construire une stratégie cohérente avec différents objectifs clarifiés et pour chacun de ces moments des arguments adaptés. Cette mise en forme constitue un canevas, un repère sur lequel il va s'appuyer pour avancer dans la discussion. Ensuite, il s'adaptera et improvisera car rien n'est fixé d'avance.

Les relations

Dans une négociation la rencontre se joue sur la base d'une relation émotive. La personne intériorise de la tension, de la peur, de l'anxiété. Elle risque alors de s'impliquer sans recul dans ses idées.

Avant la phase de démarrage de l'échange, il sera nécessaire d'avoir clarifié pour soi ses ressentiments, ses craintes car les phénomènes de projection, d'interprétation nous amènent parfois à attribuer à l'autre nos propres émotions. Quand les partenaires s'accusent d'agression, de manipulation, ils révèlent souvent leurs intentions alors que rien dans les comportements de l'interlocuteur ne justifie de telles affirmations. La première condition d'un échange passe par la reconnaissance de l'autre. L'accueil, le contact ouvert, l'écoute seront des facteurs de renforcements positifs de la relation. On réduira ainsi les défenses et les attitudes trop rigides.

S'il existe un conflit manifeste entre deux personnes, il est préférable de traiter séparément les problèmes d'individu et les questions de fond ou du moins se montrer très vigilant sur les modes de communication afin que la situation ne se dégrade pas immédiatement : « *Je comprends votre colère, ce qui s'est passé est regrettable, nous sommes là pour trouver des solutions acceptables.* »

Le négociateur ne cherche pas à attaquer les personnes mais à traiter le différend qui existe entre elles. Il se montre ferme dans son propos mais souple dans son comportement. L'agression entraîne généralement l'agression dans une escalade symétrique. Si un partenaire éprouve le besoin de « vider son sac », d'expulser une colère, il est préférable de le laisser décharger ses tensions plutôt que de répondre dans un système d'attaque/défense. Pour éviter un affrontement stérile, il sera nécessaire d'accepter et de traiter l'émotionnel : « *ces propos montrent la nécessité de trouver un arrangement* » (Ury W., 1993).

S'il écoute attentivement et manifeste clairement qu'il comprend la situation, le négociateur informe, explique sa position. La reconnaissance des désirs légitimes de l'un et de l'autre, la reformulation des intérêts communs, des points d'accord déjà acquis, l'usage répété du « nous » coopératif auront alors un effet bénéfique sur le climat surtout dans les moments critiques.

Les tactiques

Une stratégie suppose un choix cohérent et adapté d'actions coordonnées en vue d'atteindre un objectif défini. Elle demande une anticipation des comportements possibles, une analyse des séquences de question/réponse à débattre dans la discussion.

Les tactiques se caractérisent par l'organisation des moyens à mettre en œuvre. Par exemple, elles consisteront à donner ou à prendre de l'information, à ouvrir ou à fermer l'exploration des données.

Dans une négociation, le bluff et le mensonge ne résistent guère si on vérifie systématiquement, point par point, les renseignements fournis. Tant que l'information ne sera pas authentifiée par sa source, on peut légitimement demander des éclaircissements, tenter de faire préciser : « En quoi cette information nous concerne-t-elle ? Qu'est-ce que vous cherchez à démontrer ? D'où tirez-vous ces éléments ? Sur quoi vous fondez-vous ? Quel est le rapport entre ce que vous m'avez dit hier et ce que vous me dites aujourd'hui ? » Cette attitude d'écoute, de clarification, de questionnement actif mettra l'interlocuteur face à sa responsabilité.

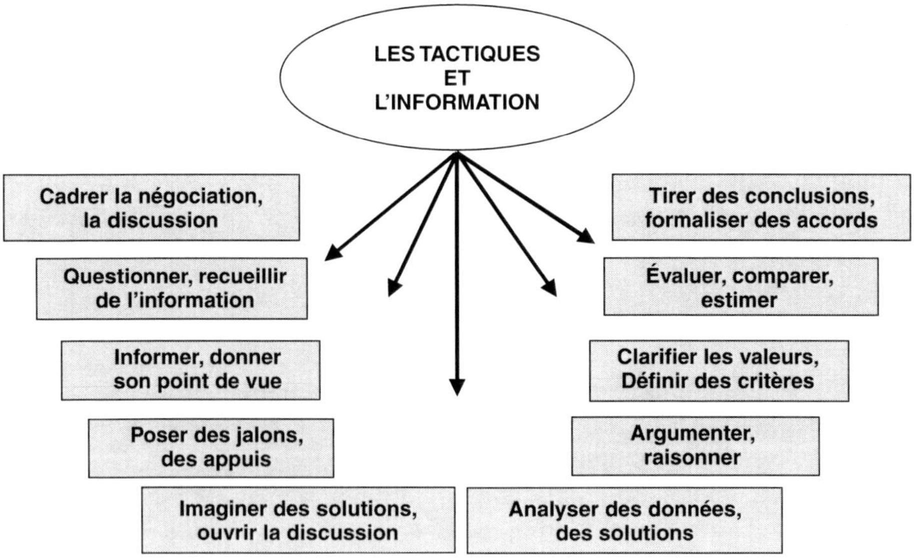

Il se révèle parfois intéressant de rechercher les conseils et les critiques avant même de défendre ses propres idées. Cette démarche conduit l'interlocuteur à se décentrer, à envisager le point de vue de l'autre : « Aidez-moi à comprendre... » « Si l'on envisageait de... » « Si vous étiez à ma place, que feriez-vous ? ». Il se trouve ainsi amené à reconnaître les désirs et les problèmes de son vis-à-vis. Exprimer ouvertement ses craintes et ses doutes sur une proposition amène chacun à préciser sa pensée.

Le négociateur utilise abondamment les reformulations interrogatives, inductives, les reformulations appuis qui permettent de poser des jalons dans le cheminement du débat. D'une façon générale celui qui affirme perd de l'énergie, celui qui pose des questions gagne de l'information. Les positions dures, les formulations chocs, les attaques agressives ne prendront leur force que si elles rencontrent un écho, une opposition. Les techniques des arts martiaux nous montrent qu'une énergie mal utilisée finit par se retourner contre la personne elle-même. Si l'agressivité ne trouve pas une réponse qui la stimule, elle s'épuise dans les mots. Cependant, on reconnaîtra les attaques personnelles, les chantages, les manipulations mais on évitera d'y répondre directement. Lorsqu'une tactique se trouve mise à jour et explicitée : « ce comportement n'est pas utile... », elle perd de son efficacité.

Dans une négociation, les échanges suivent la dynamique des positions, des rapports de force, la discussion se construit, s'élabore, progresse, se bloque, se dénoue. Un argument sera inopportun, une concession prématurée, un compromis mal présenté et immédiatement la situation va se modifier. Les changements de position, les concessions nécessitent donc d'être préparés, suggérés par une démarche d'exploration.

En conséquence, on cherche à vérifier les perceptions, les points d'accord, de désaccord ; on teste les intentions réelles de l'interlocuteur. Différentes propositions sont envisagées à voix haute : « Et si on tentait de... essayons de... », on propose, demande des ouvertures. Toutefois, une tactique ne peut se définir totalement à l'avance, elle se construit dans l'action en fonction de ce que l'on ressent comme le plus pertinent. Plus un individu écoute son corps, ses émotions, son intuition plus il a prévu de « scénarios » de résolution, plus il s'adaptera facilement aux nouvelles données.

L'argumentation

Une argumentation demande une préparation intellectuelle et psychologique. L'improvisation – quand elle existe – cache souvent une mise en forme minutieuse d'éléments clés qui ont été mûrement réfléchis. Les arguments, les mots, les gestes sont intégrés dans une mise en scène du comportement pour impressionner, séduire ou convaincre.

Les qualités d'une argumentation

La façon de présenter des arguments dépend de l'objectif à atteindre, de la manière dont se pose le problème. L'argumentation se trouve renforcée ou infirmée par l'expression, le comportement. Elle assure une perception claire de son point de vue. Une bonne argumentation utilise des verbes d'action et beaucoup de mots de liaison, de mots chevilles qui soulignent le lien entre les différentes propositions : donc, enfin, par conséquent, en conclusion...

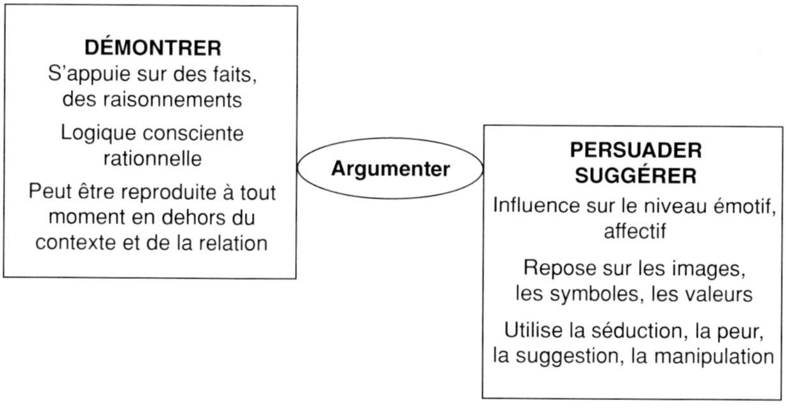

Une argumentation simple, homogène repose le plus souvent sur un seul mouvement de pensée. Elle se déroule comme une démonstration, les informations qui ne vont pas dans le sens du but recherché devenant parasites et ralentissant la discussion. Pour coordonner des arguments complémentaires et cohérents, on répète les points clés qui établissent les temps forts et donnent de la consistance à une intervention.

Cependant, trop d'arguments tuent l'argumentation : pour plus d'efficacité, le discours va s'articuler autour de 3 ou 4 arguments essentiels, arguments pertinents, cohérents, opportuns, vraisemblables, compréhensibles, recevables, complémentaires et hiérarchisés.

L'intervention sera directe ou va s'appuyer sur des relais : elle reprend alors les propos de l'interlocuteur ou des déclarations d'autres personnes qui renforcent l'idée défendue. L'argumentation vise à persuader par la démonstration, le raisonnement ou par la persuasion, la suggestion.

La préparation de la négociation amène à répondre aux questions suivantes : qu'est-ce que l'on cherche à prouver ? De quels faits, de quels exemples dispose-t-on ? Ces arguments ont-ils valeur de preuve ? Quels sont les points forts et les points faibles, réfutables de cette argumentation ? Quel est le style d'argumentation le plus performant ? À quel moment faut-il utiliser cet argument ? Quel est l'argument le plus efficace ? Quel est l'effet, l'impact de cette argumentation auprès de l'interlocuteur rencontré ? À quoi est-il particulièrement sensible ?

Les formes d'argumentation

La rhétorique désigne l'art et la technique de démontrer, persuader, convaincre. Elle représente une théorie de la parole efficace liée à une pratique oratoire (Reboul O., 1986).

La rhétorique peut aussi être perçue comme une négociation de la différence de points de vue entre des individus sur une question donnée. Par la parole, chacun essaie de dégager le vrai, le vraisemblable, le probable d'une réalité commune. L'échange, la discussion, la confrontation sont ainsi à la base de la vie sociale, du jeu démocratique.

Ainsi, en Grèce antique, pour Aristote la rhétorique comme méthode d'argumentation comporte trois dimensions :

– l'*ethos* concerne les valeurs (l'honnêteté, la sincérité...) les comportements à adopter ;

– le *patho*s recouvre l'ensemble des émotions et sentiments mobilisés dans le discours ;

– le *logos* concerne la formulation de l'argumentation proprement dite.

À Rome, pour Quintilien la démarche rhétorique s'articule en 5 étapes préparatoires : invention (la recherche d'idées), disposition (l'organisation du discours), élocution (l'expression orale), mémorisation (intériorisation), action oratoire (la répétition, l'appropriation du discours). Pour Cicéron, la persuasion consiste à prouver la vérité de ce qu'on affirme, se concilier la bienveillance des auditeurs et éveiller en eux toutes les émotions qui sont utiles à la cause.

Ces données restent utiles pour préparer les différentes formes de persuasion et d'argumentation, cette réflexion permet de s'approprier son mode d'action pour en saisir la portée et les limites.

Dans une négociation, percevoir les types d'intervention aide à réagir d'une façon pertinente. On repérera :

– la déduction : elle tire une conclusion particulière de données générales, elle repose sur le principe de non-contradiction ;

– l'induction : elle produit une loi générale à partir d'un exemple particulier (l'étude statistique sur un échantillon) ;

– l'analogie : on trouve ailleurs un élément identique qui illustre la solution à apporter au problème ;

– le pragmatisme illustré par la formule : « Peu importe qu'un chat soit noir ou blanc, pourvu qu'il attrape des souris » (ce qui réussit est vrai) ;

– la dialectique : des opinions, des faits opposés se retrouvent harmonisés dans un mouvement de synthèse. Le raisonnement dialectique servira par exemple à démontrer que des intérêts aujourd'hui divergents deviendront communs dans le long terme ;

– l'examen des contraintes ou l'élimination des solutions proposées : « Nous ne pouvons faire autrement, toutes les autres solutions ont été démontrées impossibles » ;

– le paradoxe : il vise à sortir de la logique fixée, par exemple : « Si vous étiez si sûr de votre bon droit, auriez-vous besoin de tant argumenter et de vous défendre de cette façon ? » ;

– l'alternative : elle propose deux choix positifs : « Je vous accorde une augmentation de salaire ou une semaine de congés en plus ! » Elle formule deux choix négatifs dont l'un est un repoussoir : « C'est la bourse ou la vie. », « C'est une discussion immédiate ou une grève générale ! » ;

– le recours aux valeurs morales, l'appel aux images sociales ou aux identités immuables : ces valeurs sont utilisées pour rappeler des règles de solidarité, de vie commune : « Nous avons tous besoin les uns des autres » ;

– le recours à la relation d'autorité : « C'est moi ou le chaos ! » dont la réfutation par un raisonnement pragmatique donnerait « Les cimetières sont remplis d'hommes qui se croyaient indispensables ! »

La réfutation

Au cours de la discussion un argument peut être accepté, devancé, ignoré, retourné, réfuté, neutralisé ou rejeté.

Pour réfuter une argumentation, le négociateur cherche d'abord à prendre le temps de bien écouter, de ressentir les émotions, les intentions, de repérer la nature des arguments, des raisonnements développés. Une formulation comme « si je vous ai compris, vous voulez dire que… » aidera à assimiler les éléments clés de l'intervention et à vérifier la force et la pertinence des idées apportées. L'observation du comportement permettra de discerner la conviction, la confiance dans les arguments apportés.

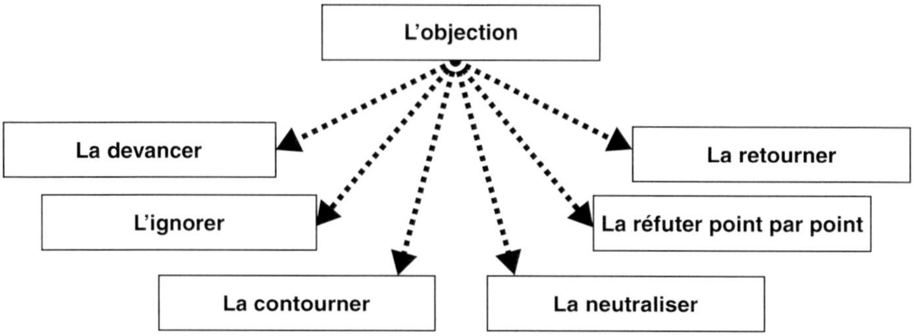

Un vendeur évite de s'opposer, de dire non, il recherche plutôt les acquiescements qui réduisent la tension. Il va rebondir sur les interventions : « Je suis d'accord avec ce point et je peux ajouter que... ». Par contre, il s'appuie sur les déclarations d'autrui pour avancer ses arguments : par exemple, « Notre système présente une fiabilité à toute épreuve ! » entraînera la réplique suivante « Donc, vous pouvez nous offrir une meilleure garantie ».

Dans une négociation une proposition sera réfutée si dans la discussion l'interlocuteur abandonne son argument : il n'y reviendra plus.

À une argumentation de type rationnel, logique on oppose des arguments contraires du même domaine et du même niveau. Par contre, il n'y a pas de preuve, pas d'objection contre le niveau émotionnel. Il sera donc dangereux de sous-estimer ou de surestimer une intervention. À partir de son ressenti, on cherchera alors à trouver une réponse adaptée.

Il est parfois utile d'anticiper les critiques en exposant d'avance les objections, on désamorce ainsi les répliques, invite à rentrer dans la proposition pour l'examiner d'une façon moins défensive. Pour faciliter l'accord, il est préférable de travailler sur les arguments communs, convergents plutôt que de se bloquer sur des affrontements.

Forces des arguments	**Arguments à réserver** forts pour soi, faibles pour l'autre, *Rapport de forces*	**Arguments à privilégier** forts pour soi, forts pour l'autre *Rapprochement*
Faiblesse des arguments	**Arguments à éviter** faibles pour soi, faibles pour l'autre *Perte de temps*	**Arguments à contourner** faibles pour soi, forts pour l'autre *Infériorité*

La forme de présentation de l'information, les connotations des termes employés, l'enchaînement des arguments induisent une certaine perception de la réalité. L'effet suggestif produit peut parfois devenir aussi important que la logique de la démonstration. Un langage mathématique rigoureux et pertinent va déclencher un effet négatif si l'interlocuteur ne maîtrise pas cette approche. Il restera imperméable aux arguments et vivra l'argumentation comme un rapport de force. Il ne suffit pas d'être expert, convaincre suppose de la pédagogie pour rendre compréhensible son expertise et mettre à plat les informations.

La résolution

Les besoins de l'un n'étant pas les besoins de l'autre, des transactions sont possibles. Un négociateur anticipe, clarifie ses objectifs, ses intentions, ses positions, il situe :

– l'objectif maximum, le meilleur résultat possible, les gains maximaux ;

– l'objectif minimal, le seuil minimal, le résultat en dessous duquel il est impossible de descendre, le point de référence à partir duquel les pertes sont maximum, l'acceptabilité nulle, ce qui va produire un retrait de la discussion, une rupture (en dessous de tel prix on perd de l'argent, en dessous de tel délai, il n'est pas possible de terminer un travail) ;

– l'objectif cible représente un équilibre réaliste, équitable entre les attentes de l'un et les attentes de l'autre ;

– la zone de négociation, la distance entre l'hypothèse basse et l'hypothèse haute représente la plage d'accord possible, de concessions, de marges de manœuvre où chacun va essayer d'influer pour défendre ses intérêts essentiels et tendre vers les différentes solutions possibles.

La négociation demande une clarification des besoins fondamentaux de chacun, des contraintes, des limites du négociable et du non négociable. Le travail d'influence va consister à déplacer ces frontières, à jouer sur les différents facteurs et à modifier progressivement les positions sans heurter son interlocuteur (Bercoff M A., 2004).

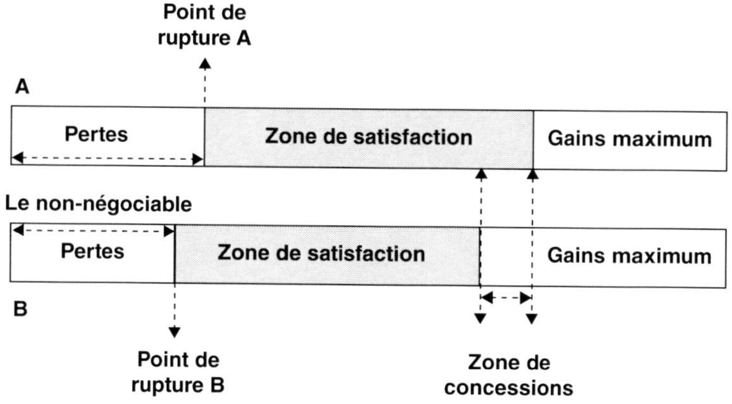

Les zones d'accord dans une transaction commerciale

Les concessions

Concéder le premier d'une manière unilatérale peut laisser croire à une grande marge de manœuvre dans la discussion. Généralement, dans la pratique, une concession ne sera pas faite dans un moment de faiblesse mais de préférence lorsque la personne a réussi à établir une relation de confiance suffisante pour amorcer des changements de positions ou que, de part et d'autre, on a reconnu la possibilité d'un échange, d'un glissement de position. Un négociateur fera précéder une concession par une annonce : « je vais proposer... ». La démarche sera claire, elle repose sur une règle implicite : une concession demande une contrepartie. Il est donc important d'avoir hiérarchisé ses priorités, construit son argumentation et prévu des concessions minimales qui seront un indice de bonne volonté. Elles marqueront la progression de la négociation.

La notion de valeur d'une chose dépend des intérêts spécifiques des personnes. Ce qui est essentiel pour l'un n'est pas forcément essentiel pour l'autre d'où la possibilité d'opérer des transactions sur plusieurs plans. L'un veut gagner du temps, l'autre plus d'argent. Une concession minime sur des besoins essentiels de son interlocuteur peut produire un effet d'ouverture, de déblocage.

Une négociation échoue quand les valeurs et les besoins d'une personne ne sont pas respectés, ce qui entraîne tensions puis rupture.

Les blocages

Pour gérer une situation bloquée, il est possible d'agir à plusieurs niveaux. Au niveau corporel, on cherche à produire de la détente en ralentissant le rythme de parole, en changeant de positions physiques, par exemple en proposant de se lever, de faire une pause pour prendre un café. Le simple fait de marcher, de bouger peut réduire des tensions physiques.

Au niveau émotionnel, on reformule les besoins, les enjeux communs, on redonne de l'information conviviale, positive pour réduire le niveau d'agressivité.

Sur le plan intellectuel, on montre d'abord les points d'accord dans la discussion, rappelle les arguments échangés : « revenons en arrière pour voir comment nous sommes arrivés là ». On souligne les valeurs communes, apporte des informations nouvelles pour réexpliquer sa position et on redonne la parole à son interlocuteur.

L'écoute et l'observation des comportements seront primordiales pour repérer, anticiper les tensions physiques qui précèdent les moments de blocages. Le négociateur avance pas à pas, il valide l'accord au niveau physique (observation du non-verbal), puis au niveau intellectuel (reformulation et synthèse des informations).

La conclusion, le dénouement

Dans une négociation, on appréciera le moment où l'accord devient possible pour amener un engagement réaliste et clore la discussion. Parfois, il suffira de faire une dernière proposition qui va faire basculer la décision ou identifier et traiter le dernier point critique ou au contraire renforcer les propositions par une reformulation des avantages respectifs, la valorisation des solutions.

Les changements d'appuis, une détente du visage seront des signes à noter pour saisir le degré d'acquiescement ou de réticence avant de vérifier par un engagement verbal sans ambiguïté que l'accord est atteint : « nous sommes d'accord sur cette solution ».

Les critères et les garanties

L'argumentation vise à dégager, à clarifier les critères communs nécessaires qui permettront de formuler des solutions. Nos choix, nos comportements sont sous-tendus par des critères, des valeurs souvent implicites. C'est l'adoption de repères communs (données identiques, outils communs) qui amènera la même appréciation de la réalité. On peut alors estimer, mesurer, comparer, juger. Cependant, une concession ne dépend pas seulement de l'objectivité : elle répond aussi aux sentiments d'équité qui font que l'un et l'autre des partenaires ne se sentiront pas lésés dans la solution. Ces critères d'équité assurent une distribution acceptable, raisonnée des gains et des risques.

Enfin, dans une négociation les deux parties peuvent se mettre formellement d'accord sur une solution, il reste encore à définir les procédures, les modalités d'application de la décision. L'esprit et la règle de la solution ne doivent pas être pervertis ou dénaturés, détournés au profit d'un individu. L'application d'une décision conflictuelle doit tendre à être indépendante de la volonté d'un seul partenaire. Par exemple, si deux enfants se sont mis d'accord pour partager un gâteau, ils adoptent un système qui garantit les intérêts de chacun : l'un coupe le gâteau et l'autre choisit sa part. Ainsi, le premier ne sera pas tenté de tricher et d'emporter tout le morceau. De la même façon, un prix sera indexé par rapport à d'autres produits. Par cette règle, le jeu échappe à l'influence directe d'un partenaire et la décision redevient équitable (Fisher R., Ury W., 1982).

Dans une négociation, il ne suffit pas seulement d'avoir raison, de trouver les arguments les plus performants, une décision sera formelle si aucune clause, aucune garantie, ne précise les conditions d'application. Le perdant sera celui qui ne dispose pas de moyens d'action et de contrôle.

Les techniques et les stratégies

Dans une négociation, la façon dont on enclenche la discussion sera fonction des stratégies et des tactiques choisies. L'examen des procédures, la présentation de l'information, l'analyse des attitudes seront essentiels pour en comprendre le déroulement. Les stratégies les plus fréquentes reposent sur la présentation des positions et des arguments (Dupont C., 1982).

La négociation point par point

Cette démarche consiste à découper la discussion problème par problème sans chercher à globaliser les résultats partiels. Une telle négociation débouche sur une suite de compromis successifs. Le point par point reste une stratégie prudente. On commence d'abord par les questions qui ne posent pas trop de difficultés : un accord rapide déclenche un effet d'entraînement positif qui aidera ensuite à examiner les difficultés plus grandes. À l'opposé, la démarche se centre sur des éléments clés pour lesquels on tient absolument à faire passer ses solutions ou elle se focalise sur les problèmes les plus complexes à résoudre, ce qui permet alors de gagner du temps, de réfléchir et d'analyser les tactiques, repérer les intentions réelles. Cependant, cette technique du point par point marque une approche défensive, elle ne produit guère de solutions créatives et n'assure pas forcément une cohérence globale dans les solutions apportées.

La globalisation

À l'opposé de la précédente, cette démarche vise un traitement global de la situation. On pose comme principe que la négociation représente un tout, de ce fait un accord partiel ne sera accepté que dans le cadre d'un règlement global. Cette approche suppose une analyse claire de l'ensemble des buts et des enjeux et une stratégie cohérente pour arriver à traiter les questions débattues.

La technique des bilans

Cette approche fonctionnelle consiste à mettre à plat l'information, à faire un bilan, peser et pondérer les avantages et les pertes des deux parties en présence pour équilibrer les échanges. La présentation joue un rôle essentiel car les données ne se recouvrent jamais totalement compte tenu des besoins et des intérêts de chacun. Le gain de l'un n'est pas forcément une perte pour l'autre. Cette méthode permet de saisir les écarts de points de vue, elle facilite la réorganisation des positions pour dégager des solutions équilibrées.

La technique des jalons

Elle s'apparente aux techniques du jeu de go. Le négociateur, dans la discussion, fait valider des points d'informations qui ne semblent pas forcément avoir de liens entre eux. Il occupe progressivement le terrain, contrôle les zones de liberté et établit des connexions de plus en plus serrées entre les différentes données, réduisant ainsi la marge de manœuvre de « l'adversaire ». Cette vision offensive se déroule dans le temps et parfois se met en place dans une suite d'entretiens successifs.

Le recadrage et l'élargissement

Cette démarche vise à redéfinir le problème et à réintroduire des éléments nouveaux qui élargissent la situation et permettent de sortir des contraintes implicites, du cadre rigide dans lequel la négociation s'enlisait. Par exemple, si une décision se trouve bloquée dans le court terme, on cherchera, en jouant sur le moyen terme, à équilibrer différentes solutions pour que celui qui paraît perdre aujourd'hui puisse gagner demain. Le recadrage suppose une attitude créative, positive dans l'examen des solutions. C'est une stratégie ouverte, non défensive, par cette approche les deux partenaires construisent ensemble une nouvelle solution.

Les techniques de résolution

Quelques techniques peuvent être utilisées comme outils pour débloquer une situation et faciliter la résolution des conflits (Watzlawick P., 1980) :

– La dédramatisation et la réassurance. Reconnaître et agir sur le contenu émotif : « *à votre place dans cette situation, je serais moi-même très en colère* ».

– La relativisation. Comparer, mettre en rapport avec d'autres situations : « *ce type de difficultés arrive chaque fois que les gens changent d'activité* ».

– L'utilisation des résistances. Utiliser l'énergie du conflit pour valoriser une réaction et produire des solutions : « *toutes vos critiques montrent que vous pouvez nous apporter beaucoup d'idées sur la question* ».

– Le renforcement positif. Valoriser une proposition, positiver les comportements, les actions : « *cette solution a toujours donné d'excellents résultats* ».

– Le recadrage. Trouver un autre angle de perception du problème « *ces critiques dont vous vous plaignez montrent que votre travail ne laisse personne indifférent* ». Transformer une attaque personnelle en une information utile : « *je comprends mieux votre façon personnelle de réagir* ».

– Le paradoxe. Pousser jusqu'à l'absurde une position pour la rendre inacceptable : « *si je vous suis dans vos critiques, vous devriez immédiatement démissionner !* ».

– Le truisme, la tautologie : Affirmer une vérité si générale qu'elle ne peut être contestée, le maniement des truismes entraîne un acquiescement de la personne : « *tout le monde a besoin d'être écouté !* » « *demain sera un autre jour !* »

– La prétérition. Dire quelque chose tout en prétendant ne pas le dire : « *si vous n'étiez pas mon ami, je vous dirais...* ».

– L'alternative illusoire. Pour amener quelqu'un à se décider plus rapidement, l'enfermer dans une fausse alternative : « *voulez-vous résoudre ce problème aujourd'hui ou continuer à perdre chaque jour de l'argent ?* ».

– Le fantasme du pire. Pour aborder un sujet angoissant, tabou, ne pas parler des craintes effectives mais essayer d'imaginer les conséquences les plus désastreuses, les plus catastrophiques, montrer le plus négatif comme repoussoir : « *si nous ne faisons rien, voilà ce qui va nous arriver...* ».

Les techniques seront cependant insuffisantes, si elles ne sont pas sous-tendues par une réelle attitude d'ouverture et de dialogue, si la solution ne respecte pas les intérêts fondamentaux des deux partenaires.

Les qualités d'une négociation

Une bonne négociation traite réellement les problèmes posés. Chacun des partenaires repart avec le sentiment d'avoir pu défendre ses besoins essentiels. Une négociation réussie travaille dans un climat positif et préserve les intérêts primordiaux de chacun. Si l'un se pense gagnant et l'autre perdant, les relations vont probablement se dégrader et la solution dégagée se trouvera remise en cause.

D'une façon générale, dans une négociation pour Fisher R et W. Ury (1982), il s'agit :

- de traiter séparément les questions de personnes et les questions de fait,
- de se concentrer sur les besoins, les intérêts en jeu et non sur les positions, les déclarations des uns et des autres,
- d'explorer les différentes pistes des solutions à bénéfices mutuels,
- de rechercher une entente basée sur des critères objectifs et vérifiables.

Pour le négociateur, il existe plusieurs réponses à une question et des positions apparemment divergentes peuvent devenir convergentes après examen. Une discussion aura donc pour but de varier les angles d'attaque du problème, d'envisager les différents points de vue : l'économique, le politique, le court terme, le long terme, le symbolique, le pratique, le matériel, le relationnel, le risque, la sécurité, etc. Elle tente de définir les différences fondamentales et cherche à dégager les intérêts complémentaires. Tout au long de la confrontation le négociateur s'efforce de montrer qu'il perçoit la position de son partenaire : « La question que vous évoquez nous concerne directement » mais il donne aussi les informations nécessaires et suffisantes pour que sa position soit perçue. Il est important de rappeler les avantages d'une négociation et de peser les inconvénients d'une absence de solutions.

Dans un conflit, il est souvent préférable de traiter un problème en tête-à-tête plutôt que d'attendre que le différend devienne ouvert et public.

Si, dans une négociation, les partenaires se polarisent sur des positions extrêmes, si l'argumentation devient surtout défensive, il sera alors nécessaire de rouvrir la discussion, de reprendre la définition du problème pour le recadrer et dégager de nouvelles hypothèses. Le négociateur évite de figer les données, il procède par questions, reformulations. L'imagination, l'invention lui seront souvent plus utiles que l'attaque et la défense. Une bonne négociation trouve ainsi des solutions à bénéfices mutuels dans lesquelles chacun se sentira intéressé.

Il n'existe pas de stratégie toute faite, infaillible. L'adaptation reste la clé des comportements. Se fier à ses intuitions, vérifier l'information, jouer sur sa compétence, observer les attitudes, faire respecter certaines règles de procédure sont les principes fondamentaux à mettre en œuvre.

Nous sommes souvent tentés par les rapports de forces pour faire l'économie de la discussion. La conviction, nos propres intérêts, les ressentiments nous poussent à imposer nos solutions. Nous oublions que dans les relations, l'hostilité, l'agressivité, la haine sont des sentiments destructeurs. Le stress de la compétition, la non-coopération distillent leurs poisons et nous ramènent tôt ou tard à la reconnaissance d'autrui et à plus de modération, de compréhension. Rappelons que la négociation, la confrontation représentent des comportements incontournables dans la vie quotidienne. On renforce ainsi les liens, la sociabilité. Apprendre à gérer ces moments d'échange, repérer les processus de discussion, gérer les tensions sont des conditions nécessaires pour établir des relations positives, pacifiées par la parole, la réciprocité et l'équité.

Chapitre 10

Recruter

L'ENTRETIEN représente un moment incontournable de la procédure de recrutement. Après la lettre de candidature, après différents filtres de sélection à partir de critères particuliers (formation, compétences, salaire, etc.), pour la première fois le candidat se trouve face au décideur. L'entretien marque la prise de contact réelle avec l'organisation. La rencontre se déroule généralement en plusieurs phases :

- accueil ;
- informations sur l'entreprise et le poste à pourvoir ;
- présentation du candidat ;
- enquête, exploration sur l'expérience professionnelle ;
- évaluation : vérification de points précis et appréciation des chances de réussite de l'individu ;
- négociation des conditions d'embauche ;
- conseil, orientation ;
- conclusions.

Même si ce déroulement n'est pas figé, chacun de ces moments de l'entretien suit une stratégie propre et requiert des attitudes adaptées à l'objectif recherché.

Généralement, le responsable prépare l'entretien à partir de la définition du poste et du CV du candidat. Il se constitue un plan d'enquête à partir d'hypothèses, de points à valider.

Un pré-entretien téléphonique permettra de vérifier si la personne correspond bien au profil recherché (lieu de travail, technicité, salaire) : on évitera de perdre du temps dans un entretien qui ne débouchera sur rien.

Les attitudes et l'échange

Comme dans chaque entretien, la phase d'accueil, de contact constitue un moment clé. La première impression pèse lourd dans la relation, surtout quand deux personnes seront amenées à vivre et à travailler ensemble. L'attitude, le comportement non verbal, le rythme d'expression, le vocabulaire utilisé, la tonalité émotionnelle facilitent le contact ou le bloquent. Pour qu'il y ait échange et compréhension, les deux partenaires ont intérêt à s'ouvrir, à dialoguer.

Proposer un mode de discussion : « je vais d'abord vous décrire l'activité, puis nous échangerons sur votre expérience » facilite le dialogue.

Dans la phase d'enquête, un recueil de l'information direct, précis, basé sur des vérifications, amènera une relation fermée et il sera alors moins possible d'appréhender le niveau des motivations, des désirs personnels.

Une situation floue, ambiguë, renforcera les mécanismes de défense et de fuite et l'information obtenue sera biaisée par les difficultés de la relation, le contexte de l'entretien. Plus on réduira les incompréhensions et la part des interprétations, plus la personne sera probablement ouverte. On sera alors mieux à même de saisir les motivations et d'apprécier les comportements et les capacités.

Dès le premier regard, nous nous formons une première impression. Nous n'avons pas encore verbalisé un avis que notre perception inconsciente a orienté notre jugement en positif ou en négatif (j'aime, je n'aime pas). C'est cette intuition spontanée qui est à valider par des faits, des sentiments. Un entretien de recrutement cherche à faire un diagnostic réaliste sur des capacités validées dans une activité exercée et un pronostic sur l'adaptabilité d'un candidat à partir du récit d'une expérience personnelle. Il s'agit donc à partir du discours et du comportement du postulant de démêler des opinions, des émotions, des faits, des sensibilités, des projections pour arriver à une décision fiable.

Les sources de l'information

Dans un entretien, l'information factuelle s'observe au cours de l'échange : le candidat est grand ou petit, émotif ou flegmatique, il a occupé tel poste de telle année à telle année, il est diplômé ou non.

L'information incidente repose sur les indices fournis par le candidat d'une façon consciente ou non consciente. La présentation, la façon de s'habiller, de parler, de bouger représentent autant de signes qui révèlent les goûts, les habitudes sociales et culturelles. Ces signes seront consciemment repérés ou bien ils constitueront un halo, un écran de projection et d'interprétation.

Le discours, la mise en œuvre des comportements au cours de l'entretien sont des indices pour apprécier l'adéquation de la personne à une fonction donnée. Par exemple, la façon dont un candidat négocie sa situation ; la manière dont un individu réagit et exprime son vécu : « je n'ai pas eu de chance » ou « j'ai réussi à trouver une solution ».

L'information sera ainsi donnée directement au cours de l'entretien par les lettres de candidature, les documents, le comportement, le discours. Mais dans les recrutements internes, il s'agit également d'informations indirectes, provenant d'une enquête ou des on-dit, des images stéréotypées, des jugements véhiculées par l'organisation : « c'est un individualiste, une personne qui ne prend pas de décision, etc. ». Ces appréciations portées dans un autre contexte gardent-elles encore une valeur ? En quoi le jugement porté par une autre personne dans un cadre différent sera-t-il intéressant ?

Test psychologique, étude graphologique, morphopsychologique, astrologique (!), etc. Devant la difficulté de la prise de décision, la tentation devient grande de se raccrocher aux appréciations, même les plus irrationnelles, pour se rassurer, se conforter dans ses choix, décider et fermer la discussion.

Les stratégies d'enquête

Suivant les critères d'appréciation retenus pour appréhender l'activité, différentes modalités d'entretien se présentent.

L'entretien guidé, structuré

Il existe habituellement des critères assez précis qui permettent d'évaluer les compétences, les capacités de réussite ou les risques d'échec d'un individu pour un poste donné :

– des critères explicites : maîtriser une technique depuis plusieurs années, avoir géré un budget, savoir vendre tel produit, avoir animé une équipe de travail, etc. ;

– des critères implicites : quelqu'un qui n'a jamais voyagé à l'étranger a peu de chances – sauf exception – de montrer un réel intérêt pour les déplacements et les langues étrangères ; quelqu'un qui n'a jamais recherché de responsabilités dans sa vie personnelle ou sociale présente moins de chance de se révéler un animateur d'équipe.

À partir de certaines situations d'apprentissage, les personnes ont expérimenté des comportements, des aptitudes et ont de ce fait acquis la possibilité de répondre plus efficacement aux nécessités du poste. Quelles que soient leurs capacités d'adaptation, d'apprentissage et leurs motivations, les expériences antérieures conditionneront le développement futur. La tâche du recruteur sera donc de percevoir les critères les plus pertinents, les plus discriminants. Quand ceux-ci peuvent se définir d'une manière objective à partir de l'observation sur le terrain – près des autres personnes qui accomplissent les mêmes activités – la décision devient plus facile. Il suffit alors de vérifier que telle ou telle expérience a été précisément réussie dans l'histoire de l'individu. Chaque responsable possède ainsi un référentiel (sur les compétences, les qualités) explicité dans la définition de poste.

L'entretien ouvert

Les critères d'appréciation ne sont pas définis d'une façon catégorique, plusieurs profils peuvent convenir. On recherche une adéquation possible entre un individu et le poste. Le recruteur laisse la personne parler spontanément de ses activités, motivations, aspirations. Il va amasser le plus d'informations possibles sur l'expérience du candidat, varier les niveaux d'écoute et d'observation pour affiner sa perception et comparer les qualités des différents postulants.

L'entretien test

Au cours de l'entretien, le comportement de réponse d'une personne à certaines situations sera déterminant. Par exemple, pour un poste de responsabilité, on étudiera particulièrement la façon dont le postulant pose les questions nécessaires à la connaissance de l'entreprise. Sa stratégie de recherche de l'information et la pertinence des questions posées, sa capacité d'analyse représentent un point important à observer dans le déroulement de l'entretien. De la même façon, les qualités de discrétion et de diplomatie d'une personne seront mises à l'épreuve dans la manière dont elle parle de son ancien travail, s'implique dans ses jugements, dans le récit de ses expériences. Si elle ne contrôle pas son discours dans un entretien, *a fortiori* elle ne le contrôlera pas plus dans une autre situation.

Il est aussi possible d'amener le candidat à résoudre un cas fictif : « Tel conflit éclate entre deux personnes dans l'équipe, que faites-vous ? »

L'entretien test amène à simuler une expérience qui permet d'apprécier « sur le vif » les comportements. Toutefois entre le déclaratif « voilà comment je ferais » et l'action réelle, il existera quelques décalages.

L'entretien agressif qui cherche à mettre le candidat en difficulté brouille la discussion. Si l'on vérifie les capacités de résistance au stress, la situation reste du domaine du jeu (pervers) car si le candidat se prête à ce simulacre, à la fin de l'entretien, il subsistera certainement un contentieux. Si le jeu a été trop déstabilisant, une méfiance ou du moins une confiance limitée persistera.

Profil et capacités

Que signifie « être capable de » ? Les capacités d'un individu sont-elles étudiées par des épreuves normalisées ? Quelle est la valeur prédictive de ces diplômes, de ces tests ? Les aptitudes requises sont-elles définies *a priori* par une analyse critique ou par des clichés, des stéréotypes.

Une conception fixiste et rigide de l'organisation détermine à l'avance les qualités nécessaires. On reprend le même, l'identique. Ainsi s'instaure une forte reproduction du système qui par la suite s'adapte et évolue difficilement.

Face à une définition de poste, il sera souhaitable d'adopter une attitude souple :

– qui a défini les activités, dans quel but, avec quelle orientation ?

– existe-t-il un décalage entre la définition finale et ce qui a été demandé, exprimé, par ceux qui auront à vivre et à travailler avec le nouvel arrivant ?

– la description de l'activité résulte-t-elle d'une enquête rigoureuse ou d'images projetées, d'habitudes sociales ? A-t-on défini d'une façon claire, précise et concertée les qualités et les compétences recherchées ?

Bon nombre de recrutements échouent non pas à cause d'une mauvaise technique de sélection mais en raison d'un flou qui laisse dans l'ombre les caractéristiques implicites de la tâche ou des relations. En effet, la qualité essentielle repose parfois sur un non-dit – par exemple : s'adapter à une hiérarchie rigide – qui n'apparaît nulle part dans l'exposé des qualités demandées. Par ailleurs, même si on parvenait à trouver le candidat adéquat, il faudrait encore comprendre comment cet « étranger » s'intégrera dans l'organisation et s'équilibrera dans le système en place. Il existe dans un recrutement des mécanismes inconscients d'accueil ou de rejet qui jouent un rôle déterminant dans le succès ou l'échec. Ainsi, en France, du fait du « fétichisme » du diplôme, on prêtera *a priori* des capacités à un candidat nanti d'un diplôme prestigieux. Ces préjugés « favorables ou défavorables » alimentent les renforcements inconscients que nous renvoyons aux individus. On projette des images toutes faites. Elles fonctionnent comme des prophéties auto-réalisantes et accentuent en grande partie les évolutions positives ou négatives[1]. Elles interdisent la diversité donc les capacités d'adaptation et renforcent les reproductions, les rigidités sociales.

Le pronostic

Il n'existe pas de test pour prévoir le développement. La vie et l'expérience quotidienne demeurent les seuls repères qui nous permettent d'apprécier concrètement les qualités réelles d'une personne. Les diplômes sont intéressants mais insuffisants. Les tests sont indicatifs, mais quelle sera la valeur prédictive d'une épreuve pour laquelle on s'est entraîné à préparer les réponses ? Si un profil apparaît défini d'une façon précise, normative avec des éléments de mesure figés, très vite l'individu comprend le type de réponses recherchées. Il fournit des attitudes, des informations conformes

1. Dans les prophéties auto-réalisantes (*self-fulfilling prophecy*), nos représentations, nos croyances orientent nos attitudes et produisent des effets qui tendent à confirmer nos représentations. Croire en son succès favorise la réussite et inversement (effet Pygmalion). Porter un jugement négatif sur une personne va accentuer nos doutes et nos critiques, nous relevons plus rapidement les erreurs et nous nous confirmons dans notre jugement.

aux attentes de son interlocuteur. Des catégories rigides entraînent rapidement des biais dans l'entretien. Un commercial paraît sociable, dynamique, ouvert, honnête mais quelle sera la portée de ces éléments pour apprécier ses motivations réelles à la tâche demandée ? Une photographie instantanée ne donne pas l'idée du mouvement. Seule la compréhension de l'évolution de l'individu, à partir de ses expériences sur le terrain, de ses capacités d'adaptation, permettra de faire un pronostic.

De ce fait, le chemin parcouru sera aussi important que le point d'arrivée. Ainsi, un échec passé devient salutaire pour une personne qui a su tirer les conclusions de son expérience, elle a pu expérimenter une situation, tirer des enseignements de ses erreurs et gagner une volonté plus forte de réussite.

Il sera donc utile d'explorer les réactions d'une personne à des situations critiques (conflits, changements...) pour apprécier sa stabilité émotionnelle, sa résistance au stress, à l'agressivité, l'inconnu. Quelle énergie, quelle confiance en soi est-elle capable de mobiliser ? Quelle est sa capacité à faire face, à rebondir, gérer un conflit, une crise ?

Les étapes d'une carrière nécessitent aussi un examen en fonction des cycles de développement. S'il faut par exemple trois ans pour maîtriser réellement une technique, les critères d'appréciation doivent en tenir compte. Le niveau d'expertise sera relatif à la qualité et à la durée des expériences réalisées.

Le changement de poste révélera la stratégie de l'individu : il s'est fixé un plan de développement, il est opportuniste, approfondit une compétence, gagne du prestige, du pouvoir, il souhaite de la nouveauté. La formation de base et les types de tâches recherchées refléteront les motivations personnelles.

Cependant, parfois des mécanismes de compensation, de rééquilibrage augmentent singulièrement des aptitudes et inversement un conflit affectif non réglé viendra perturber gravement des capacités reconnues. Il faut donc saisir la logique consciente ou inconsciente du développement d'un individu. Quel défi s'est-il imposé ? Que privilégie-t-il dans ses buts, comment s'équilibre-t-il avec son environnement ? Dans ce sens, la personne la plus à même de formuler un diagnostic sur son évolution et son adaptation serait le sujet lui-même. Il devine intuitivement s'il a des chances de réussir. Ses réactions immédiates seront donc un facteur important à observer dans la décision.

Les questions clés

Dans les entretiens de recrutement, certaines demandes sont faites régulièrement, par exemple :

- Décrivez-moi les activités de votre emploi actuel.
- Racontez-moi une journée (une semaine) ordinaire de votre travail.

- Décrivez-moi ce que vous appréciez et que vous n'appréciez pas dans le mode de management de votre hiérarchie.
- Racontez-moi trois événements importants de votre vie professionnelle.
- Comment voyez-vous votre métier, vos activités dans cinq ans ?
- Quelles formations avez-vous suivi ces dernières années ?
- Racontez un conflit professionnel que vous avez eu à résoudre.
- Quels points avez-vous bien défendus dans votre entretien ? Quels points voudriez-vous reprendre ?

(Le code du Travail condamne les discriminations ethniques ou autres et interdit d'interroger directement une personne sur sa vie privée, ses opinions politiques, son appartenance syndicale ou religieuse.)

La qualité des questions détermine la qualité des réponses. Par exemple, une question générale, « parlez-moi de vous ? », donnera probablement des réponses préparées, toutes faites difficiles à apprécier.

L'enquête procède par des questions ouvertes qui facilitent l'expression spontanée et permettent de saisir la dynamique du discours, l'organisation mentale et affective de son interlocuteur. Les différents types de reformulation aideront à vérifier et approfondir un point d'information. On observera la précision des mots, la cohérence entre les réponses fournies, le comportement dans l'entretien et l'histoire de l'individu. Une information sera recoupée à plusieurs niveaux : par le CV, le discours, le comportement (Verne E., 2005).

L'analyse des capacités et des compétences

Dans l'entretien, il ne se révèle pas nécessaire de reprendre point par point la formation initiale et l'histoire professionnelle d'un individu telles qu'elles sont décrites dans le CV. Quelques questions précises sur les activités situeront l'expérience et le niveau de responsabilité.

Dans l'enquête, on réservera plus de temps pour explorer les motivations et la diversité des capacités, le potentiel de développement ou les déficits de compétences techniques ou relationnelles causes d'échec et de blocage.

Les dimensions de l'intelligence sont multiples selon H Gardner (1996) qui distingue, à partir des compétences observables, sept types d'intelligences :

- verbale, linguistique, elle recouvre la capacité à s'exprimer, raconter, rédiger, jouer avec les mots ;
- musicale, rythmique, observable chez les musiciens et les personnes sensibles aux sons, aux rythmes ;
- interpersonnelle, facilite le contact, les relations, le travail avec les autres ;

- corporelle, kinesthésique, représente la capacité à utiliser son corps dans le mouvement, les réalisations manuelles ;
- visuelle, spatiale, caractérise les personnes capables de produire des images, des formes ;
- mathématique, logique, représente la capacité à calculer, à tenir des raisonnements logiques ;
- intrapersonnelle, aide à se situer avec ses forces et ses faiblesses, à avoir une connaissance de soi, de ses émotions, de ses réactions.

Cette réflexion affine l'observation : une personne peut posséder une bonne intelligence logique et montrer dans l'entretien un déficit manifeste d'intelligence interpersonnelle, sociale. Ces observations se recoupent avec l'analyse des compétences acquises par le candidat. Une compétence représente la capacité à réaliser une activité dans un contexte professionnel (ex : être capable de gérer un budget, rédiger un rapport, vendre une voiture).

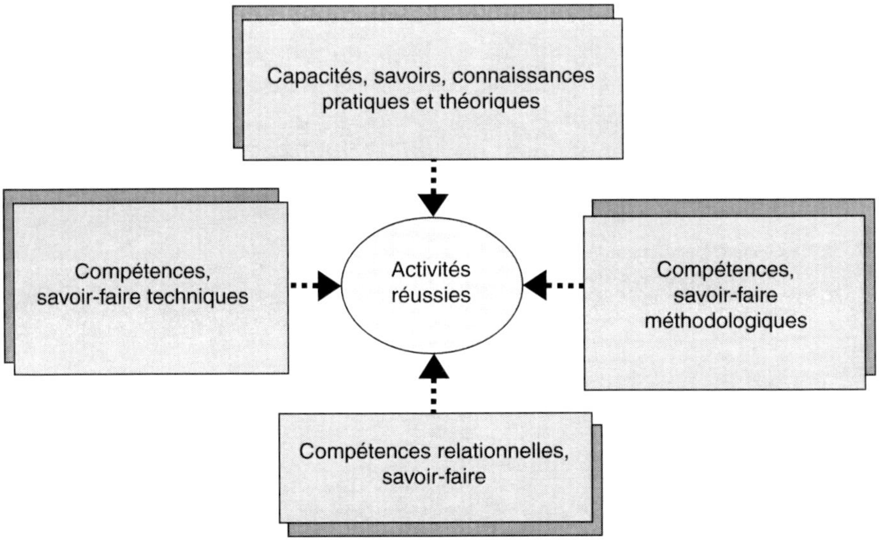

Connaissances et compétences requises dans l'activité

Elle résulte d'une expérience, elle est repérable à partir de la description des activités exercées et réussies. On distinguera les compétences techniques, des compétences méthodologiques et des compétences relationnelles.

Au cours de la discussion, il sera nécessaire de se focaliser sur une ou deux activités spécifiques du candidat afin d'obtenir une photographie claire, concrète et ainsi apprécier la réalité de l'expérience professionnelle. Le niveau de précision du discours, la spontanéité du comportement seront des indices de la fiabilité de l'information.

L'analyse psychologique

Un individu peut mentir, fabuler, déformer, reconstruire inconsciemment son histoire, il sera parfois difficile de vérifier l'information fournie. Le travail essentiel de l'enquêteur sera d'abord d'estimer si le candidat avec ses qualités et ses défauts s'adaptera et réussira dans un travail donné. Il se montre donc vigilant aux signes non verbaux mis en jeu dans le comportement (un changement de ton, d'attitude, une modification de la mimique, du tonus, un regard) qui indiqueront des réticences, des désaccords non verbalisés. Il reste particulièrement à l'écoute de la façon dont le sujet évoque son expérience passée, aux types de jugements énoncés, à la précision et aux détails de l'information, au niveau d'implication et de maîtrise du discours. Il cherche à apprécier comment la personne évalue ses propres compétences, tire le bilan de ses expériences, se projette dans le futur. Dans quels rêves, projets, aspirations, s'investit son énergie ?

Pour aider et affiner son analyse le recruteur se construit une grille à partir de critères simples qui illustrent les attitudes et le fonctionnement mental. Ces critères se retrouvent dans la plupart des tests psychologiques (Guilford, Cattell...), ils facilitent l'observation et le questionnement.

L'ouverture/la fermeture

L'individu se comporte comme un système ouvert ou fermé. La fermeture se caractérise par une faible sensibilité à l'environnement, une forte stabilité, peu de changement dans le temps, des idées arrêtées et une résistance assez forte aux influences extérieures. L'ouverture, au contraire, se marquera par une capacité à s'informer, à expérimenter, à changer, à évoluer, à accueillir les influences extérieures. Ces données permettront d'apprécier si une personne se trouve en situation de progression, d'évolution ou si elle vit dans la répétition ou la régression.

L'activité/la passivité

L'individu croit en une action volontaire pour modifier son environnement et infléchir le cours des choses. L'un a besoin d'agir, de réagir, d'entreprendre, il parlera sous une forme active et volontaire, l'autre expliquera ses difficultés, ses hésitations : « J'ai dû... il fallait que... etc. ». Il est ainsi possible de situer le comportement en se basant sur les éléments répétitifs et significatifs d'un mode de fonctionnement mental et affectif. L'histoire de l'individu, ses expériences, ses émotions, son discours révèlent son implication dans l'action ou son attentisme. L'observation aide à saisir l'énergie, le tonus et à le mettre en rapport avec le récit de vie de l'individu. Quelle est la cohérence ou quelles sont les contradictions entre ce qui est dit au niveau corporel, émotionnel, intellectuel et au niveau des valeurs ?

Le sensible/le rationnel, le concret/l'abstrait

L'individu utilise-t-il un vocabulaire sensible ou abstrait ? Travaille-t-il à partir de la « carte », la représentation de la réalité ou à partir du réel, du concret ? Est-il capable de décrire et d'expliquer en détail son expérience ou se réfugie-t-il dans les généralités, les théories ?

La spontanéité/le contrôle

Le discours et le comportement du candidat expriment-ils les choses comme il les ressent ou préfère-t-il les maîtriser, les contrôler ? Les émotions, les sentiments sont-ils spontanément partagés ou au contraire l'attitude reste-t-elle discrète, renfermée, défensive, énigmatique ? La personne est-elle plutôt introvertie ou extravertie ? Si la franchise et l'authenticité sont plutôt des qualités, la maîtrise de soi, la « bonne distance » sont aussi nécessaires pour équilibrer les rôles, les relations dans des univers travaillés par des tensions et des conflits.

L'action/la connaissance

Le candidat aime-t-il vivre des projets, s'impliquer dans l'action ou préfère-t-il prendre du recul pour comprendre, expliquer ? L'un recherche l'action et réagit aux événements, l'autre a besoin de prendre son temps pour analyser et maîtriser la situation.

La confiance/le pessimisme, le positif/le négatif

Le passé est évoqué avec des jugements positifs ou négatifs, les personnes sont critiquées ou valorisées. L'avenir est-il perçu avec confiance ou avec crainte ? Les jugements sont-ils circonstanciés, relativisés ou bien reflètent-ils une attitude plus profonde ? Le sujet provoque-t-il la chance ou l'échec dans ses actions, ses projets ? Quelle confiance montre-t-il dans son image, dans son estime de soi, dans la prise de risque ?

Le passé/l'avenir

L'individu utilise son énergie, se procure du plaisir à « revivre » le passé ; l'évocation des souvenirs prend alors le pas sur les projets, sur l'imagination du futur. L'entretien sera dominé par le poids et la valorisation des expériences passées et peu de curiosité, de projet seront réellement exprimés pour envisager et construire l'avenir.

Le certain/l'incertain

Quand une personne marque son discours par des « jamais, absolument, très certainement, évidemment, etc. », adopte une posture rigide, un visage fermé, des gestes toniques et carrés, elle ne révélera probablement pas un modèle d'ouverture et de souplesse. Inversement, si quelqu'un émaille son expression de « On peut penser, c'est possible, il faudrait voir, il faut attendre... » avec des gestes manquants d'énergie, cet individu sera probablement indécis, hésitant ; il évitera de prendre position, de s'impliquer. La façon dont nous acceptons le risque, l'incertain, l'inconnu conditionne notre adaptation.

Le généraliste/le spécialiste

Quel est le niveau d'expertise, de précision, de maîtrise recherché par l'individu dans sa compétence propre ? Tente-t-il de se perfectionner, de se spécialiser dans des domaines précis ? Approfondit-il sa réflexion ou se cantonne-t-il dans des connaissances générales ? Est-il un généraliste à l'aise dans des compétences transverses ou plus spécialisé dans des domaines précis, définis ?

Le recruteur travaille ainsi sur les axes les plus pertinents, les plus discriminants qui lui permettront de saisir les différences, classer les candidats et identifier les profils les plus adaptés.

L'entretien éclaire l'image que le sujet se fait de lui-même à partir de l'expression des souvenirs, des désirs, des attentes. On repérera alors les identifications marquantes qui apparaissent dans le rappel du passé : comment le candidat se situe-t-il par rapport à son milieu familial et social, comment parle-t-il de son enfance, de son éducation, son métier ?

Quelles sont les images sociales qui forment ses points de référence et déterminent ses aspirations ? Le candidat se détache-t-il ou se conforme-t-il aux modèles familiaux et sociaux de son entourage ? Quels groupes sociaux fréquente-t-il ? Avec quels types de personnes se sent-il le plus à l'aise ?

Le recruteur cherche à percevoir les « scénarios de vie » donnés par la tonalité de l'entretien et la répétition de certaines attitudes. Ces schémas relationnels, intériorisés dans l'enfance, conduisent à répéter d'une façon non consciente des comportements. Ainsi les désirs implicites transparaissent dans le discours de l'individu et conditionnent sa conduite : « être le meilleur, être parfait, faire plaisir, séduire, se défendre, etc. », suggestions qui orientent spontanément les attitudes et les réactions (Berne E., 1978).

Enfin, le recruteur cherche à cerner l'image de l'organisation intériorisée, les types d'autorité, les formes de relations et de coopération, les modes de management privilégiés par le candidat. Il mesurera l'écart entre cette représentation, cette « réalité psychique » et la réalité présente.

Les conditions de la réussite

Il n'y a pas de critères infaillibles pour prédire la réussite d'un individu. En règle générale, le responsable reconnaît les seuils de compétence pour apprécier comment se feront les transferts d'apprentissage. Il existe des écarts qui ne sont pas réductibles du jour au lendemain. Par exemple, un bon technicien ne deviendra pas forcément un bon responsable d'équipe. Les critères pour apprécier le premier ne peuvent juger le second. Il teste ses hypothèses par des questions indirectes : quelles formations vous seraient les plus utiles maintenant, qu'est-ce qui vous paraît le plus urgent d'apprendre, de perfectionner ? Généralement, l'on recherche en premier des qualités, des aptitudes, des motivations et on laisse un temps d'adaptation pour les compétences techniques qui peuvent s'acquérir sur le terrain si on possède les capacités nécessaires. Par contre, les compétences relationnelles et sociales résultent d'un apprentissage progressif qui nécessite du temps, de la maturation.

Il sera par ailleurs souhaitable de prolonger un entretien par d'autres contacts avec les personnes qui auront à travailler avec l'intéressé pour favoriser une amorce de cooptation. Le filtre de ces contacts, les réactions de chacun seront alors à mettre en relation avec les impressions de l'entretien.

Pour qu'un individu réussisse – mis à part les compétences et l'expérience professionnelle – il faut aussi qu'il trouve un gain réel dans sa nouvelle situation : il gagne plus, travaille moins, trouve plus de considération, d'intérêt pour son travail, il a moins de trajet, l'ambiance du groupe est meilleure, etc.

Enfin, un nouvel arrivé s'intègre dans un groupe. Quels écarts existent-ils entre lui et les autres membres du groupe de travail (écart d'âge, de formation, de personnalité, de salaire) ? Comment ces différences peuvent-elles se négocier, se compléter et amener un enrichissement des relations à l'intérieur de l'équipe ?

Enfin, un recrutement sera suivi d'une période d'essai où seront évaluées dans l'action les capacités et les compétences. À partir de ce bilan final, le recruteur pourra faire le point sur la qualité de son entretien. Que voulait-il vérifier, qu'a-t-il constaté dans la réalité du terrain ?

Les conclusions de l'entretien

À la fin de l'entretien, le recruteur effectue une synthèse des informations recueillies. Il livre ses premières impressions et indique à quel moment la réponse définitive sera prise.

Ensuite le responsable devra pour lui-même travailler sur deux plans :

- les faits, les données vérifiées ;
- les émotions, les intuitions, les impressions ;

et répondre aux questions suivantes :

- a-t-il été convaincu par le candidat ?
- sur quoi a-t-il été convaincu ?
- sur quels points a-t-il des doutes ?

Si, au bout d'une heure d'entretien libre et spontané, le postulant n'a pas réussi à convaincre, il est possible (si on le juge nécessaire) de le rencontrer de nouveau avec quelqu'un de plus spécialisé sur les compétences particulières du poste.

Cependant, le recruteur reconnaît ses propres biais, ses projections, le poids de ses valeurs ou croyances. Par exemple, si un jeune candidat vient de passer une année à voyager de par le monde, on rejettera cette instabilité ou au contraire valorisera ce dynamisme. Cette expérience indique des qualités, des compétences, une énergie à apprécier.

Si nous ne comprenons pas nos biais, notre singularité, ne connaissons pas nos systèmes de valeurs, nous avons peu de chance d'apprécier les autres dans leur spécificité. Ainsi, de nombreux exemples nous confirment ces difficultés : si quelqu'un recherche un collaborateur direct pour le seconder, il risque de se tourner vers un individu qui lui ressemble, ayant les mêmes habitudes, la même façon de raisonner. L'enrichissement mutuel des différences éviterait les rivalités mimétiques où ce que fait l'un est jugé par rapport à l'autre.

Vivre un entretien de recrutement

Vivre un entretien de recrutement ne représente pas forcément un moment agréable. Dans cette affaire, il n'y aura qu'un seul élu. De plus, le contexte social entraîne des relations très asymétriques, le recruteur en position de force peut parfois s'autoriser des pratiques condamnables (intrusion dans la vie privée, attitudes stressantes...). C'est donc une épreuve à risques pour l'image de soi, pour son narcissisme. Cependant, la validité de l'entretien comme méthode d'évaluation n'est pas absolue car le recruteur fonctionne avec ses propres filtres émotionnels et sociaux, d'autres personnes feraient probablement des choix différents. Les qualités du postulant ne sont donc pas forcément mises en cause mais cette expérience questionne la façon dont la personne se présente et argumente. Le but de la rencontre est ici d'apporter une information pertinente, crédible, ciblée qui facilite la décision.

Par ailleurs, on conseille au candidat d'être à la fois naturel et de respecter des règles pour réussir son entretien. La profusion de conseils de certains manuels risque de le paralyser. Comment sortir de cette situation paradoxale ?

Il est clair que certaines erreurs sont fatales :

- ne pas se renseigner sur le poste, l'entreprise avant l'entretien ;
- ignorer les habitudes comportementales et culturelles d'une organisation ;
- faire une mauvaise impression dans le premier contact ;
- oublier sa respiration, son corps, ses émotions ;
- adopter un comportement rigide ou effacé ;
- manquer de clarté, de précision, d'images prégnantes, dans la présentation de son expérience ;
- parler un langage trop différent de celui de son interlocuteur ;
- ne pas valoriser ses qualités, ses compétences, son expérience vécue ;
- se tromper sur les buts et la stratégie du recruteur ;
- improviser sans réflexion, ni préparation ;
- ne pas s'être entraîné à la conduite d'entretien.

Comme nous l'avons vu, le comportement (non verbal, émotionnel, intellectuel) d'une personne est en interaction avec son interlocuteur. Si le candidat adopte d'entrée une position basse, il a aussi préparé une stratégie de présentation de soi pour passer ensuite à une position haute de questionnement et d'argumentation. L'observation, l'écoute, l'empathie, l'esprit de répartie, l'adaptation seront alors des qualités essentielles.

Au cours de la discussion beaucoup d'indices et d'informations sont échangés, le recruteur va fonder sa décision d'abord sur son impression générale puis il recherchera les points les plus utiles pour classer les différentes candidatures : la motivation, l'expérience, les qualités, les compétences, le projet.

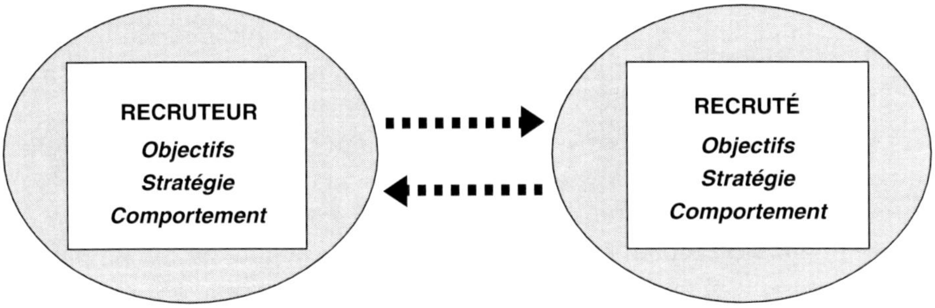

L'interaction dans l'entretien de recrutement

En quoi le candidat a-t-il montré quelque chose d'original, de particulier qui valorise sa candidature et la différencie de la dizaine d'autres postulants ? Comment se montre-t-il en accord avec la culture et la technicité de son interlocuteur qui écoute les mots, les connotations d'un discours. Quels sont les arguments discriminants qui vont différencier son expérience, orienter la décision en sa faveur ?

Si le postulant n'argumente pas d'une façon active et positive, s'il n'exprime pas ses désirs, il a peu de chance de retenir l'attention. Comment peut-il produire des images sensibles, concrètes, fortes, faciles à mémoriser, donner des arguments utiles, crédibles qui seront écoutés afin de faciliter un choix ?

Enfin, après un premier entretien, il faut savoir tirer des enseignements, ne pas hésiter à demander l'avis du recruteur sur son profil et ainsi se donner de meilleures chances pour la suite.

Malgré ses difficultés, l'entretien de recrutement reste un apprentissage éprouvant mais intéressant. Apprendre à se présenter, valoriser son expérience, percevoir son image et les effets de son discours auprès d'interlocuteurs divers, s'adapter à des contextes différents, dépasser ses échecs et faire le point, nous amènent à mieux nous situer et à agir avec plus de lucidité et d'efficacité.

Chapitre 11

Aider, conseiller

De par leur statut, leur rôle, leur personnalité ou leur expérience, certaines personnes sont confrontées dans leurs vies quotidiennes à des demandes d'aide et de conseil :

- comment m'affirmer dans les relations ?
- comment mieux animer mon équipe de travail ?
- comment me reconvertir à un nouveau métier ?
- comment régler tel conflit ?

L'aide et le conseil dans le domaine technique ou juridique reposent sur une expertise, sur des preuves démontrées. La solution ne dépend pas de celui qui la produit, deux experts différents arrivent généralement au même résultat. On examine les problèmes de l'extérieur, on s'appuie sur un ensemble de savoirs formels, organisés et cohérents. La réponse est plutôt rationnelle, normative. Dans le domaine psychologique, la richesse théorique ne garantit pas une efficacité pratique (et inversement), le monde objectif et le monde subjectif se mélangent et il reste parfois difficile de séparer les faits, des interprétations et des croyances personnelles.

Une réponse à un problème humain sera donc relative. Elle dépend du contexte, du caractère particulier de la relation, des implications réciproques du conseilleur et du conseillé. Les conseils seront alors fonction de la capacité à comprendre les buts, à saisir la situation dans sa globalité, sa complexité. Ils dépendent aussi du jeu des relations, des qualités humaines du conseilleur.

À une personne en difficulté, il serait simple de dire : « *La lanterne de l'expérience n'éclaire que le chemin de celui qui la tient* » et de terminer en donnant ce conseil : « *Aide-toi et le ciel t'aidera !* » Toutefois, cette réponse serait certainement vécue comme une attitude désinvolte.

S'il est vrai que seul l'intéressé sera capable de résoudre ses difficultés et que personne d'autre ne pourra le faire à sa place, il est aussi indéniable que, constamment, nous nous servons de l'expérience des autres, de leurs qualités, de leurs faiblesses. Lorsque nous pouvons trouver une écoute compréhensive, bienveillante, nous évoluons avec plus de confiance.

Les démarches d'aide et de conseil

Démarche analytique, normative	Démarche évolutive, systémique
Le problème, le conflit sont négatifs, nécessité de traiter le problème	Le conflit, le problème reflètent des moments particuliers, des équilibres du système, ils sont une occasion d'apprendre, de se développer
Nécessité de diagnostiquer et de traiter les dysfonctionnements, les symptômes	Recherche de la compréhension des équilibres, des interactions avec l'environnement (logique systémique)
L'accent est mis sur le résultat, sur l'acquisition d'une réponse correcte, action corrective	L'accent est mis sur le processus, la recherche de comportements nouveaux : action adaptative, régulatrice
Le passé détermine le présent, analyse des causes, logique rationnelle, causalité linéaire, recherche du pourquoi	Les besoins, les attentes, les demandes déterminent le futur, le passé est un réservoir de ressources à utiliser, recherche du comment
Tendance à catégoriser, à classer recherche de la normalité, cadre de développement prédéfini	Pas d'étiquette *a priori*, il existe plusieurs façons d'apprendre et de se développer
Appel à la rationalité, à la logique, au bon sens (cerveau gauche)	Appel aux différentes ressources du cerveau droit et gauche (ressources conscientes et non conscientes)

Dans un monde individualiste où les liens sociaux se distendent, l'individu se trouve de plus en plus confronté à des difficultés de relations et d'organisation personnelle que sa pratique, sa formation ne lui permettent guère de résoudre seul. Le rythme des activités, les contraintes de la performance, la compétition interne laissent parfois peu de temps pour apprendre sur le terrain et enrichir son expérience humaine, ses capacités relationnelles. D'où, la profusion d'offres de conseils pour les personnes à la recherche de solutions rapides (parfois illusoires !) pour faire face.

Les conditions de l'aide

Quand une personne demande une aide, elle attend généralement une réponse aux questions : « Qu'est-ce que je dois faire ? », « À ma place, que feriez-vous ? » Une attitude rationnelle consiste à diagnostiquer, à interpréter puis à déclarer : « Il faudrait que... »

La solution est exprimée en des termes généraux, ou alors, le conseilleur « non directif » tente d'adopter une attitude compréhensive, centré sur le vécu du sujet, sur « l'ici et maintenant ». Il renvoie à son vis-à-vis une suite de reformulations des éléments de son discours (Rogers C. 1966). Si les parties « objectives » et « subjectives » du problème ne sont pas mises en relation avec les séquences de comportement, la seule expression du ressenti permettra difficilement de sortir des difficultés. Dans le premier cas, l'individu reste étranger à la solution, il n'y adhère pas ; dans le second, le travail sur le vécu émotionnel ne débouche sur aucune proposition d'action.

Chaque individu présente ses propres modes de fonctionnement. Il évolue dans un univers mental particulier : il rêve, imagine et réagit d'une façon spécifique. Personne ne pourra inventer à sa place les solutions nécessaires.

Un être humain se compare à un « système » en interaction avec son environnement : il reçoit et donne de l'information. Dans cet échange s'opèrent des boucles de régulation. Comprendre un comportement demande d'abord de saisir comment différents niveaux de réaction sont mis en jeu et interfèrent dans la production d'une réponse.

Il s'agit ici d'appréhender l'individu d'une manière globale, de relier le monde intérieur et le monde extérieur, le subjectif et l'objectif et de saisir la logique d'un comportement. L'aide cherche à observer sans a priori les enchaînements de sensations, émotions, raisonnements, comportements :

– quelles sensations, émotions, stimulations la personne reçoit-elle de son entourage ?

– quelles sensations, émotions, stimulations donne-t-elle aux autres ? Que partage-t-elle ?

– que demande-t-elle dans son discours, son comportement, qu'attend-elle des autres, que désire-t-elle ?

– que refuse-t-elle dans les relations, que fuit-elle ? Qu'est-ce qu'elle évite, s'interdit, n'accepte pas ?

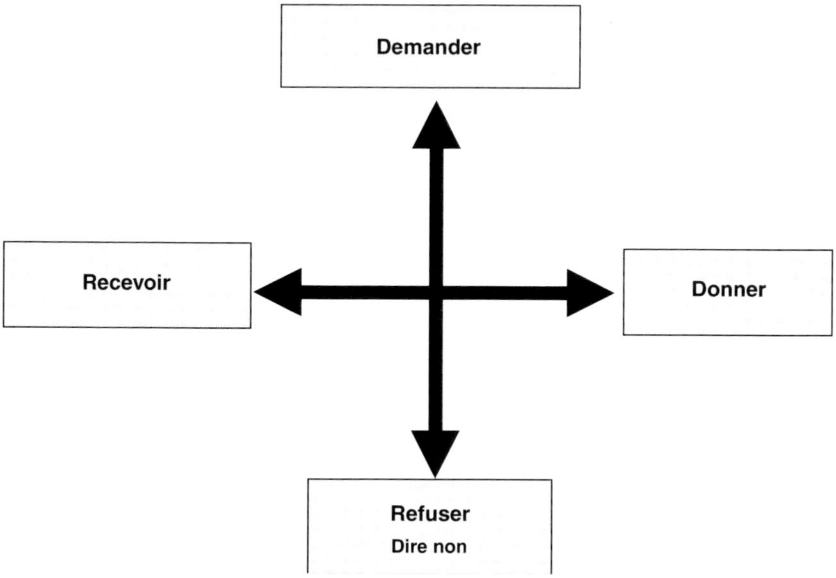

Les équilibres de l'échange avec l'environnement

Nous vivons des interactions permanentes dans des relations d'interdépendances, de réciprocité. Nous avons besoin du regard, de la parole des autres, de leurs stimulations, leur reconnaissance, leur attachement pour nous situer et évoluer. Quels sont alors les types d'équilibres que la personne maintient avec son entourage, quelle est la nature de ces échanges ? Qu'est-ce qui se répète dans ses modes d'action ?

L'observation, par exemple, de micro-comportements mis en jeu dans l'interaction (ex. : exprimer une émotion, décrire ses attitudes gestuelles, formuler un désaccord, dire non), amorce une prise de conscience de ces modes de réaction qui sont à la base de nos relations.

Dans un premier contact, on note aussi comment la personne expérimente sa réalité : son état physique, son vécu corporel, psychologique, son ressenti. La fatigue, le stress, les déséquilibres physiologiques influent très directement sur notre psychisme. La situation peut dépasser l'aide ou le simple conseil. Nous resterons ici dans le cadre plus restreint de la relation d'aide rencontrée dans les responsabilités quotidiennes. La demande s'inscrit dans un cadre qui exclut le travail de thérapie.

L'écoute active et la clarification

Parler d'un problème (ex. : vouloir résoudre un conflit), expliquer une difficulté à quelqu'un qui vous écoute avec attention, discernement et bienveillance, vous questionne, procure très souvent une diminution de l'inquiétude, du stress. L'individu se vide de ce trop-plein d'émotions qui le submergeait car parler à haute voix, c'est respirer, réduire les tensions et peu à peu prendre du recul, de la distance. À la fin d'une discussion, on se sent soulagé, réconforté d'avoir été écouté. L'expression des difficultés par le jeu des associations spontanées amène une nouvelle perception de la réalité. Au niveau inconscient, un processus de régulation, de rééquilibration, se met en place. De nouvelles solutions apparaissent.

Rester ouvert, détendu, disponible, seront les qualités primordiales de l'écoute. Se situer du point de vue de l'autre conduit à clarifier les faits, les sentiments, les relations et à questionner le sens des actions vécues. Le « conseilleur » empathique reformule le ressenti, les idées exprimées, n'intervient pas fondamentalement sur le contenu du problème, car nombre d'incompréhensions viennent d'abord de notre perception, de notre vision différente du monde. Nous ne travaillons pas sur la même « carte » de la réalité et parfois nous imposons à autrui notre langage, nos choix, nos valeurs et croyances.

Une attitude accueillante et distanciée permet de parler, de clarifier et de sortir de la répétition. En allant plus loin dans l'exploration de ses difficultés, le « conseillé » retrouve de nouvelles émotions, des informations,

Les attitudes interventionnistes dans la relation d'aide

- Conseiller, donner des solutions toutes faites
- Argumenter, convaincre, persuader
- Donner des ordres, des recommandations
- Analyser, interpréter, diagnostiquer
- Rassurer, consoler, réconforter
- Juger, critiquer, blâmer, dévaloriser
- Moraliser, sermonner, faire la leçon

des intuitions qui vont l'aider à avancer. Cette relation d'aide repose sur des postulats essentiels :

– l'individu est autonome, capable de trouver en lui les ressources et les solutions nécessaires à son problème ;

– le conseilleur fait confiance à la personne, il évite les jugements, les interprétations, évaluations qui bloqueraient la communication, il l'invite par un questionnement actif à explorer, à aller plus loin dans la réflexion ;

– le conseilleur reste en phase (au niveau corporel, émotionnel, et intellectuel) avec le conseillé, il se montre capable d'attention, d'empathie, de compréhension. La qualité humaine de sa présence, de sa parole constitue un repère stable, facilitant, stimulant, chaleureux.

Le renforcement positif et la dédramatisation

L'écoute se révèle parfois insuffisante pour amener le dépassement des difficultés. La personne possède bien des solutions, cependant elle reste submergée par le doute, l'inquiétude. Ses croyances négatives sur soi-même (je suis incapable), sur l'environnement (tout va mal), sur le futur, l'amène à ressasser ses difficultés. Incapable de trouver une raison d'agir, elle a besoin de se sentir stimulée, réconfortée. L'entretien d'aide permettra d'examiner les questions avec calme, sans dramatisation. Le conseilleur refusera de s'enfermer dans le système d'autosuggestions négatives de son interlocuteur « Je suis incapable... je ne réussirai jamais... c'est trop difficile. »

Pour « échouer », l'individu se fixe parfois des objectifs irréalistes, s'enferme dans des comparaisons dévalorisantes qui le paralysent : par exemple, dès qu'il débute un nouvel apprentissage, revit dix fois les angoisses d'un échec réel et oublie ses propres réussites.

Pour sortir de ces scénarios, ces boucles de suggestions négatives – blocages, conflits, comportements dysfonctionnels – il s'avère important de travailler sur l'interface passé-présent, de repérer par quels mécanismes la personne procède pour se dévaloriser et échouer. Quelles sont les sensations, les émotions, les images mentales, les représentations qui conditionnent son attitude ? Quelles sont les pensées automatiques qui se reproduisent ? À quel moment cet enchaînement de séquences conduit-il à ces blocages ?

Pour éviter cette dynamique, on travaille à assouplir les représentations : « Maintenant, regardons les aspects, positifs de cette situation. », l'accent est mis sur les réussites de la personne plutôt que sur un nouvel examen de ses échecs : « Revenons à ce qui a bien marché. »

L'enquête vise alors à rechercher les sentiments, les expériences positives afin d'aider le sujet à travailler sur la partie vivante dynamique de son vécu : « *il faut souffler sur la braise pour rallumer une flamme* ». On propose des actions faciles qui vont réussir et donner envie d'aller plus loin. Le succès entraînant le succès, on insistera sur les bénéfices de ce comportement (André Ch., 2009).

Le renforcement positif fonctionne ici comme une réassurance, un catalyseur qui redonne confiance et aide à évoluer. On ne cherche pas à cacher les difficultés mais on relativise, dédramatise. Des critères de réussite plus accessibles sont définis. L'aide vise à retrouver des repères positifs, valorisants. Le conseillé se confronte à une autre image de lui-même, à une vision plus stimulante de la réalité.

Les techniques de renforcement sont ainsi utiles dans les aides à court terme. La force de la suggestion conduit à surmonter une difficulté momentanée, à franchir une étape, donc à prendre confiance en soi-même, à renforcer l'estime de soi. Ce type d'aide existe quotidiennement dans les relations de travail ou dans toute autre situation de conseil. Cette confiance, cette vision positive (sans nier les difficultés) sont à la base de la coopération, du dynamisme des relations d'équipe.

Les transferts d'apprentissage

L'acquisition de comportements adaptés suppose un développement au niveau émotionnel et au niveau des savoir-faire relationnels. Comment peuvent s'opérer ces évolutions ?

L'exemple et le partage d'expérience

Si quelqu'un ne sait pas résoudre un problème particulier, il cherchera dans son environnement proche ou lointain une personne maîtrisant les qualités et les habiletés qui lui font défaut. L'aide recouvre ici deux niveaux :

- le niveau imaginaire : on présente un exemple à imiter, des valeurs, un « modèle » reconnu par ses pairs ;
- le niveau pratique : on montre un comportement, une « expertise » qui illustre les habiletés désirées.

L'imitation, le mimétisme s'observent dans beaucoup d'apprentissages relationnels. Nous reproduisons un comportement attendu. Si le conseillé ressent que son interlocuteur est arrivé à des solutions illustrées par ses façons d'agir, il reproduira les habiletés nécessaires par observation et imitation.

Le « modèle » propose un repère concret, vivant, une possibilité d'identification. Le conseillé sera à même d'être confronté à des expériences différentes pour trouver sa propre voie. Cette forme d'aide se rencontre particulièrement dans les « immersions », les apprentissages sociaux tels que changer de métier, réussir une nouvelle activité.

Par exemple, pour se former aux techniques d'entretien, le travail en double représente une façon nécessaire et efficace de se confronter à une pratique, d'échanger sur son vécu avec un professionnel confirmé.

Le conseilleur ne cherche pas à exercer une autorité, il offre une expérience avec ses forces et ses faiblesses, partage un vécu, des connaissances qui serviront à la « construction » de son interlocuteur. Des moments de régulation permettront de faire le point et d'échanger sur les savoir-faire et les micro-comportements mis en jeu.

L'expérimentation contrôlée et le tutorat

Dans cette démarche, le conseilleur expert dans le domaine traité joue le rôle de tuteur, il amène l'individu à se fixer des buts concrets, réalistes et progressifs. Il propose des actions ponctuelles répondant à des objectifs précis qui seront des simulations de problèmes à résoudre, par exemple : négocier un contrat, animer une réunion. Il dose les difficultés pour amener une dynamique de la réussite. Les critères d'appréciation sont définis à l'avance pour permettre au sujet une évaluation des résultats et une autocorrection. L'expérimentation contrôlée repose sur un travail d'anticipation : on s'imagine en train d'agir, on visualise concrètement les détails des actions à accomplir. La personne se détend et visualise point par point le comportement attendu. Elle réduit ainsi son anxiété et se prépare psychologiquement. Le fait de se représenter mentalement le déroulement d'une action entraîne une sorte de programmation positive. L'imagerie mentale met le corps en action. On anticipe, visualise et intériorise l'enchaînement des comportements souhaités afin de créer des automatismes adaptés. Les sportifs de haut niveau utilisent ce type d'entraînement mental (Freud G., 2007).

L'aide se déroule dans une suite d'entretiens, phase après phase le tuteur fait le point par rapport aux objectifs fixés. Les difficultés sont examinées et discutées. Le tuteur supervise l'action, il reste extérieur, écoute, propose de nouvelles voies à explorer.

L'accompagnement, le coaching

Dans ce dernier cas, le conseilleur est un professionnel extérieur à la situation. Le but sera d'aider une personne à progresser dans la résolution de situations complexes telles que : gérer des moments stressants de prise de décision, prendre du recul par rapport à une pratique sociale. Bien que compétent dans son domaine d'action, le conseillé éprouve des difficultés régulières pour communiquer, animer, décider.

Le mot coaching recouvre une grande variété de situations et de pratiques, cependant cette démarche vise généralement à passer d'un état actuel non satisfaisant à un état souhaité, désiré (Moral M., Angel P., 2009).

Deux personnes définissent alors le cadre de la rencontre : des objectifs, une durée, des conditions et des modalités d'intervention. Au cours d'entretiens successifs, elles explorent les difficultés et définissent des moyens pour progresser. Le conseilleur intervient sur les méthodes, les comportements, la maîtrise émotionnelle, les représentations. Il établit avec son interlocuteur un contrat d'évolution, définit des actions concrètes à réaliser, clarifie les critères de réussite.

Le conseilleur extérieur aux jeux de pouvoir, n'essaie ni de séduire, d'influencer, ni de convaincre. Il amène à prendre du recul, facilite la recherche de solutions, dégage des étapes vers la solution.

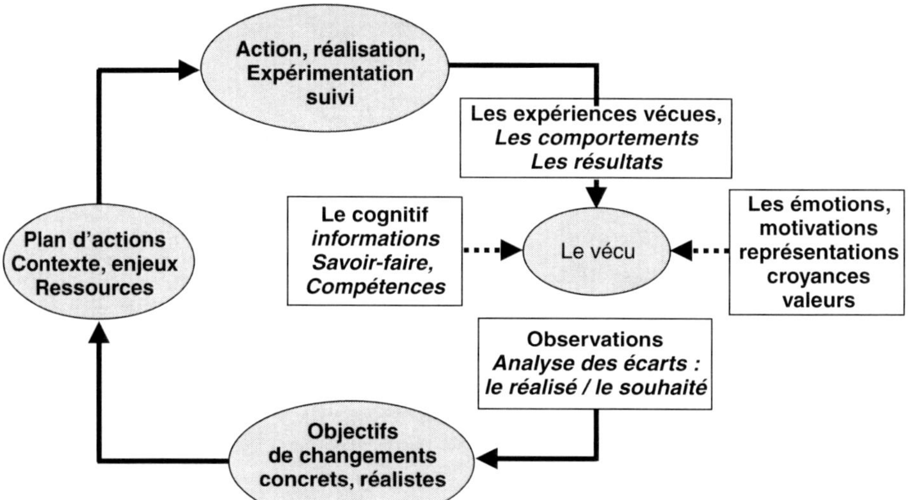

La démarche d'accompagnement

Il écoute la personne parler de sa pratique ou l'invite à s'auto-observer dans les situations difficiles à partir de grilles d'observation. Le « conseillé » va noter ses comportements dans des actions précises (par exemple, ce qui déclenche, entretient, augmente sa peur dans une relation conflictuelle). À chaque séance, l'aide consiste à restituer le vécu, à clarifier les sensations, émotions, représentations et croyances mises en jeu. Observer le flux de ses productions mentales aide à prendre conscience de ses réactions, à porter un regard plus lucide sur soi-même. Peu à peu, le sujet cesse de s'identifier à ses pensées critiques, à sa voix intérieure, il relâche ses crispations émotionnelles, ses réactions impulsives. Il se recentre sur ses sensations corporelles, sa respiration, ses émotions. La relaxation, la sophrologie seront utiles pour explorer ces dimensions. Ainsi, l'individu verbalise ses craintes et interrogations et prend de la distance avec ses jugements, ses croyances, ses habitudes. Il se détache de ses pensées habituelles pour se recentrer sur une démarche d'action.

Le « conseilleur » conduit son interlocuteur à définir et expérimenter de nouvelles solutions, à s'auto-évaluer. Les expériences seront dosées, ainsi dans la résolution d'un conflit la personne apprendra à se relaxer avant d'agir, à exprimer son ressenti, à reformuler les positions des deux parties, à argumenter son point de vue, à affirmer calmement son désaccord et négocier des solutions sans rompre la relation. Le « conseilleur » simule les attitudes, fait visualiser les comportements recherchés ou utilise des jeux de rôle pour faciliter la compréhension et l'appropriation des actions à entreprendre.

Accompagner une démarche de changement

Très souvent, quand les personnes demandent une aide ou un conseil, elles décrivent leurs difficultés en des termes très généraux : « mieux communiquer », « se sentir plus à l'aise », « réduire les conflits », « ne plus s'embêter dans son travail ».

Ces demandes trop imprécises ne trouvent guère de solutions. Il sera en effet toujours possible de mieux communiquer, d'être plus à l'aise. En outre, ces attentes, souvent formulées en termes négatifs, induisent une représentation non dynamique, non stimulante qu'il convient de reformuler d'une façon positive.

La première étape d'une aide consiste alors à questionner, à concrétiser la demande pour préciser les objectifs réels et définir la nature du changement recherché.

Spécifier l'objectif

« Ne plus s'embêter dans son travail » reste une formulation vague pouvant s'interpréter de façon très diverse : est-ce travailler moins ? travailler différemment ? travailler en équipe ? dans une meilleure ambiance ?

Clarifier les attentes, les besoins, le type de comportement recherché sera donc l'objet d'une première séance : quel type de travail désire-t-on ? qui dans l'entourage exerce ce travail ? dans quelles conditions ? on cherche ainsi à passer du désir, de l'intention à la demande concrète, précise. L'implication personnelle est formulée par des expressions diverses comme : « *je rêve de, j'ai envie, je cherche, je promets, je m'engage, je veux* », elles traduisent le niveau de motivation et le degré d'engagement de la personne.

Le but de l'enquête vise à définir le plus précisément possible la problématique de la demande afin de caractériser, de visualiser l'objectif. Il s'agit de construire une représentation sensible, vivante, claire de l'état désiré, d'identifier les sensations corporelles, les émotions, les images, les comportements, les valeurs prises en compte par le sujet.

Cet objectif spécifié concret, formulé positivement, défini dans un contexte particulier sera réaliste. Les critères de réussite seront clairement explicités. Les moyens à mettre en œuvre resteront en accord et accessibles avec les ressources psychologiques du sujet.

Une personne bloquée perçoit probablement l'environnement d'une façon figée. Ainsi, si elle hésite entre quitter ou rester dans son travail, elle subit une alternative. Au moment de passer à l'action, elle risque de remettre en question son choix, la solution rejetée lui apparaissant moins claire, plus risquée que la situation actuelle.

Les choix binaires conduisent souvent à ce blocage : dès que nous sommes en mesure d'examiner plusieurs solutions, nous devenons plus à même de comparer, de hiérarchiser nos priorités. Nous décidons par comparaison et différenciation et parce que notre objectif, réalisable et accepté, nous motive à l'atteindre.

Ouvrir le champ des possibles, imaginer des projets, inventer des solutions réalistes, concrétiser, trouver les étapes sont autant de propositions de travail et de réflexion. Sur quoi agir ? sur qui agir ? comment agir ? dans quelles conditions ? avec quels résultats ? seront alors les questions clés à traiter pour motiver, éclairer le chemin et faire un premier pas.

Repérer les bénéfices secondaires

Très souvent lorsqu'une situation s'est installée et se répète dans le temps elle correspond à un jeu implicite chez le sujet. Celui-ci se plaint mais trouve suffisamment de bénéfices dans le maintien du *statu quo*. Une personne regrette d'être submergée de travail, d'être obligée de rester tard le soir au bureau. En réalité, elle redoute de rentrer chez elle, d'affronter son propre ennui ou encore des querelles familiales aussi cruelles qu'interminables. La surcharge de travail représente un moindre mal qu'elle refuse de reconnaître comme tel.

Si un comportement aberrant se maintient d'une façon stable, probablement quelque part l'intéressé y trouve son compte. Il tendra donc à poursuivre le « jeu ». Pour l'aider à faire le point sur cette question, il sera nécessaire de mettre à plat les avantages et les inconvénients d'une solution, de faire un bilan exhaustif puis laisser à la personne la pleine responsabilité de ses choix. Que gagnerez-vous dans la nouvelle situation, que perdrez-vous par rapport à l'ancienne ? Quelles sont les conséquences positives ou négatives de l'atteinte de votre objectif ?

S'appuyer sur ses ressources psychologiques

L'esprit humain ne cesse de comparer, de juger, nous évaluons constamment nos expériences suivant des échelles de valeurs dont nous avons héritées de notre histoire. Une personne en difficulté se projette ainsi dans des situations imaginaires génératrices de peurs, d'incertitudes. Le monologue intérieur, les ruminations mentales entraînent des crispations corporelles et mentales qui peuvent mobiliser toute l'attention et paralyser l'action.

Lorsque nous décidons d'abandonner cette fixation sur le mental, nous lâchons prise. Se relaxer, observer sans réagir le flux de sensations corporelles, d'états émotionnels, d'images, d'idées nous recentrent sur la réalité de l'instant présent. Le simple fait de s'arrêter, nous conduit à prendre du recul, nous rend plus réceptif.

De plus, visualiser des moments heureux de son existence, porter une attention particulière à sa respiration et observer en soi ce rythme vital redonnent confiance. L'esprit lentement se décante comme une eau trouble qui se clarifie. Le corps, les émotions, le mental s'apaisent, s'harmonisent et rendent plus concentré, plus clairvoyant. Lorsque nous prenons ainsi appui sur ce ressenti, nous retrouvons en nous des intuitions, des images, des idées nouvelles. Par cette disponibilité, nous nous représentons mieux ce dont nous avons le plus besoin (Kabat Zinn J., 2005).

Le changement de contexte

Dans certaines situations, la fuite apparaît parfois comme une attitude saine et salutaire. Plutôt que de perdre son temps, son énergie et son moral dans l'espoir de régler un conflit, il se révèle préférable de changer totalement de cadre, d'environnement et de couper les relations. Par exemple, si une personne se trouve mal intégrée dans un groupe de travail, si des conflits apparaissent régulièrement, on peut certes chercher à analyser les attitudes des personnes, repérer les interactions, comprendre la nature des blocages. Toutefois, si la solution demande une évolution des habitudes, des mentalités, elle sera probablement trop longue et coûteuse. Le changement de milieu sera une façon de résoudre les difficultés. L'individu s'investira dans un autre style de relation, il utilisera son énergie créatrice pour se développer et non plus se défendre.

Cependant, le cadre dans lequel nous percevons une situation en détermine souvent le sens que nous lui attribuons. Nos croyances et représentations orientent notre vision de la réalité et deviennent la cause de nos problèmes. On peut dès lors chercher à les assouplir et à modifier ainsi la perception de cet environnement « négatif ».

Le recadrage

« Recadrer signifie modifier le contexte conceptuel et/ou émotionnel d'une situation, ou le point de vue selon lequel elle est vécue, en la plaçant dans un autre cadre » (Watzlawick P., 1975). Dans l'histoire classique de la bouteille à moitié vide ou à moitié pleine, le même fait est ainsi perçu sous deux angles différents. Dans l'image ci-dessous, la figure et le fond s'inversent pour donner deux visions différentes de l'image.

Le recadrage consiste à proposer à son interlocuteur une nouvelle perception de la réalité. On regarde autrement, utilise les différents aspects d'une situation : le blanc, le noir, le positif, le négatif. Si par exemple, une personne se lance dans de nombreuses critiques avec pour but de déstabiliser son interlocuteur. Ce dernier, au lieu de se défendre, va le remercier de cette production. Si la critique change de sens et devient une information positive, la personne abandonnera probablement son comportement négatif.

Une autre personne se plaint des attaques formulées sur son dernier rapport. Le conseilleur lui montre que ces remarques indiquent l'intérêt et l'importance que ses collègues portent à son travail. Ce qui pourrait être perçu *a priori* comme un jugement négatif témoigne aussi d'une marque d'intérêt.

Recadrer les perceptions, recadrer le sens, les comportements, sortir de la vision dans laquelle on s'est enfermé, permet de redécouvrir une autre « réalité ». Notre vision du monde est aussi une création personnelle et « ce ne sont pas les choses qui nous troublent, c'est l'opinion que nous en avons » (Marc Aurèle).

La seule personne sur qui nous ayons une prise directe : c'est nous-même. Si notre regard sur autrui change, alors la relation se trouve transformée, nous agissons différemment et en retour notre interlocuteur change aussi.

Le recadrage n'est pas une interprétation au sens psychologique, il ne vise pas une vérité unique puisqu'on part du principe qu'il existe plusieurs lectures d'une même réalité. Il repose sur une compréhension des attentes, du langage, des valeurs des personnes. Son efficacité se mesure avant tout à son effet sur les comportements. Il sort d'une représentation figée pour proposer une autre perception du réel. Si ce recadrage se montre pertinent et adapté à la personne, il aura un effet immédiat de déblocage.

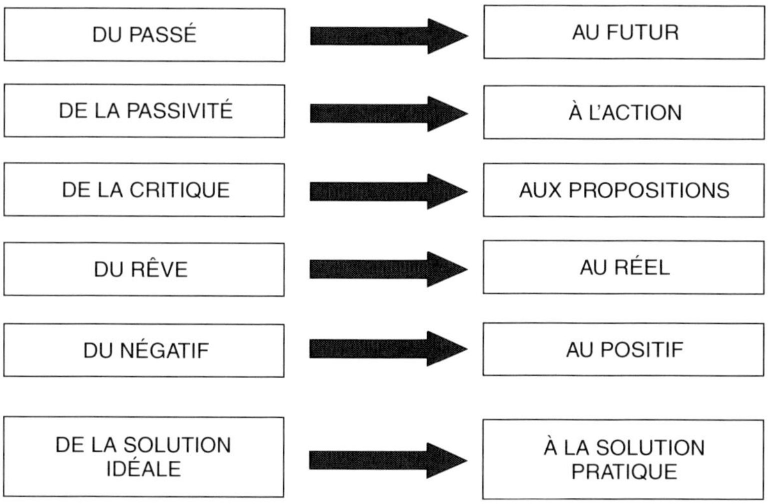

Les niveaux de recadrage

Nous pouvons ainsi varier les façons de voir, passer de la critique aux propositions, de la passivité à l'action. Cette flexibilité positive nous rend plus ouvert et favorise l'adaptation et le développement.

Les solutions paradoxales

Dans les situations où la logique se trouve battue en brèche, il devient alors impossible de mettre en avant sa propre raison, elle ne sera pas écoutée. Ainsi, en est-il d'un responsable qui montre une forte méfiance sur la qualité du travail de ses subordonnés. Il contrôle tout. Plus on tente de le rassurer, plus il devient suspicieux. Dans sa logique, si l'on cherche à le rassurer, c'est qu'on veut le tromper. Les réassurances de l'un renforcent les craintes de l'autre. La boucle se referme et commence une escalade symétrique de méfiance et d'incompréhension.

Pour sortir d'un tel jeu rigide, il est aussi possible de renforcer les réactions de l'individu, de les pousser jusqu'au bout. On invite alors le sujet à tout vérifier dans les plus petits détails. On fait fonctionner le symptôme jusqu'à son épuisement. Il arrivera un moment où la personne face à ses propres limites changera de comportement et laissera un peu d'autonomie à ses collaborateurs (Watzlawick P.[1], 1980).

Dans de telles situations, plutôt que de lutter contre des forces inconscientes et ainsi leur redonner de l'énergie, il paraît préférable de les utiliser pour débloquer la relation. Si l'opposition, la critique, l'argumentation se révèlent sans effet, il est alors nécessaire de changer de tactique et de prendre le contre-pied des solutions habituelles.

De la même façon, pour vaincre un pessimiste forcené, il sera parfois efficace de se montrer plus pessimiste que lui, de décrire un monde encore plus apocalyptique. Il arrivera un moment où l'individu modifiera son attitude et fera remarquer que la vie n'est pas aussi noire.

Enfin, à un conférencier mort de trac, on conseillera de reconnaître et d'accepter ouvertement sa timidité, de l'avouer au groupe, d'utiliser ses peurs, son émotion pour créer un contact et susciter l'intérêt. Plutôt que de dépenser son énergie à combattre un symptôme évident, il est plus judicieux de l'utiliser positivement.

Ces techniques paradoxales sont d'abord pragmatiques, elles supposent une dose d'humour et de provocation bienveillante. L'humour détend, fait lâcher prise, prendre du recul. Il court-circuite la logique habituelle, relie l'émotionnel au rationnel, le conscient avec l'inconscient.

1. Paul Watzlawick (1921-2007), psychologue américain, né en Autriche, figure éminente de l'école de Palo-Alto, est un des initiateurs de la thérapie systémique. Les processus par lesquels nous construisons notre réalité expliquent notre façon de voir le monde. Agir sur les processus revient à traiter les dysfonctionnements relationnels par le recadrage, le paradoxe pour ouvrir un système bloqué et le rendre plus flexible, plus adaptable.

Les règles de l'aide et du conseil

Ces démarches d'aide et de conseil ne peuvent fonctionner sans le respect des personnes, sans règles déontologiques explicitées.

Aucune aide n'existe sans une demande contractuelle, concrète, claire du conseillé. La confidentialité des échanges sera incontournable, les informations ne seront pas utilisées dans un autre contexte. C'est pourquoi la relation d'aide, de conseil se trouve rarement compatible avec un statut hiérarchique, elle justifie la sollicitation d'un intervenant extérieur.

Une situation d'aide sera limitée dans le temps. Elle vise des objectifs de développement précis, validés par les deux personnes. Elle n'enferme pas dans une relation de dépendance ou un rituel. Le conseillé peut se retirer à tout moment, s'il le juge nécessaire.

Le conseilleur compétent sur les communications, les relations, l'analyse de situations, sait évaluer ses propres capacités. Il se montre capable d'expliquer ses méthodes, de situer son cadre de référence théorique et si besoin de faire superviser son travail par des pairs. Pragmatique, il reste persuadé que le développement d'une personne passe par l'action, l'autonomie et la lucidité.

L'aide et le conseil ne s'improvisent pas, ces méthodes demandent du temps, des personnes ouvertes, disponibles, bienveillantes et au clair avec leurs émotions, leurs valeurs, leurs croyances. Rappelons enfin qu'il n'existe pas de solution unique : l'individu progresse ainsi de plusieurs manières et avance par lui-même sur le chemin le plus adapté à ses besoins.

Chapitre 12

Auditer

L'ANALYSE des performances économiques et financières ne suffit pas pour comprendre le fonctionnement des organisations. Aussi voit-on se développer des démarches d'audit dans le champ des activités humaines et sociales : climat social, conditions de travail, risques psychosociaux... Ces audits reposent sur des enquêtes à partir d'entretiens dont le but est de vérifier, de diagnostiquer, de porter un œil extérieur sur une réalité. Auditer, c'est écouter des discours qui rendent compte d'une pratique sociale, c'est restituer les manières d'agir de différents acteurs. Aucun questionnaire ne peut remplacer un contact, un échange direct avec les personnes concernées par l'étude et donner à la fois, dans leurs contextes, des informations qualitatives et quantitatives.

Les comités de pilotage des organisations ou institutions sont souvent éloignés de l'action du terrain. Pour les acteurs responsables, le besoin d'informations est légitime : faire le point, assurer un « feed-back », restituer des faits, des observations, des opinions, va élargir leur vision d'une réalité et nourrir leurs réflexions.

Comme nous l'avons vu dans l'évaluation, cette enquête s'inscrit nécessairement dans un univers de sens dont les finalités sociales, économiques et humaines sont partagées et acceptées par les interlocuteurs concernés. Elle s'appuie sur une démarche contractuelle avec une méthodologie claire, cohérente. Elle repose sur un consensus explicite, validé ou alors débouche sur l'arbitraire, la manipulation, le conflit lorsque les buts ne sont ni explicités, ni négociés.

La démarche d'audit

Dans les procédures d'audit, on distinguera suivant la nature de la demande :

– des audits de conformité (respect d'une procédure, d'une réglementation, d'une politique) ;

– des audits d'évaluation des performances (analyse de résultats, de moyens mis en œuvre, rapports coûts/bénéfices/risques, efficience, utilité sociale) ;

– des audits de diagnostic avec ou sans propositions d'actions correctives (modes de fonctionnement, détection de dysfonctionnements, étude d'image d'un groupe, attentes d'une catégorie de personnes...) (Guerrero S., 2008).

Ces enquêtes, visent à produire une information objective, fiable, pertinente, validée, partagée afin de permettre aux acteurs concernés de porter une meilleure appréciation sur une réalité sociale.

L'audit sera parfois précédé d'une enquête préliminaire qui constitue un prédiagnostic au cours duquel sont identifiés les principaux points d'étude à explorer. Le pré-audit permet d'apprécier la faisabilité d'une enquête plus approfondie, de détecter les résistances à la démarche et de mieux reformuler la demande.

La préparation d'une enquête exige d'abord une clarification des motifs, des objectifs du commanditaire (les responsables d'une organisation, d'un groupe, d'une institution). Pour rester réaliste, on cherchera à apprécier le pouvoir de décision des acteurs concernés, les enjeux, les intérêts, les risques de chacun, leur capacité à écouter un avis extérieur. Quelles sont alors les marges de manœuvre des décideurs par rapport à la question posée ? Il conviendra aussi d'apprécier comment les enquêtés vont participer, coopérer à la demande ou au contraire refuser plus ou moins de collaborer.

Cette démarche suppose au préalable d'avoir décrit le plus clairement possible dans un cahier des charges : les missions de l'audit, la méthode employée, les moyens utilisés, le mode d'information préalable des personnes concernées par l'enquête, le type de restitutions attendues par les demandeurs de l'étude. En outre, l'auditeur devra clarifier le modèle de référence (concepts, théories) à partir duquel va être observée la situation. Il faudra donc suivant les cas : définir les outils de recueil d'informations pour appréhender la réalité ; comparer cette réalité à un modèle de référence ; faire un constat de conformité ou d'écart, évaluer ces écarts ; diagnostiquer et proposer des actions correctives. Cadrer d'une façon réaliste les objectifs, les méthodes et les résultats attendus aidera à réduire certaines attentes « magiques » des commanditaires.

La préparation de l'entretien

La prise de rendez-vous

Généralement, les audités sont choisis en fonction du sujet à explorer (statut, connaissances, compétences, expériences, etc.).

L'entretien se déroule de préférence sur les lieux d'activités afin de mieux percevoir le contexte général (locaux, ambiance...). L'interviewé a été prévenu du but de l'entretien, du moment et des modalités de la discussion.

La prise de rendez-vous permet à l'audité de préparer l'entretien, de rechercher la documentation nécessaire à la discussion.

L'heure du rendez-vous sera fixée en fonction des disponibilités de chacun. On évite de tomber dans des périodes non représentatives, trop spécifiques : fin de journée, travaux importants qui ne laissent que peu d'ouverture pour l'échange.

La durée de l'entretien reste limitée : au-delà de 2 heures, l'attention faiblit, il est parfois préférable de prévoir un autre entretien.

La préparation psychologique de l'auditeur

L'entretien d'audit suppose une capacité d'écoute et une disponibilité psychologique et intellectuelle pour analyser et mémoriser une quantité importante d'informations nouvelles. Il demande aussi une bonne stabilité émotionnelle, une capacité à gérer son stress afin de poser des questions parfois difficiles et attendre la réponse.

Il sera donc nécessaire de faire le point sur le plan mental et émotionnel :

– se relaxer, évacuer les tensions, se concentrer ;

– s'entraîner à la pratique de l'imagerie mentale, imaginer le déroulement de la rencontre, se répéter ses questions d'enquête, visualiser son propre comportement, ses attitudes pour intérioriser sa démarche et anticiper les différentes réactions de l'audité.

La préparation de l'enquête

Avant de démarrer son action l'auditeur clarifie les objectifs et les enjeux de la démarche. Quelles sont les informations pertinentes, représentatives du problème à traiter ? Comment recueillir les données (faits, opinions, sentiments) recouvrant les questions posées par les commanditaires de l'audit ?

Quelle sera la véracité, la fiabilité des réponses ? Ces informations auront-elles valeur de preuve, de démonstration. Quelles sont les informations recevables ? Cette enquête permettra-t-elle de décider, d'orienter, d'aider les responsables et les différents intéressés à agir, à décider ?

La démarche d'audit est-elle opportune, a-t-on choisi le bon moment pour réaliser l'étude ? Quelle est la rapidité d'obtention de cette information, quels sont les délais souhaitables, les contraintes de temps à respecter ? Les données seront-elles saisies en même temps, quelle sera la conséquence des décalages de saisie (modification du contexte, événement imprévu) ?

Le coût (humain, économique, social) de l'opération est-il en rapport avec les effets espérés ?

L'enquête

L'entretien d'audit, entretien d'enquête, d'exploration, vise à décrire et analyser un fonctionnement, à repérer les logiques d'action, à cerner des résultats, des performances. L'auditeur se trouve totalement dépendant de son interlocuteur, il a donc besoin de sa confiance, de sa coopération pour recueillir l'information nécessaire. Il adopte donc de préférence une position basse et complémentaire. Il rejettera ainsi les attitudes de jugement et de conseil, évitera les recommandations, les explications, voire les évaluations, les interprétations. L'auditeur tente de rester neutre, ouvert, coopératif, curieux, concret, rigoureux.

Par un questionnement actif, il recueille l'information nécessaire à son enquête. Un contact facile, une bonne écoute éviteront à l'auditeur de ne pas se perdre dans l'information et dans certains cas se laisser manipuler. Trouver rapidement les relances ciblées, stimulantes lui permettra de prouver sa compétence et sa crédibilité. « Décrivez-moi, expliquez-moi ? » seront les deux questions clés.

Toute intervention extérieure modifie les comportements et les discours des personnes, ce n'est donc pas un acte neutre. Suivant la place qu'on lui assigne dans l'espace social d'une communauté avec ses hiérarchies, ses enjeux sociaux, l'enquêteur sera plus ou moins accepté. Expliciter les buts et les enjeux du dialogue vise à définir un contrat de communication et à permettre à l'intervenant de se positionner, de s'accorder dans la relation. L'audité observe la démarche, le comportement de l'auditeur, il apprécie assez vite la qualité et la pertinence des questions relevant de son domaine quotidien. Suivant ses impressions, soit il rejettera l'enquête et gardera ou brouillera l'information, soit il lui accordera du crédit et le dialogue pourra s'instaurer.

L'auditeur se servira des premiers entretiens pour appréhender le degré de complexité d'une réalité sociale et ainsi affiner sa grille d'enquête, élaborer ses hypothèses de travail. Ce travail d'observation et d'exploration l'aidera à saisir le contexte, à clarifier les nuances d'opinions, les contradictions d'un discours. Il réservera ensuite ses dernières rencontres à la vérification et à la validation des points clés de l'audit.

Le démarrage de l'enquête

En premier lieu il sera nécessaire comme dans beaucoup d'enquêtes de :

– prendre le temps pour créer un contact, travailler sur la relation et le climat de la rencontre ;

– faire décrire l'activité de son interlocuteur et ainsi repérer son environnement, son champ d'action et de responsabilité, saisir ses modes de raisonnement, ses intérêts, ses attitudes, ses valeurs, ses façons de réagir. Ainsi apprécier le stress d'une personne demande d'explorer *in situ* les conditions de travail, le mode d'autorité, de contrôle, les compétences, la maîtrise émotionnelle, le climat social, autant de données complexes à objectiver. Il s'agit de faire décrire concrètement une activité dans son contexte précis et de retrouver un vécu spécifique : les sensations (visuelles, auditives, kinesthésiques), les émotions (positives, négatives), les jugements de la personne dans cette situation ;

– partir de choses simples qui ne demandent pas une réflexion trop complexe pour amener l'audité à prendre la parole et à produire de l'information sur sa pratique quotidienne ;

– poser des questions stimulantes, concrètes, ouvertes qui montrent un réel désir de comprendre, de connaître le travail, l'activité, le vécu de l'audité ;

– rester le plus neutre possible sur le plan du discours et du comportement, se méfier des réactions non verbales qui pourraient être interprétées comme un geste d'acquiescement ou d'évaluation et induire une réponse chez l'audité ;

– accepter les informations, les reformuler, vérifier la compréhension de chaque point, demander de concrétiser, de donner des exemples.

Le déroulement de l'entretien

Le déroulement de l'entretien obéit aux règles communes des entretiens :

– rappeler le but de l'entretien, se situer en tant qu'auditeur (statut et mission de l'auditeur), définir les modalités de l'échange : plan de l'entretien, mode de discussion ;

– expliquer la façon dont on entend prendre des notes et veiller à laisser ses documents visibles sur la table de travail, adopter une conduite la plus transparente possible.

Les entretiens sont parfois enregistrés, l'auditeur se libère en partie de la prise de note. Cette pratique sera la garantie d'une restitution riche, précise. Cependant, il sera souvent impossible, faute de temps et de moyens, de retranscrire ensuite ces entretiens, ce qui suppose donc de s'entraîner à prendre des notes de la façon la plus exhaustive possible. On examinera ensuite à partir de l'enregistrement les points clés, les citations les plus essentielles.

Au terme de l'entretien, il est souhaitable de résumer les informations recueillies, de demander une confirmation de cette synthèse auprès de l'intéressé lui-même (parfois fournir un résumé écrit de l'entretien pour validation si on le juge utile), de s'assurer de la bonne compréhension de la démarche : « avez-vous des questions à me poser ? ».

À la fin de la rencontre, l'enquêteur précise la suite des opérations : comment et auprès de qui seront restitués les résultats de l'audit. Les modalités du recueil conditionnent la qualité de l'information. On n'obtient pas les mêmes réponses avec une grille d'enquête avec des questions fermées et des entretiens approfondis. Si la première méthode permet de quantifier les résultats, la seconde fera découvrir les raisons des opinions, les motivations, le vécu de l'activité. Ces deux démarches ne sont pas exclusives, il suffit simplement que l'entretien sur le vécu précède le questionnaire.

La stratégie d'enquête

Un entretien demande une préparation, il suit un fil conducteur et obéit à une stratégie. On pourra par exemple :

– Examiner les sujets abordés dans un ordre chronologique : la première année, la deuxième année, la troisième ; dans votre service, dans le service de X, dans le service de Y.

– Chercher à classer les informations : la description du problème, les difficultés rencontrées, les solutions envisagées.

– Suivre les modes de raisonnement de son interlocuteur : le déductif part du général au particulier ; l'inductif va du particulier au général ; l'intuitif se sert de son ressenti immédiat.

– Essayer à chaque fois de faire concrétiser les propos par des exemples.

On cherchera aussi à :

– Faire situer chaque fait, chaque événement en questionnant d'une façon systématique : qui, quoi, où, quand, comment, combien, pourquoi ?

– Comprendre les dérives au cours de l'entretien, ne pas recentrer avant de saisir la nature de cette dérive : fuite, mauvaise compréhension de la question, défaut de raisonnement, nouvelle formulation du problème (demander à l'audité en quoi les informations fournies relèvent de la question de départ).

– Discerner et différencier dans le discours de son interlocuteur les faits des opinions, des sentiments, des intuitions, des suppositions, des interprétations.

– Amener son interlocuteur à distinguer les faits réels des opinions en lui demandant d'illustrer ses déclarations par des documents, des données objectives, chiffrées, des traces matérielles.

– Calibrer, apprécier ses modes de réaction physiques et émotives en appréciant les jugements différents sur des problèmes divers pour comprendre la façon dont il évalue et ressent certaines situations. Il est plutôt réaliste, bienveillant ou particulièrement critique, opposant.

D'une façon générale, l'auditeur sera attentif à :

- varier les types de questions, le niveau d'interrogation ;
- reformuler les points clés, faire des synthèses partielles ;
- adopter une attitude cordiale, ouverte, stimulante ;

– observer le comportement non verbal et noter les émotions, les modifications de la voix et du comportement susceptibles d'infléchir le sens du discours et d'amener de nouvelles pistes d'exploration.

L'information recueillie

Une information se caractérise par plusieurs aspects :

– son objet, son contenu (information quantitative ou qualitative) ;

– son niveau de détail, de précision (information générale, exhaustive, partielle, échantillonnée) ;

– sa référence au temps et à l'espace, au contexte (une information sera datée, référencée : qui dit quoi, quand, où, par rapport à qui, par rapport à quoi ?) ;

– la fréquence d'apparition de cette information (ponctuelle, temporaire, continue, permanente, aléatoire) ;

– l'accessibilité de l'information (difficultés de recueil, d'observation) ;

– son objectivité (centrée sur les faits ou sur les opinions) ;

– la fiabilité : le degré de certitude, de distorsion, de détérioration, de déformation (information contrôlée, recoupée, information officielle, officieuse, de première main, on-dit, rumeur) ;

– la validité : origine des sources identifiée, information valable jusqu'à quelle date, dans quel contexte ?

– la fidélité, la stabilité : deux enquêteurs à des moments différents peuvent recueillir la même information auprès des mêmes personnes ;

– l'origine, le support de cette information (document écrit, témoignage oral, observation directe sur le terrain) ;

– son originalité, sa nouveauté ;

– sa recevabilité : l'information est neutre, acceptable pour les différents acteurs ou impliquante, conflictuelle, inacceptable ;

– le domaine d'information, l'information se rapporte à différents domaines de connaissances (domaine technique, administratif, comptable...) ;

– les niveaux d'action, l'information présente un caractère stratégique, tactique ou opérationnel.

L'écoute vigilante, les reformulations, les synthèses permettent à l'auditeur de rester en phase et de ne pas se laisser déborder par l'information, de suivre pas à pas l'enquêté sur son terrain.

La vérification de l'information

Une organisation est travaillée par des tensions, des antagonismes, des luttes d'intérêts. Les différents acteurs ne possèdent pas la même information, d'où la nécessité de vérifier la nature et la qualité des données recueillies.

De ce fait, l'auditeur sera attentif à :

– s'appuyer sur des éléments observables, objectivables : des documents : des relevés, des comptes rendus, des organigrammes, des rapports de contrôle ; des photos, des graphiques ; des observations sur le terrain ;

– examiner les références des documents, faire préciser les sources, les noter pour vérification *a posteriori* ;

– s'assurer que l'on parle bien de la même chose avec les mêmes données, le même vocabulaire afin d'éviter les interprétations, les distorsions, les incompréhensions.

Pour comprendre et mémoriser l'information, il conviendra de :

– faire situer les ordres de grandeur : une fois par jour, par semaine, par mois, par an ; une personne, deux personnes, trois personnes ; entre 1 et 10, entre 10 et 100 ; dans l'hypothèse la plus favorable, dans l'hypothèse la plus défavorable, d'une façon normale ;

– faire construire des scénarios, se projeter dans le futur pour tester les modes de raisonnement : l'activité double ? l'on change de méthode ? l'on ne tient pas les délais ?

– donner des contre-exemples pour tester la solidité des opinions : « Les techniciens réagissent de telle façon, qu'en pensez-vous ? », « Dans une autre organisation identique la moyenne des erreurs est de 5 %, comment l'expliquez-vous ? »

Si l'auditeur n'est pas à même de visualiser la situation décrite, c'est le signe probable d'une information encore trop générale, trop imprécise, donc impossible à cerner concrètement. De ce fait, il sera souvent très utile avant de commencer l'enquête, de visiter les lieux de travail, d'observer les comportements *in situ*, de bavarder avec les personnes afin de saisir le contexte et apprécier l'ambiance.

Afin de faciliter l'analyse des situations, on procédera par différence, par comparaison, on cherchera à cerner les écarts, les oppositions, les nuances, les modes de raisonnements. On aidera l'audité à passer :

– du passé au présent : « Aujourd'hui si vous aviez à refaire la même expérience, que feriez-vous ? »

– du présent au futur : « Maintenant, comment les choses vont-elles évoluer ? »

– de l'abstrait au concret : « Donnez-moi un exemple qui illustre votre idée ? »

– du particulier au général : « Quel principe général retirez-vous de cet exemple ? »

– des faits au jugement sur ces faits, aux opinions personnelles : « Quel jugement avez-vous porté sur cette expérience ? »

– des faits aux sentiments : « Qu'avez-vous ressenti dans cette situation ? »

Dans chaque réponse, on sera attentif au degré de précision de l'information, on notera les hésitations, les oublis, les lapsus. S'appuyer sur son ressenti permet de saisir les nuances et d'approfondir l'information.

La cohérence de l'information sera vérifiée par la comparaison de différents niveaux d'expression :

– le niveau verbal et non verbal ;
– l'expérience passée et la situation actuelle ;
– le discours sur le passé et l'attitude présente pendant l'entretien.

Les règles de l'entretien d'audit

Un élément étranger sera d'autant mieux accueilli et accepté si son comportement et son attitude respectent les points suivants :

– Accorder le temps nécessaire pour que la personne puisse parler librement et s'expliquer complètement.

– Ne pas forcer la confidence sur des révélations qui seraient regrettées par la suite mais reformuler les points clés et responsabiliser l'individu devant ses déclarations.

– Ne pas adopter une attitude systématiquement suspicieuse, critique mais faire fonctionner la transparence dans la démarche et le questionnement. On a bien situé les conséquences de l'entretien.

– Éviter de mettre son interlocuteur en difficulté, de le placer en contradiction avec lui-même s'il change d'opinion au cours de l'entretien (si nécessaire reformuler ses différents points de vue et lui demander « en quoi ces deux opinions diffèrent-elles ? »).

– Encourager une démarche constructive en faisant appel aux compétences, aux jugements de chacun (« quelles sont à votre avis les solutions, quelle solution défendez-vous, comment pourrez-vous la mettre en œuvre, en quoi cette solution est-elle réaliste »).

Dans les entretiens d'audit, il existe fréquemment une tendance naturelle à la dramatisation. L'audité profite de l'entretien pour exprimer les insatisfactions, les dysfonctionnements, les frustrations de la vie quotidienne. Il montre ainsi une tendance à grossir le trait pour mieux se faire entendre. Toutefois, les critiques formulées par les audités ne sont pas forcément l'indice de graves difficultés. La facilité de l'expression témoigne plutôt de la conviction de l'audité et de la capacité à définir les besoins d'évolution, de correction de l'organisation. *A contrario,* une absence de critiques : « tout va bien » indique parfois une attitude défensive. L'audité refuse de s'impliquer faute d'une confiance suffisante dans ses interlocuteurs. Il redoute l'utilisation de ses déclarations.

La garantie de l'anonymat consiste à prendre l'engagement de ne pas diffuser une information pouvant directement mettre en cause une personne.

Aussi, les jugements portés sur un individu ne seront pris en compte que si, après recoupement auprès de plusieurs personnes, ils restent significatifs d'un problème, d'un dysfonctionnement réel. On étudiera alors ce dysfonctionnement sous un angle général.

L'auditeur s'engage à ne pas divulguer le contenu spécifique des entretiens individuels. Cette règle déontologique sera à la base de sa mission ; c'est parce qu'il demeure un élément extérieur non directement impliqué dans la situation qu'il assure un regard attentif, une écoute distanciée et une analyse qui se veut rigoureuse de la situation observée.

L'auditeur devra restituer ses informations. Les modalités de cette restitution ont été définies d'une manière contractuelle. On a clarifié le type de données à fournir. Les formes de présentation des résultats de l'enquête peuvent varier suivant les attentes des différents destinataires : document écrit, exposé, réunions d'information. C'est pourquoi la clarification de la demande, l'identification des interlocuteurs responsables, le respect des procédures sont des règles essentielles si l'on veut conserver une démarche acceptable et bénéfique pour les parties en présence. L'auditeur joue ici sa crédibilité et son utilité.

Aujourd'hui, ces démarches d'audit révèlent un besoin de repères, de diagnostic dans un univers souvent saturé de données informatisées inutilisées et parfois inutilisables. Elles indiquent aussi un déficit de concertation, de débats internes, débats contradictoires entre les différents acteurs pour ajuster et valider les décisions dans un environnement changeant. L'enquête peut, suivant les cas, déboucher sur plus de contrôle, de normes mais elle peut aussi élargir la perception d'une réalité et donner plus de compréhension des processus observés et ainsi faciliter le dialogue entre des acteurs bloqués sur leurs positions respectives. Avec les précautions méthodologiques et déontologiques nécessaires, cette rétroaction, ce retour d'informations sur la réalité et le vécu des personnes représente un outil de concertation, de régulation sociale.

Annexe

Mener un entretien

Les capacités à mettre en œuvre

Cette grille permet d'observer et d'analyser le déroulement de ses entretiens et de repérer son mode d'action à partir de comportements observables. Elle fonctionne en auto-évaluation pour faire le point ou avec un observateur dans les phases d'accompagnement. On compare alors les écarts entre les deux appréciations.

PRÉPARER
Être capable de : **Avant l'entretien** 1) clarifier et expliciter les finalités, les buts de l'entretien ; 2) identifier, rassembler les données sur la question à traiter (documentation) ; 3) se fixer un ou des objectifs réalistes, visualiser le résultat à atteindre ; 4) se mettre à la place de son interlocuteur et reformuler les motivations probables, les besoins, les objectifs et les enjeux spécifiques de ce dernier ; 5) imaginer et décrire plusieurs scénarios de discussion, lister les options possibles ; 6) décrire une stratégie de discussion (enchaînement des phases) ; 7) préparer un jeu de questions pour chaque thème à traiter ; 8) aménager un lieu de rencontre adapté au but de l'entretien, réserver le temps nécessaire à l'importance de la discussion et s'organiser ; 9) se relaxer, visualiser l'action, s'imaginer en train de réaliser l'entretien.

ACCUEILLIR
10) accueillir la personne, mettre à l'aise, instaurer un climat ouvert par des échanges consensuels, conviviaux ; 11) maintenir un contact visuel avec son interlocuteur ; 12) repérer et réagir aux signaux non verbaux essentiels de son interlocuteur ; 13) adapter son message non verbal en fonction des objectifs de la rencontre ; 14) présenter clairement le but de la rencontre, proposer une méthode de discussion, vérifier l'adhésion de la personne au but et à la méthode.

ENQUÊTER
15) poser des questions concrètes, neutres, claires et facilitantes ; 16) varier les types de questions (ouvertes, fermées, directes, indirectes) ; 17) utiliser les différentes formes de reformulation ; 18) reformuler dans la discussion les faits, les sentiments, les jugements ; 19) varier les attitudes en fonction du moment de la discussion ; 20) reformuler l'argumentation de son interlocuteur ; 21) reformuler les enjeux, les buts de la rencontre, faire le point ; 22) clarifier la position de son interlocuteur par des relances adaptées ; 23) reformuler le ressenti de la personne pour faciliter la relation ; 24) rester synchronisé, en phase au niveau non verbal et verbal ; 25) s'appuyer sur l'observation du non-verbal pour reformuler des impressions, des sentiments ressentis par son interlocuteur ; 26) adopter et garder pendant la phase d'enquête, une attitude complémentaire de son interlocuteur (écoute, questionnement) ; 27) recentrer l'entretien et exploiter les dérives.

NÉGOCIER
28) classer et hiérarchiser, cadrer les questions à traiter ; 29) développer une argumentation concrète, cohérente, crédible ; 30) distinguer la description d'un problème, la recherche de solutions de la phase d'évaluation de décision ; 31) explorer et repérer les points d'accord et de désaccord ; 32) reformuler les enjeux de la discussion et la position de son interlocuteur ; 33) définir les critères objectifs à partir desquels seront évaluées les décisions ; 34) identifier les intérêts communs, reformuler les bénéfices mutuels ; 35) clarifier les points négociables, les points non négociables ; 36) repérer et expliquer les points de concessions, les compromis, explorer les marges de manœuvre possibles ; 37) reformuler positivement une proposition, une intervention ; 38) réagir aux idées, aux propositions, relativiser les désaccords, sans attaquer la personne elle-même ; 39) proposer différents modes de raisonnement en fonction de l'interlocuteur ; 40) recadrer, donner une autre vision d'un fait, d'un problème ; 41) établir des phases de détente dans la discussion, utiliser l'humour ; 42) reformuler les valeurs essentielles mises en jeu dans la discussion ; 43) exprimer son ressenti, ses émotions, ses sentiments, clarifier l'implicite, le non-dit de la discussion.

CONCLURE
44) ouvrir le choix entre différentes propositions pour faciliter une décision, proposer des alternatives positives, valoriser les solutions ; 45) repérer et traiter les réticences de son interlocuteur, expliciter ses propres craintes et réticences et les traiter ; 46) vérifier les conditions, les garanties de mise en œuvre des solutions ; 47) faire le point sur la progression de la discussion, reformuler positivement l'acquis, les conclusions de la rencontre ; 48) conclure à l'heure fixée un entretien. **Après l'entretien** 49) visualiser le déroulement de la discussion, analyser son ressenti ; 50) faire un compte rendu retraçant les points clés, la conclusion et les positions de chacun dans la discussion. **Au cours du déroulement de l'entretien, ces points ont été observés** 1) jamais ; 2) rarement ; 3) souvent ; 4) régulièrement.

Bibliographie

Abitbol J., *L'odyssée de la voix*, R. Laffont, 2005.

Abric J.-C., *Psychologie de la communication. Méthodes et théories*, A. Colin, 1996, 2e éd., 2008.

Andre C., *Imparfaits, libres et heureux : pratiques de l'estime de soi*, O. Jacob, 2009.

Amado G., Guittet A., *La dynamique des communications dans les groupes*, A. Colin, 2012.

Anzieu D., *Le Moi-Peau*, Dunod, 1985.

Apfeldorfer G., *Les relations durables*, O. Jacob, 2004.

Aubert N., Gruere J.P., Jabes J., Laroche H., Michel S., *Management, aspects humains et organisationnels*, PUF, 1996.

Axelrod R., *Comment réussir dans un monde d'égoïstes*, O. Jacob, 1996.

Bandler R., Grinder J., *Frogs into princes, Neurolinguistic programming*, Real Peyress, 1979.

Bardin L., *L'Analyse de contenu*, PUF, 1977.

Bellenger L., *Les fondamentaux de la négociation*, ESF, 2004.

Bercoff M.A., *L'art de la négociation*, Ed. d'Organisation, 2004.

Berne E., *Des jeux et des hommes*, Stock, 1975.

Berne E., *Que dites-vous après avoir dit bonjour ?* Tchou, 1978.

Berthier N., *Les techniques d'enquête*, A. Colin, 2000.

Berthoz A., *La décision*, O. Jacob, 2003.

Billet C., *Guide des techniques d'évaluation*, Dunod, 2005.

Blanchet A., Ghiglione R., Massonnat J., Trognon A., *Les Techniques d'enquête dans les sciences sociales*, Dunod, 1987.

Breton P., *La parole manipulée*, La Découverte, 1997.

Castarede M.F., *La voix et ses sortilèges*, Les Belles-lettres, 2000.

Cayrol A., Barrère P., *La programmation neurolinguistique*, ESF, 1986.

Charaudeau P., Maingueneau D., *Dictionnaire d'analyse du discours*, Seuil, 2002.

Chiland C. (sous la dir. de), *L'entretien clinique*, PUF, 1989.

Coudron L., *Le yoga, bien vivre ses émotions*, O. Jacob, 2006.

Corraze J., *Les communications non verbales*, PUF, 1980.

Cosnier J., *Psychologie des émotions et des sentiments*, Retz, 1994.

Crozier M., Friedberg E., *L'Acteur et le Système*, Seuil, 1977.

Cyrulnik B., *Les nourritures affectives*, O. Jacob, 1993.

Damasio A.R., *L'erreur de Descartes*, O. Jacob, 1996.

Debray Q., Nollet D., *Les personnalités pathologiques*, Masson, 2001.

DECETY J., *in* Berthoz A., Jorland G., *L'empathie,* O. Jacob, 2004.

DEJOURS C., *Plaisir et souffrance dans le travail,* Éd. de l'AOCIP, 1989.

DEJOURS C., *L'évaluation du travail à l'épreuve du réel,* INRA, 2003.

DEVILLARD O., *Coacher,* Dunod, 2001.

DUPONT C., *La négociation,* Dalloz, 1982.

DURANDIN G., *L'information, la désinformation et la réalité,* PUF, 1993.

ENRIQUEZ E., *Les jeux du pouvoir et du désir dans l'entreprise,* Desclée de Brouwer, 1997.

ERICKSON M., *L'hypnose thérapeutique,* ESF, 1986.

FELDENKRAIS M., *La conscience du corps,* R. Laffont, 1971.

FISCHER R., URY W., *Comment réussir une négociation,* Seuil, 1982.

FONTANIER P., *Les figures du discours,* Flammarion, 1979.

FRANCOIS J., *Conférence sur l'efficacité,* PUF, 2005.

FREUD A., *Le Moi et les mécanismes de défense,* PUF, 1949.

FREUD S., *Le mot d'esprit et ses rapports avec l'inconscient,* PUF, 1953.

FREUD S., *Psychopathologie de la vie quotidienne,* Payot, 1948.

FREUD M., *Réconciler l'âme et le corps, 40 exercices faciles de sophrologie,* Albin Michel, 2007.

GARDNER H., *Les intelligences multiples,* Retz, 1996.

GHIGLIONE R., MATALON B., *Les enquêtes sociologiques,* A. Colin, 1978.

GINGER S., *La gestalt,* Hommes et groupes éditeurs, 1987.

GODIN J., *La nouvelle hypnose,* Albin Michel, 1992.

GOFFMANN E., *La mise en scène de la vie quotidienne,* Ed. de Minuit, 1973.

GOFFMANN E., *Les rites d'interaction,* Ed. de Minuit, 1974.

GORDON T., *Enseignants efficaces,* Ed. du Jour, 1979.

GREIMAS A. J., *Sémiotique et sciences sociales,* Seuil, 1976.

GRINDER J., BANDLER R., *Tranceformations, Neurolinguistic Programming and the structure of hypnosis,* Connirae Andreas, 1981.

GUEGUEN N., *Psychologie de la séduction,* Dunod, 2009.

GUERRERO S., *Les outils de l'audit social : optimiser la gestion des ressources humaines,* Dunod, 2008.

GUITTET A., *Construire du lien, les capacités relationnelles,* A. Colin, 2011.

GUITTET A., *Développer ses compétences relationnelles,* Dunod, 2006.

GUITTET A., *Développer les compétences,* ESF, 1995.

HALL E. T., *La dimension cachée,* Seuil, 1966.

HALL E. T., *La danse de la vie,* Seuil, 1984.

HALL E. T., *Au-delà de la culture,* Seuil, 1987.

HIRIGOYEN M.-F., *Le harcèlement moral,* Syros, 1998.

JEANNEROD M., *Le cerveau intime,* O. Jacob, 2002.

JOULE R.V., BEAUVOIS J.L., *Petit traité de manipulation à l'usage des honnêtes gens,* PUF, 1987.

JUNG C., *L'homme et ses symboles,* Laffont, 1964.

LABORIT H., *La nouvelle grille,* Laffont, 1974.

KABAT ZINN J., ***Où*** *tu vas tu es, apprendre à méditer,* J'ai lu, 2005.

LE BRETON D., *L'interactionnisme symbolique,* PUF, 2004.

LEDOUX J., *Le cerveau des émotions,* O. Jacob, 2005.

LELORD F., ANDRE C., *Comment gérer les personnes difficiles,* O. Jacob, 1996.

LOWEN A., *Le langage du corps*, Tchou, 1977.

MAINGUENEAU D., *L'analyse du discours*, Hachette, 1991.

MANONNI P., *Les représentations sociales*, PUF, 2003.

MARC E., PICARD O., *L'interaction sociale*, PUF, 1989.

MELCHIOR T., *Créer le réel, hypnose et thérapie*, Seuil, 1998.

MENDEL G., *Une histoire de l'autorité*, La Découverte, 2002.

MINTZBERG H., *Structure et dynamique des organisations*, Ed. d'Organisation, 1997.

MONTAGU A., *La peau et le toucher*, Seuil, 1979.

MORAL M., ANGEL P., *Coaching*, A. Colin, 2009.

MOREL C., *Les décisions absurdes*, Gallimard, 2002.

MORRIS D., *La clé des gestes*, Grasset, 1978.

MOULINIER R., *L'entretien de vente*, Ed. d'Organisation, 2003.

MUCCHIELLI R., *L'entretien de face à face dans la relation d'aide*, Entreprise moderne d'Edition, 1970.

OLERON P., *L'argumentation*, PUF, 2003.

PERELMAN C.H., *L'empire rhétorique, Rhétorique et Argumentation*, Vrin, 1977.

PETERFALVI J.-M., *Introduction à la psycholinguistique*, PUF, 1970.

PFAUWADEL M.-C., *Respirer, parler, chanter*, Le Hameau, 1981.

PORTER G.H., *An Introduction to therapeuthic counseling*, Boston, Hougthton Mifflin, 1950.

REBOUL O., *La rhétorique*, PUF, 1986.

RODIERE J. M., *Constuire sa voix*, Les Editions du Relié, 2011.

ROGERS C., *Le développement de la personne*, Dunod, 1966.

ROSENBERG M.B., *Les mots sont des fenêtres, initiation à la communication non violente*, Syros, 1999.

ROSENFELD F., *Méditer, c'est se soigner*, Les Arènes, 2007.

SERVANT D., *Relaxation et méditation*, O. Jacob, 2007.

SIMONET R. et J., *L'argumentation, stratégies et tactiques*, Ed. d'Organisation, 1990.

SUN TZU, *L'art de la guerre*, Flammarion, 1972.

TISSERON S., *L'empathie au cœur du jeu social*, Albin Michel, 2010.

TOUZARD H., *La médiation et la résolution de conflits*, PUF, 1977.

URY W., *Comment négocier avec les personnes difficiles*, Seuil, 1993.

VERMERSCH P., *L'entretien d'explicitation*, ESF, 1994.

VERNE E., *Comment conduire un entretien de recrutement* ? INSEP Éditions, 2005.

WATZLAWICK P., HELMICK J., BEAVIN, JACKSON D., *Une logique de la communication*, Seuil, 1972.

WATZLAWICK P., *La Réalité de la réalité*, Seuil, 1980.

WATZLAWICK P., *Le langage du changement*, Seuil, 1980.

WATZLAWICK P., WEAKLAND J., *Sur l'interaction*, Seuil, 1981.

WATZLAWICK P., *Faites vous-même votre malheur*, Seuil, 1984.

WEISS D., *La fonction ressources humaines*, Ed d'Organisation, 1988.

WINKLIN Y., *La Nouvelle Communication*, Seuil, 1981.

Index

Table des matières

228608 – (II) – OSB 90° – STYLE – LRN
Dépôt légal : août 2013 – Suite du tirage : décembre 2018

Achevé d'imprimer par Dupli-Print à Domont (95)
N° d'impression : 2018112801
www.dupli-print.fr

Imprimé en France